Anonymus

Eleonore Königin von Frankreich

Anonymus

Eleonore Königin von Frankreich

ISBN/EAN: 9783743327665

Hergestellt in Europa, USA, Kanada, Australien, Japan

Cover: Foto ©ninafisch / pixelio.de

Manufactured and distributed by brebook publishing software
(www.brebook.com)

Anonymus

Eleonore Königin von Frankreich

Eleonore

Königinn von Frankreich,

oder

Geschichte des zweyten Kreuzzugs,

dialogisirt.

Erster Theil.

Hohenzollern,

bey Johann Baptist Wallishausser.

1793.

Perſonen.

König Ludwig der Siebente von Frank=
  reich.

Eleonore, Königinn, deſſen Gemahlinn.

Joſcelin, Biſchof von
  Soißons,

Sugger, Abt zu St.
  Denis,

Miniſter des Königs.

Theobald, Graf von Champagne.

Elrika, deſſen Gemahlinn.

Ludwig Theobald, deſſen Sohn.

Bernhard, Abt zu Clairvaux.

Guilbert, Erzbiſchof von Rheims.

Raucourt, Kanzler des Königs.

Raimund, Hofmarſchall.

Graf Heinrich, Ritter am Hofe des Königs.

Pater Montald.

Cäcilie, Hoffräulein der Königinn.

Ritter, Reiſige, Knappen, Kammerfrauen,
  Volk.

(Der Zeitraum iſt vom Jahr 1145 bis 1146.)

Ich bin vielleicht zu kühn gewesen, daß ich den Vorhang von Scenen wegzog, welche die graue Vorzeit in ihrem Haindunkel bewahrt. Vielleicht bin ich für diese Kühnheit gestraft worden. Das Alles läßt sich befürchten, wenn man auf unbetretnen Wegen der Schriftstellerey geht. — Im Ganzen bin ich der wahren

Geschichte gefolgt, und ich glaube nicht, daß die Erdichtungen, die ich darein gewebt habe, den Hauptfaden derselben irre führen sollten.

Erste Periode.

Schloß des Grafen Theobald von Champagne.

Ein Saal.

Zwey Schildknappen putzen Rüstungen.

Erster Schildknappe.

Sing mir das Lied noch ein Mahl, Heinrich.

Zweyter Schildknappe. (singt)

Mädchen! dem die Wange blüht
Von der Liebe sanft durchglüht,
Fürchte meinen Panzer nicht.
Lächle mir in's Angesicht.
Reisig sieht der Eisenplunder,
Aber darfst darum nicht beben,
Schlägt ein weiches Herzchen drunter.
Eisen schützet wohl das Leben,
Aber gegen Liebe nicht,
Die durch Schild und Panzer bricht.

Ob die Brust von außen starrt,
Drinnen ist das Herz nicht hart.
Lächle mir ins Angesicht.
Fürchte meinen Panzer nicht.

Erst. Schildkn. Thut mir's doch so wohl, wenn ich 'nmahl was Lustiges höre. Man wird der Freude ganz entwohnt. Das ist nun die Zeit her ein Jammern gewesen bey der Gräfinn, und ich kann's nicht, kann nicht fröhlich seyn, wenn jemand trauert. Sie hat wohl Ursach. Gott weiß, ob ihr Herr wird je wieder aus seinem Käfich kommen.

Zwent. Schildkn. Recht lieb konnt ich ihn doch nicht haben, unsern Herrn. Er war so wüthig. Sieh! die Tapferkeit eines Mannes muß stahlhart auf dem Fleck der Ehre und der Pflicht seyn, aber übrigens mag sie immer viel weiche Stellen haben.

Erst. Schildkn. Ist aber doch eine große Zerstörung. Der alte Herr im Gefängniß. Die Gräfinn verlassen quinkelirt den ganzen Tag. Der junge Graf tummelt sich draußen unter'n Türken herum. Ob ihm nicht auch einer so eine gute Nacht gesagt hat, daß er die Heimkehr verschläft. Und wir sind wie die Hausunken, hucken vom Morgen bis zum Abend im Nest, und putzen die Schwerter, daß sie nicht in die Scheide rosten.

Zweyt. Schildkn. Der junge Herr würd' sie nicht einrosten lassen, wenn er nur erst wieder da wär.

Erst. Schildkn. Hast du ihn gekannt?

Zweyt. Schildkn. Hm! gekannt? Mit ihm aufgewachsen bin ich. Da wir noch Buben waren, da hatten wir große hölzerne Schwerter und da turnierten wir mit einander und da hieben wir in die Mohnköpfe, als wenn's Feinde wären. Auch schoß er mit dem Bogen; er war schon etwas größer, als ich, und ich hohlte die Bolzen. Wenn ich ihn sollte wieder seh'n! Muth hat er, alles rasch, und dabey so gut und bieder. Er ist ganz anders, als sein Vater.

Erst. Schildkn. Horch! was für'n Getrappel. Es sprengt in Hof herein. (sie laufen ans Fenster.)

Zweyt. Schildkn. Welch ein Zug! Ein stattlicher Ritter vorn weg. — Er schiebt das Visier auf. Was hör ich? Heilige Mutter Gottes! Der junge Herr. (läuft fort.)

Zweyt. Schildkn. Was? (ihm nach.)

Graf Ludw. Theobald tritt in den Saal, ihm folgen Knappen, Reisige. Hernach die Gräfinn Elvira.

L. Theob. Ha! so athme ich wieder vaterländische Luft, bin wieder unter heimischem Himmel. Das sind die väterlichen

Mauern. O willkommen mir! und ihr Fluren, wo meine Knabenjahre blühten, seyd willkommen! Nein ich träume nicht. Wie ist mir doch so wohl. Meine Brust athmet weit, weit für die ganze Welt. Wo ist meine Mutter? mein Vater?

Heinrich. Gnäd'ger Herr wär's euch nicht gefällig, euch zu entwaffnen.

L. Theob. (bemerkt ihn) Sieh da! mein guter Heinrich. (er umarmt ihn) Bist ein rüstiger Gesell geworden. (sich zu dem Gefolg wendend.) War mein Spielkamerad. Guter Junge! — Nun da löse mir den Helm ab; so will ich vorerst bleiben.

(indem tritt die Gräfinn Elrika aus einem Zimmer hervor in Trauer).

L. Theob. (stürzt ihr entgegen) O meine Mutter!

Elrika. Mein Sohn! — Ludwig! (heiße Umarmung).

L. Theob. Wiedersehn! heilige Wonne.

Elrika. Die Freude erstickt mich.

L. Theob. Da habt ihr mich nun wieder, da hab ich euch nun wieder.

Elrika. So plötzlich und mir so ganz und gar nichts voraus zu melden.

L. Theob. Ihr wißt, ich bin eben kein Freund von großem Präparat und der beste Bothe deiner Ankunft, dacht ich, „bist du doch immer nur selbst. (indem er ihre Trauer be-

merkt) Ha! wie? darf ich meinen Augen
trauen? Hat mich die Freude doch ganz blind
gemacht. Ihr trauert? Gott! wo ist mein
Vater?

Elrika. (in Schmerz übergehend.) Ach
Ludwig! Du bist ein unzeitiger Mahner.

L. Theob. Ihr wendet euch von mir. Eure
Freude verlischt in Wehmuth. Was werdet
ihr mich hören lassen?

Elrika. O daß du es schon wüßtest! Folge mir in dieses Zimmer. (beyde ab.)

Einer von den Knapp. Die Neuigkeiten,
mein' ich, sollten ihm eben die Ohren nicht
kirren.

Heinrich. (innig vergnügt.) Er kannte
mich doch.

Andre. Kommt! werft euch aus dem Zeug
und erzählt uns was vom heiligen Grabe. (ab.)

Zimmer.

Gräfinn Elrika. Graf Ludw. Theob.

L. Theob. Er ist nicht todt, und dieses
Gewand?

Elrika. Zeuge, daß ich ihn verloren habe.
Ach! für mich immer verloren, wenn er auch
noch lebt. Dein Vater ist gefangen.

L. Theob. Gefangen! mein Vater gefangen! (sich erhebend und enthusiastisch) Nun
darum laßt nur weiter keine Thräne fallen.
Eh' ein Makel dieses Gewand entstellt, soll

er wieder bey uns seyn. Er soll wieder bey
uns seyn, so wahr dieses Schwert geweiht
ist. Da habt ihr meine Hand, ich will ihn
lösen aus der schimpflichen Gefangenschaft;
oder ihr kriegt sie nie wieder. (er zieht seine
Hand weg.)

Elrik. (umarmt ihn) Beynahe machst du,
daß ich mitschwärme. Dein Muth erleichtert
meinen Schmerz. Wie meine Hoffnungen in
deinen Armen wieder aufleben! Nein, unser
Haus ist noch nicht gefallen. Den habt ihr
frey gelassen, und der Eine wird mir die Zu=
kunft besser machen.

L. Theob. Das wird er, meine Mutter.
Hier schlägt ein Herz, und hier mein Schwert.
Ich danke dir Gott, daß dieses Herz nicht feig
ist, und daß du mir Kraft in diesen Arm gegeben hast.

Elrik. Den Gott und sein heiliger Engel
immer leiten möge.

L. Theob. Und auf euer Wort mehr ist es
nicht, als daß er gefangen ist? O! laßt mich
das Schrecklichste gehört haben. Ha! frey=
lich schrecklich genug. Mein Vater gefangen!
So niederschlagend! so empörend! Daß ich
noch da stehe! Ich will nicht säumen. Laßt
mich nur erst alles wissen.

Elrik. Ja du sollst es wissen. Aber gelas=
sener mußt du seyn. Das heiße Blut muß
kalte Überlegung kühlen. — Dein Vater ist

Gefangener des Königs. Der hält ihn in Paris in Verwahrung.

L. Theob. (erstaunt) Unsers Königs?

Elrik. Du scheinst betroffen zu seyn. Deines Vaters Schuld ist es nicht, daß er mit dem König nicht besser steht.

L. Theob. (für sich) Das hat mich mit Eins so verstrickt. (laut) Freylich ich dachte mir ihn im Bund der Eintracht mit dem König. Dachte mir ihn, als Pair des Reichs, der dem Regenten seinen Rath schuldig ist. Dachte mir ihn, als Beschützer des Throns, und nun ist das alles von meiner Fantasie wie weggerissen.

Elrika. Es wird lichter werden in deiner Verwirrung, wenn du mehr weißt. Es sind Dinge hier geschehen, die du beym heiligen Grabe wohl nicht geträumt hast. Ich möchte nicht gern deine Neugier höher spannen, wenn ich nur beredt genug wär', dir alles zu erzählen. Sieh! der König ist ein Tyrann. Jung, unerfahren, ungestüm fährt er drein, wohin ihn seine Leidenschaften treiben. So begeht er die größten Ausschweifungen, stürzt alle Begriffe von Ehre und Weisheit um, daß er bald selbst nicht mehr die Regeln des Edlen und Rühmlichen weiß. Du wirst das alles schon noch besser erfahren. Viel mag freylich davon die Schuld seiner eiteln Wegweiser seyn. Allen, die die Kirche und ihr Vaterland liebten, kochte das Blut schon lange. Man murmelte, man seufzte; indessen brauste der Wille des Königs immer ungestüm fort. Viele Unschuldige wurden in dem Strom mit fortgerissen. Endlich vergriff er sich auch an den heiligen Rechten der Kirche. Er verstieß den Bischof von Bourges, den das Domcapitel und der Papst im Nahmen Gottes eingesetzt hatte. Nun mußte dem Sturm Einhalt gethan werden. Der Papst belegte das Land mit dem Interdicte. Der gottselige Abt Bernhard schrieb dem König die Wahrheit scharf. Aber er wollte einmahl seine Willkür zum Gesetz machen. Das Land trauerte, die Kirchen waren geschlossen, die heiligen Predigtstühle standen öde, keine Procession ließ sich sehen, allen war göttlicher Trost und Rath entzogen, niemanden wurde das himmlische Labsal der Seelen gereicht; o! es war ein Jammer, das mit anzusehen. In dieser allgemeinen Noth stieg der Unwille immer höher. Viele sagten halblaut: sie könnten wohl auch einen König absetzen, er habe den Zorn Gottes über's Land gezogen. Sie wendeten sich an deinen Vater. Besonders lag ihm der römische Hof nachdrücklich an. Er ließ ihm vorstellen, daß er als Pair des Reichs sich des Volks annehmen müsse, der Adel habe Pflicht das Volk gegen die Ungerechtigkeiten der Könige zu schützen, er sey mächtig genug, dem König die Spize zu biethen, und den, dem nichts heilig sey, dürfe keine geheiligte Krone decken. Dein Vater war herzhaft, den Rath anzunehmen. Den Erfolg weißt du aus dem, was ich dir schon gesagt habe. In einem hartnäckigen Gefecht wurde er mit dem Grafen von Blois, der sich mit ihm verbunden hatte, gefangen. Er that alles, was die gerechteste Sache verlangen konnte. Aber das Glück scheint seinem Sohn aufbehalten zu seyn. (sie sieht ihn an und erwartet Antwort. Er schweigt) Der König hat unser Haus beschimpft, er wird uns unsere Grafschaft entreißen, er hat unsere Güter verwüstet. Dein Vater schmachtet im Gefängniß; wer weiß, was sein Schicksal noch seyn wird? Uns erwarten vielleicht auch noch Ketten; o heilige Mutter Gottes! (heftiger Ausdruck des Schmerzes) Dich glaubt ich nicht wieder zu sehen, (sie weint) ach! ich habe schon viel geweint. (lange Pause) Vitri, unsern festesten Plaz, hat er schrecklich zerstört. Da hatten sich dreyzehn hundert unserer braven Unterthanen in die St. Paulskirche geworfen, nachdem der Plaz schon erobert war, und vertheidigten sich wacker daraus. Nun denke dir, diese Kirche läßt er anzünden, daß alle dreyzehn hundert jämmerlich verbrennen müssen. Es ist gottlos. Er bricht den Adel nieder, er verfolgt die Geistlichkeit, er drückt das Volk,

er zerstört die heiligsten Örter, er will unse=
re Familie stürzen. O! es ist abscheulich. Aber
du kommst gerade noch zum rechten Zeit=
puncte. Der Brief war schon geschrieben,
worin wir dich zur schleunigsten Rückkehr er=
mahnten. Der fromme Abt Bernhard mein=
te, daß du der Mann seyst, der die Sache
weiter führen könne; tapfer, rasch, freylich
noch jung. Nun da will er dir mit seinem
Rathe beystehen. Es sey noch nicht alles ver=
loren; wir hätten noch viel Stärke und der
Graf von Champagne dürfe eben keinen wei=
ten Schritt thun nach dem Throne. (Pause)
Du schweigst immer noch? Vorhin so rasch
auf ein einziges Wort und jetzt — ich weiß
nicht, wie ich dein Stillschweigen deuten soll.

L. Theob. O! ihr habt mich in eine Ver=
wirrung gestürzt. Meine Gedanken sind alle
gegen einander.

Elrik. Laß nur deinen Entschluß nicht fah=
ren. Der wird dich schon aus dieser Verwir=
rung hinaus steuern. Das Werk eines Ta=
ges ist es freylich nicht. Bey euch jungen
Rittern, will jeder alles allein durch seinen
Arm heben. Ich weiß, du wirst, du mußt
ihn rächen, unsern Schimpf. Ich setze alle
Hoffnungen auf dich. Rette deinen Vater,
rette dich und uns. Er soll unser Haus nicht
stürzen, er muß nieder noch, dieser gottlose
König —

L. Theob. (ihr einhalten wollend) Mutter.

Elvir. (ihn mißverstehend.) Still! ich kenne deinen Muth. Leb ich doch ganz wieder auf. Nun fühl ich wieder die Freude deiner Rückkehr. Du wirst mir viel von deiner Kreuzfahrt zu erzählen haben. Laß dich entwaffnen. Ich will für Erfrischungen sorgen. (ab.)

L. Theob. (allein im Kampf mit sich selbst.) Jetzt erst schmerzt mich meines Vaters Gefangenschaft. — Daß mich's nicht mit eins zur Rache aufjagt! daß ich ihn nicht so mit Troß und Recht wieder fordern kann! O wär er mitten unter Feinden! Er ist gefangen als Empörer, tönt mir's in die Seele, als hätt es jemand laut in meine Ohren gerufen. Verbrechen ist das Wahrzeichen an seinem Gefängniß. (nachdenkend) Er hat sich wider seinen König gekehrt. Er hat einem wüthigen König die Spitze gebothen; er hat sich gegen Ungerechtigkeiten aufgelehnt. Ist das nicht eins? Bleibt es ein Verbrechen einen Tyrannen stürzen zu wollen? Soll die Königsgewalt alles verschlingen, alles niedertreten dürfen? Muß sich der Patriot immer unter die Decke des geduldigen Gehorsams verkriechen? Wo ist die haarfeine Grenze zwischen Vasallentreue und Vaterlandsliebe? Wer wiegt mir Pflicht gegen Pflicht ab, wenn der Zweifel mitten inne steht? Ich le-

ge Stärke und Muth auf die eine Schale,
und da ist doch wohl das Recht. Die Schuld
hält das Gewicht nicht. So hätte mich denn
nur ein Phantom erschreckt. Mein Vater wär
so schuldig nicht. Ich kann noch nicht Nein
sagen. Die Geschichte ist mir noch zu dunkel. Es schimmert hier und da noch viel von
Unrecht durch. — Der König hat sich den
neuen Bischof von Bourges nicht aufdringen
lassen wollen und hat selbst gewählt. Das
ist also jener strafbare Bruch der heiligsten
Rechte. Deßwegen mußte mein Vater das
Band des Staats zerreißen? Darum der
König ein Tyrann. Darum Aufruhr und Zerstörung. An diesem einzigen schwachen Faden hängt das ganze schreckliche Gewebe. Ob
die bischöfliche Tiare dieses oder jenes Haupt
decke, dafür müssen fruchtbare Fluren verwüstet werden, dafür müssen friedliche, heilige Wohnungen in Trümmer fallen und
Thränen um die Erschlagenen fließen, dafür
muß das Glück und der Flor unsers Hauses
gestürzt werden? Ha! wohin führt mich dieß
unselige Vernünfteln? Ich klage meinen Vater an, begehe ein Verbrechen, wenn ich nach
dem andern spüre. Wie fürchterlich liegt die
Zukunft vor mir! Ich soll, ich muß ein Feind
des Königs seyn. O mein gutes, liebes Vaterland! dein Zögling wird deine Wunden
von neuem aufreißen; oder ich lasse meinen

Vater im Gefängniß schmachten, laß meine Mutter verlassen trauern, bringe meine Nachkommen um ihr Erbtheil und verkrieche mich feig unter die Strafruthe. Nein! bey Gott im Himmel, nein! Und ich konnte doch in den Ton nicht einfallen, den meine Mutter angab. Die Saite klang mir so miß, so gell. Ich sollte meine Hand nach der Krone des Königs ausstrecken, mit der ich ihm Treue geschworen habe. Ritterpflicht und Meineid! O Scheusal! Weg von meiner Hand, du Natter! (Pause) Bürgerkrieg und Bürgerblut. Auf keinem andern Wege kann ich also meinen Vater retten. Auf dem kam mein Vater dahin und war unglücklich, und auf dem soll ich ihm nach und — O welche Verwirrung! Gib mir Licht darein, mein guter Schutzengel, oder verdirb mich.

Paris.

Zimmer im königlichen Pallast.

König Ludwig in Nachtkleidern.

Laßt mir nur den Schlaf, ihr unglücklichen Plagegeister. Flieht nach Vitri, schwärmt auf den Trümmern dort und beklagt die Asche eurer Leichname. Ich weiß es ja, daß ich dreyzehn hundert Menschen verbrannt habe. Mein Gewissen ruft stündlich die Erinnerung

Eleonore I. Thl.   B

an, daß sie wach bleibt. Warum zeigt ihr
mir im Traum eure winselnden Gestalten?
Gibt euch das Reich der Todten keinen Frie=
den? o laßt mir nur den Schlaf. — Schlaf?
ja schlafen werd' ich bald. Meine Kräfte zeh=
ren am Grame nieder, wie ein Licht an der
Flamme. Unselige Stunde! in der ein ent=
setzlicher Entschluß die entsetzlichere That ge=
bar. Wachte da mein Schutzengel nicht über
mich? war ich schon zu tief gefallen, daß
mich keine göttliche Warnung mahnte? Barm=
herziger Heiland! ich habe viel verbrochen.
Der Hermelin verdeckt den Sünder nicht.
Daß ich diese innere Stimme könnte zum
Schweigen bringen! daß mein Herz hart
würde gegen diese Schlangenbisse! (wahn=
sinnig) Da habt ihr meine Schätze, nehmt
meine Krone hin, kauft mich los von mei=
ner Schuld. — Ich mag euer Geld nicht,
getreue Unterthanen, mag eure Zölle, Steuern
nicht, gebt mir nur Ruhe zum Tribut. Ru=
he meiner Seele. (sich besinnend) Ha! mit
wem rede ich? das sind Wände. O weh!
mein Verstand ist sehr geschwächt. Elender
Königsschein! von außen strahlen wir als
irdische Götter und drinnen sind wir Men=
schen. Fehlen menschlich, leiden menschlich.
Ach! wenn ich nur die Leiden eines Einzel=
nen fühlte. Die Qualen tausender fühl' ich
Einziger. Wo soll ich hinfliehen vor dem

Angesichte Gottes? Ich habe sein heiliges
Haus zerstört, ich habe seine Altäre umge-
stürzt, meine Hände werden Fluch über mein
Volk bringen, die sich an dem Heiligsten
vergriffen haben. Wie das Verbrechen da
steht vor meinen Augen, groß und gräßlich!
Könnte ich nur einen Tag meine That vergessen. Nur einen Tag Friede für meine
Seele. Der wird mir nimmer werden. Er
soll mir auch nicht werden. Ich will mich
selbst peinigen. Ich will meine Schuld täglich berechnen. Ich will mein Herz zerreissen. Ich will mir keine Ruhe gönnen. Ein
härnes Gewand soll mich züchtigen, ein Ci-
litz soll mich quälen! Fordert jetzt meine Zeit
nicht für eure Reichsgeschäfte. Hier habe ich
eine Schuld zu bezahlen, (er deutet auf die
Brust) dem muß ich jede Stunde abbüssen. —
Gottesfrevler! Eh ich das Wort werde austilgen. Die Ewigkeit wird es nachhallen.
Ha! was war das? was rauscht hinter mir?
(er sieht verstört um) Mein Schatten. Ein
Königsschatten. Ich bin allein. Das wird
nicht gut. Ich muß Menschen um mich haben. (er klingelt.)

Audienzzimmer im königlichen Schlosse.

König Ludwig. Abt Sugger.

Abt Sugger. (tritt ein) Gottes Se-

gen über meinen König! Gelobt sey Jesus
Christus!

König Ludw.   Amen! Amen! Seyd mir
willkommen, Mann des Friedens, den ihr
in euerm Herzen habt. Ihr seyd glücklich.

Abt Sugg.   Und wärs mein gnädigster
König nicht auch? Sollen wir denn dieß
huldreiche Angesicht nicht wieder heiter sehen?
Ich erkenne wieder die Spuren einer durch-
wachten Nacht.

König Ludw.   Laßt mich! Ich darf keine Ruhe mehr haben. Ich muß meine Last
unausgeruhet tragen. Der nächtliche Schlummer ist nur für Ermüdete, und Ermüdung
wäre Wohlthat für mich, die dem Büßen-
den nicht gehört.

Abt Sugg. Traun! mein gnädigster König, ich wünsche, daß ihr bald durch euere
Leiden ermüdet würdet. Ew. Maj. verzehrt
sich in diesem anhaltenden Gram. Wir zittern für euer Leben.

König Ludw.   Ihr meint es gut, mein
lieber Abt. Ihr seyd fromm und der Himmel ist euer. Von dem fühlt ihr nichts, könnt
nichts fühlen, was in meiner Seele tobt.
Unter einem sichern Obdach läßt sich ein Wetter noch mit ansehn.

Abt Sugg. Sire! Ihr erschreckt mich.
Wodurch hab ich so viel verloren, daß mich
mein König mißkennt? Mein Leben wird

mir edel in Ew. Maj. Diensten. Mein Glück
ist durch meines Königs Gnade und Wohlthaten groß. Aber mehr, als Glück und Ehre, lieb ich meinen König. Mein Blut und
Leben lebt und wallt nur für euch. Bis ich
den letzten Athem athme, bin ich euer. Und
euer Schmerz sollte nicht in meine Seele übergehen? Es sollte mir nicht das Herz zerreissen, wenn mein König leidet? Der ist nicht
der Glücklichere, Sire! der ruhig ist bey
des Andern Schmerz.

König Ludw. Verzeiht. Ich bin jetzt
ganz verstimmt. Seit ich zu Vitri so fehl
griff, sind nichts, als Mißtöne in meiner
Seele.

Abt Sugg. Und wie kann mein König
eine That nicht vergessen, die schon längst
gebüßt ist. Wer in tiefer Wehmuth seine
Schuld erkennt, wem ein Strom reuiger
Qualen den Makel aus dem Herzen wäscht,
ist nicht mehr der, der die böse That beging.
Er ist ein Anderer. Rein ist er; vor Gott
und Menschen rein. Die Seele ist ein ver-
änderliches Ding. Sie ist nur immer der
Inbegriff des Gegenwärtigen. Was ihr jetzt
gegenwärtig denkt und wollt, und was ihr
von dem Vergangenen jetzt noch billiget, das
seyd ihr. Ihr mißbilligt eure That, euer
ganzes Wesen sträubt sich gegen sie, ihr habt
sie aus dem Gebieth eures Willens verbannt;

darum gehört sie euch nicht mehr; sie ist ein
fremder los gerißner Theil, fern außer euch;
sie kann euch nicht mehr angerechnet werden,
ihr seyd nicht mehr derselbe, der ihr damahs
wart. Darum vergibt Gott jedem reuigen,
geänderten, beßern Sünder. Er richtet die
Menschen nach dem Gegenwärtigen. Der je=
tzige beßre Augenblick macht den Menschen
gut und begnadiget vor Gott, und diesen
Trost hat uns sein heiliger Sohn durch sein
Blut versiegelt. Warum ängstet ihr euch al=
so, Sire? Warum zermartert ihr euch mit
gräßlichen Bildern der Vergangenheit? Das
Gegenwärtige ist nur unser und von dem Ge=
schehenen wird uns nur so viel angerechnet,
als wir jetzt noch billigen. Wollt ihr euern
jetzigen guten Willen an dem Gifte des vor=
mahls Schlimmen tödten? Nein, laßt das
Feuer eures Edelmuths nicht in euch verlö=
schen. Gebt euch unsern Wünschen, unsern
Bitten wieder. Ermannt euch in Gebeth
und dem Vertrauen des Hochgelobten, daß
wir uns wieder unsers guten huldreichen Kö=
nigs freuen.

König Ludw. Ich dank euch höchlich, from=
mer Abt. Meine Qual findet nur täglich mehr
Nahrung. Sie wächst, indem ich mich dem
Guten nähere. Der Spiegel des Beßern zeigt
mir nur schrecklicher mein Vergehen. Wie mich

das verzehrt! Der Balsam eurer Worte ver-
zischt in diesem Feuer.

Abt Sugg. Wenn die Bitte eures treusten Dieners euch rührt, Sire! und mit der
Stimme eures treusten Dieners die Stimme
eures Volks; wir flehen: Schont euch. Verschwendet nicht die Zeit in unseligem Gram.
Das königliche Leben ist ein köstlicher Schatz.
Jede Stunde ist im hohen Werthe ausge-
münzt, sie ist euch theuer angerechnet. Es ist
nicht gemeine Münze, die man sorglos hier
und da verstreut. Der Tag, den ein König
verbüßt, hebt eine größere Schuld, als das
achtzigjährige Bußleben des geringen Klaus-
ners.

König Ludw. (entkräftet) Eure Rede ist
einschmeichelnd, Abt. Ich bin matt, sehr matt.
Sechs Tage keinen Schlaf. Ich fühle es.
Bringet mich auf mein Ruhebette. (Abt Sugger führt den König ab.)

Voriges Zimmer.
Bischof Joscelin, Abt Sugger (der zurück
kommt.)

Abt Sugg. Daß ihr doch endlich da seyd.
Ich habe mit Sehnsucht eurer geharrt.

Bischof Joscel. Früh ist jetzt bey euch
schon spät. Euere Unruhe läuft immer dem
Tag voraus. Wie stehts um den König?

Abt Sugg. Traurig. Sein Geist treibt nichts als Buß und Reue. Der Schlaf flieht ihn und er den Schlaf. Dabey schmilzt nun seine Kraft vor unsern Augen weg. Er war heut morgen so entkräftet, daß ich ihn jetzt eben habe müssen wieder zu Bette bringen. Ich fürchte, wenn nur nicht schwarze Melancholie ihn uns ganz raubt. Die Edelknaben, die den Dienst bey ihm diese Nacht gehabt haben, erzählten, daß er viel immer mit sich selbst gesprochen, laut und wild aufgefahren sey und wieder gejammert habe. Sein Zustand greift mir an's Herz.

Bischof Joscel. und könnt ihr denn nicht seinen Sinn auf etwas anders lenken? Ihr seyd ja beredt, ihr seyd schlau; es muß doch eine Stelle in seinem Herzen seyn, die noch reizbar ist, die müßt ihr treffen, die müßt ihr anregen, daß der Funke seiner Thätigkeit wieder erwacht.

Abt Sugg. Er ist todt für alles, und die einzige Seite, wo sein Gefühl noch wach ist, steht nur dem Gram offen. Der schärft die Empfindungen immer aufs neue, indem er seine Schmerzen einäßt. Vor allen Dingen müssen wir seine Schwermuth entkräften, und eben seine einzige reizbare Stelle schwächen, damit die andern Neigungen wieder aufleben. Wir müssen ihm seine That aus dem erschreckenden Gesichtspuncte rücken, aus welchem er sie ansieht. Das ist der einzige Weg, auf dem wir zu seiner Wiederherstellung gelangen können. Ich habe heute früh schon einige Schritte gethan und ihm die Grenzen seiner Reue um vieles zurück gelegt, die er weit vor sich in die Zukunft versetzt hatte.

Bischof Joscel. Und was erwiederte er?

Abt Sugg. Es rührte ihn, was ich ihm sagte, doch fiel er gleich wieder in seinen Ton, und endlich war er zu matt die Unterredung weiter fortzusetzen. Aber ich glaube, daß ich eine Regung in seinem dumpfen matten Sinn erweckt habe.

Bischof Joscel. Traun! das ist zu weit gegangen, daß er wegen einer einzigen unglücklichen Übereilung sein Leben, seine Ruhe und das Wohl und die Hoffnungen vieler tausenden verdirbt. Und was hat er denn gethan? Die Sache ist wohl an sich sehr sträflich. Aber war denn der König der Urheber dieses Gräuels? Sie warfen sich ja selbst in die Kirche, die rebellischen Schurken, und entweihten sie zur gemeinen Feste. Sollte der König warten, bis sie aus ihrem Schlupfwinkel hervor kröchen? Sollte er hier liegen und seine Leute nach und nach aufreiben lassen, und unterdessen, sammelte sich auf einer andern Ecke ein neuer Haufe wider ihn. Sollte er eines Ortes schonen, den sie selbst gemein gemacht hatten?

Das Verbrechen ist, glaub ich, hier wohl ge=
theilt.

Abt Sugg. Still! Herr Bischof. Eure Re=
de möchte euch in Widerspruch bringen mit
euerm Ring und Stab. Die That ist wahr=
lich nicht zu entschuldigen. Der König hat sich
schwer vergangen. Sie hätten sich denn doch
müssen ergeben, ohne daß darob vor Gott
und der ganzen Christenheit ein solcher Fre=
vel wär begangen worden.

Bischof Joscel. Laßt das seyn! so wird's
doch dadurch nicht besser, daß er sich nun selbst
in unthätigem Kummer aufzehrt. Dadurch
wird das Schlimme nur noch schlimmer. Die=
se Erschlaffung, diese Ohnmacht des Hauptes
unsers Reichs wird die Losung zu allen
Gräueln seyn. Eine Provinz wird sich von
der andern trennen, jeder geringe Bube wird
sich bald mächtig dünken. Alle unsere Feinde
werden auf uns eindringen. Krieg und Feh=
de wird unser gesegnetes Vaterland zerstören.
Das heißt nicht den Fehler wieder gut machen.
Es braucht jetzt aller Wachsamkeit, aller
Thätigkeit. Wir wissen noch nicht, wie der
neue Papst wird gegen uns gesinnet seyn.
Es rührt sich auch in Champagne wieder.
Man sagt, der junge Graf sey vom gelob=
ten Lande wieder zurückgekehrt. Da hätte das
Volk wieder einen Anführer, und wir wieder
einen neuen Feind. Die Gräfinn Elfika ist

eine gefährliche Frau. Jetzt hat sie ihre Boßheit unter der Larve der demüthigen Unterwerfung verborgen. Glaubt mir, sie war so unschuldig nicht an dem letzten ärgerlichen Handel. Ich rieth doch darum auch zu ihrer Gefangennehmung. Nun wird sie Rache an allen Enden anblasen, das plauderhafte Weib. Wir müssen auf Mittel denken, wie wir unfern unglücklichen König aus seinem Hinsinken retten.

Abt Sugg. Wir sind auf einem Wege. Vielleicht ist eben das die Schärfe, die unsere Ermunterungen in sein Herz schneller eindringen macht. Wir wollen ihm das noch heute vortragen. Habt ihr nähere Nachrichten davon?

Bischof Joscel. Ich habe Abschrift von einem Brief des Priors zu Verdeau an die Bürger zu Rheims, die unser dienstfertiger Pater Anton mir gebracht hat, darin ermahnte er sie klärlich zur Ergreifung der Waffen. Da leset selbst. (er reicht ihm den Brief hin.)

Abt Sugg. (lies't.)

   Unsern Gruß zuvor.

Getreue Bürger zu Rheims. Ihr seyd jetzt und jederzeit eifrig gewesen, der Sache Gottes zu dienen. Ihr habt schon mit Gut und Blut wacker gekämpft gegen einen ketzerischen König, und denen treulich beygestanden, die

die Sache der Kirche führten. Wir haben aus euren jetzigen Gesinnungen erkannt, wie ihr ob dem letzten Unfall nicht niedergeschlagen seyd. Solcher Muth erfreut uns und alle, die das Recht lieben. Seyd daher wacker und unterstützt die, welche unsere gefallene Partey wieder aufrichten werden. Der König ist jetzt entkräftet und muthlos. Das grimmige Thier, das immer bereit ist, seinen Raub zu verschlingen, ist matt. Der Zorn Gottes hat den Tempelstürmer mit einer schrecklichen Krankheit an seinem eigenen Leibe gestraft. Wir dürfen ihm nicht Zeit lassen, sich zu erhohlen. Ich kann euch zwar noch nicht kund thun, wer das Haupt unsers Bundes seyn wird, nachdem unser frommer Graf Theobald in des Feindes Hände gerathen ist. Die Zeit wird alles lehren. Wir wollen euch nur hiermit väterlich ermahnen, euren Eifer für Gott und die Kirche nicht erkalten zu lassen, auf daß ihr nicht läßig seyd, das Werk wieder anzufangen. Wir grüßen euch mit dem heiligen Gruß. Gott erhalte euch in Eintracht. Gegeben in unserm Kloster, als am Bartholomäitage.

Hieronymus
Prior des Klosters Verdean.

Nachschr. Wenn ihr solltet mit Schärfe gezwungen werden, dem König den Eid zu schwören, so möget ihr euch vor der Hand nicht deß weigern. Gegen einen Feind der Kirche ist der Eid nichtig und ohne Kraft.

Abt Sugg. Lügenhafter Häuchler! Der König soll mit einer schrecklichen Krankheit behaftet seyn. Wie das Volk die Legende aufputzen wird.

Bischof Joscel. Der Brief hat gewirkt. Man hält schon Zusammenkünfte zu Rheims. Man hat sich heimlich mit Waffen versehen. Jeder Krämer spricht schon von Fehde. Es bedarf nur eines Funkens, den Strohhaufen anzuzünden. Daß der junge Graf von Champagne angekommen ist, weiß man schon an allen Ecken; und ihr könnt glauben, daß durch den die Rotte nur trotziger werden wird.

Abt Sugg. Wir werden uns nichts angelegener seyn lassen müssen, als daß wir den Haufen in seiner Vereinigung verhindern. Wenn wir die vorzüglichsten Aufwiegler zu sicherer Verwahrung aufheben, verliert das Volk den Muth. Die sollen uns schon für die Gültigkeit des Eides haften.

Bischof Joscel. Taugt nichts. Die haben alle ihren Anhang mit dem römischen Hof. Der würde dann sein ganzes Wetter über uns ausschütten, und die Wolken von dorther thun immer gewaltige Schläge. Das Volk müssen wir angreifen, das Werkzeug jenen aus den Händen reißen. Mein Rath wäre der, daß bewehrte Mannschaft in die Gegenden geführt würde, wo die unruhigsten Oerter sind, die sollten schon den rebellischen Haufen im Zaum halten.

Abt Sugg. Bey euch ist das Leben des Bürgers im wohlfeilen Preiß. Gewalt! Gewalt! Herr Bischof, läßt allemahl Blut fließen.

Bischof Joscel. Folgt nicht mehr daraus, als daß das königliche Ansehen durch ein theures Opfer erkauft werden muß. Ihr seyd zu bedächtig, Herr Abt. Ihr wollt durchaus zwey Dinge zusammen knüpfen. Macht und Sanftmuth. Und davon zieht das Eine hiernaus und das Andere dortnaus. Ihr werdet sie nimmer zusammen bringen. Wenn einst die unruhigen Köpfe sollten so gelenkig werden, daß sie sich wie gares Leder schmiegen und biegen lassen, dann möcht' eure Methode leben. Jetzt ist alles störrig und aufsäßig. Und der heilige Bernhard hat sie alle am Leitseile. Er kömmt jetzt wieder aus Italien zurück, und nun ist der Weisel wieder beym Schwarme. Ich hatte immer Verdacht auf ihn wegen der letzten Fehde in Champagne. Nun hab ich alles heraus. Der römische Hof hat den ganzen Plan geleitet. Es ist darauf abgesehen gewesen, unserm edlen König die Krone zu entreißen und sie dem Theobald zuzuwenden, und der Abt Bernhard hat das alles angeschürt. — Ich that einen gewagten Streich. Ich ließ einige Knechte wehrhaft

machen, die sollten dem Zug des Abts auf‐
passen. Die sind in sein Gepäck gefallen, das
er vorausgeschickt hatte, und haben mir diese
wichtigen Papiere erbeutet, um die es uns
so sehr zu thun war. Da leset sie genau (er
übergibt sie ihm) und dann sagt mir euren
Bescheid. Euere Vorsicht darf ich nicht erst
berathen, daß ihr sie wohl verwahrt und selbst
dem König nichts von meinem Wagniß ent‐
deckt. Ich muß euch verlassen. Die Almosen‐
spende fällt heute. Gehabt euch wohl.

Abt Sugg. Der Sturm wird groß. Wir
müssen alle Klugheit brauchen. Lebt wohl.
(vor sich.) Am besten wird es immer seyn,
wir suchen den Abt Bernhard in unser In‐
teresse zu zieh'n.

Zimmer der Königinn.

Königinn Eleonore, Fräulein Cäcilie.

Königinn Eleonore. Bald werd' ich die
Einsamkeit lieber gewinnen. Ich hielte sie
sonst für eine Schwester der Ewigkeit, weil
mir jede einsame Stunde unendlich lang wur‐
de. Jetzt ist es mir bisweilen so behaglich,
wenn ich allein bin, und ich kann mir nun
bald den Trieb erklären, der mir immer ein
Räthsel war, daß sich so viele Menschen von
der menschlichen Gesellschaft trennen und ih‐
ren Freuden entsagen, um sich selbst zu leben.
Die Seele scheint sich zu freuen, wenn sie

ungestört und frey über sich selbst herrschen
kann und nicht von fremden Gegenständen
immer hier und dahin gezogen wird. Da
schaltet und waltet man über seine Gedanken; wie sie entstehen, sind sie uns willkommen; man baut sich eine innere Welt, wenn
uns die äußere mißfällt. Man wählt und verwirft nach eigener Willkür und ist wohl bey
dieser Schwärmerey.

Fräul. Cäcilie. Und die Vertraulichkeit,
in der man mit sich selbst lebt. Jede geheime
Empfindung entwickelt sich ungestört, die unter dem Lärm des Umgangs in der Knospe
bleibt; und jedes Lieblingsbild, das vor den
Augen der Welt verbleicht, darf ungescheut
vor unsere einsame Fantasie treten. So hü-
pfen die Stunden vorüber, und unser froher
Genius krönt jede mit Blumen.

Königinn Eleonore. Da hab ich dir auf
deine Melodie geholfen. Wie feurig du von
dieser Materie sprichst. Man würde an dieser
lebendigen Beredtsamkeit errathen, daß du
im Kloster erzogen bist, ehr man es wüßte.
(scherzend) Du sollst mir noch ein Lied auf
die Einsamkeit dichten, denn du hast mich
mit der Schwärmerey angesteckt.

Fräul. Cäcilie. (lächelnd) Ich glaube wohl,
meine Königinn würde mich leichter zur Dichterinn machen, als ich Ew. Maj. zur Schwär-
merinn. Dieser huldreiche Blick würde mich

begeistern, wenn auch Schwärmerey und Dichten nicht so nahe mit einander verwandt wären.

Königinn Eleonore. Sehr naiv, du Schmeichlerinn. Du bist also doch wirklich eine heimliche Dichterinn. Das hast du gewiß von einem zärtlichen Minstrel *). Denn geliebt hast du doch, was hätte dich sonst hinter deinem Klostergitter hervor gelockt. Aber du schienst mirs zu verstehen zu geben, als hätte ich keinen natürlichen Hang zur Einsamkeit? Nicht?

Fräul. Cäcilie. Diese frohe Laune, meine Königinn, diese Lebhaftigkeit, die in euren geistreichen Augen herrscht, wird niemanden täuschen.

Königinn Eleonore. Wahr vielleicht, und doch liegt in diesem Herz jetzt mehr Zunder zur Schwermuth, als du denkst. Unter der Maske von Zerstreuung liegt ein Bekümmerniß, von dem mich's wundern sollte, wenn du nicht die Ursache dazu wenigstens ahndetest. — Ich bin fremd einem Mann, der mein Gemahl heißt. Das Weib des gering-

---

*) Minstrels waren Musiker auf der Harfe, welche nicht nur mit kostbaren Geschenken, sondern auch nicht selten mit zärtlicher und romantischer Liebe von den Damen belohnt wurden, und zu deren Orden sich selbst viele der vornehmsten Standespersonen zählten.

Eleonore I. Thl.   C

ften Lehnsmannes ist glücklicher als ich. Sie
weiß es, daß er für sie lebt, und ich muß
das vergessen, als eine Witwe der Liebe.
— Was versprach ich mir nicht von ihm?
Jung, feurig, thätig, so viel Einschmei-
chelndes in seinem Blick! — Die Hoffnungen der Zukunft sind doch immer nur Träume. Ich kam ihm mit einem Herz voll Liebe
entgegen, mein ganzes Wesen redete Liebe.

Fräul. Cäcilie. Und er hat sie doch oft
erwiedert.

Königinn Eleonore. Erwiedert? Ja wie
ein Echo hat er sie erwiedert, das man erst
anrufen muß, und immer nur einen Theil,
nur abgebrochen erwiedert. Hast du je gesehen, daß er meinen Wünschen zuvor gekommen ist? daß er meine Gegenwart gesucht
hat? Ich werde die Stunden als Feste feyern
müssen, wenn er einmahl zu mir kommt,
und dann ist kein Bleiben; er läßt sich nie
zu der Vertraulichkeit stimmen, die nur allein die Herzen verbindet. Ich sehe es, daß
er mir nicht angehören will, und werde ich
wohl je bessere Tage sehen? Nun ist er ganz
für mich verloren, seit ihn der düstre Unmuth
gebeugt hat. Er lebt, wie ein bußfertiger
Mönch und überläßt mich meinem Schicksal.

Fräul. Cäcilie. Darf ich meine Königinn
aber auch erinnern, daß des Reichs Sorgen

ihn schwer lasten, daß unter dem Lerm der
Fehden und Unruhen im Lande und in dem
jetzigen Aufruhr seines Gewissens die Stimme der Zärtlichkeit ihm nicht laut werden
kann, daß er jede Stunde, die er seiner Gemahlinn widmet, seiner Pflicht abborgen
muß. Wird um seinen Thron Friede herrschen, wird in seiner Seele Friede herrschen,
dann werden gewiß keine Vorwürfe mehr von
diesen Lippen auf ihn fallen.

Königinn Eleonore. Du nimmst mich
falsch; ich weiß es wohl, daß ein König
seine Zeit nicht in Tändeleyen verlieren darf.
Auch bin ich nicht so eitel oder kindisch, daß
ich die Schäferinn machen will, mit Kuß
um Gegenküsse zu buhlen, oder nur den ewigen Klingklang von Schmeicheleyen zu hören.
Nur Mittheilung wünsch ich, verlang ich,
Mittheilung seiner Sorgen, seiner Plane,
seines Kummers. Mittheilung, die sich in
zärtlicher Vertraulichkeit vom Herz in's Herz
ergießt. Selbst jetzt in seinem traurigen Zustande würd' ich froher, zufriedener seyn,
wenn er den Druck seiner Seele mir bekänn-
te, wenn er seine inneren Qualen mir ent-
faltete. Ich würde selbst in dieser schmerzli-
chen Sympathie süße Wonne finden. Du sahst
ihn gesehen, wie er letzthin meine theilnehmende Frage abwies. Ich las doch den Gram

auf seinem Gesichte, ich sah die abgezehrte Wange; er konnte vermuthen, daß ich die Geschichte seines Kummers wüßte, und er wieß mich dennoch ab mit einer Festigkeit, die mir zu trotzen schien. Das ist der Liebe wohlthätige Macht, daß sie zwey Seelen gegen einander enthüllt, auch vor der dunkelsten Empfindung den Vorhang aufzieht und jedes Geheimniß gegen einander verräth. Wie kann ich länger zweifeln? Daß er mich übersieht, daß er verschlossen gegen mich ist, daß er sein Herz so weit von dem meinigen trennt; das ist der sicherste Zeuge, daß er mich nicht liebt.

Fräul. Cäcilie. Freylich ist unser Zustand beklagenswerth. Es scheint ein Mahl das Schicksal unsers Geschlechts zu seyn, daß wir immer der schwächere Theil sind. Der Stolz der Männer macht die Theilung ungleich und hält uns für das Spielzeug ihrer Launen. Ach wenn sie fühlen könnten, daß wir nur Schmerzen und Thränen haben für ihre Härte, mit der sie unser weiches Herz zerreissen!

Königinn Eleonore. Schweig Thörinn! wenn dich nicht bisweilen noch deine Empfindungen lebhaft machten, wärst du zum Tödten langweilig. Klagen oder seufzen werd' ich nie. Oder glaubst du, daß ich so wenig Kräfte in meiner Gewalt habe, die Bahn zu seinem Herzen mir zu öffnen? Man soll nicht sagen, die Königinn sey nur für den Rocken geschickt. Wenn du stark genug wärest, meinen Plan zu fassen, so würde ich vielleicht einen Theil desselben auf dich bauen, aber ich muß deine Schwäche schonen.

Fräul. Cäcilie. Verzeiht, meine Königinn, wenn sich mein Herz zu frey ergoß; Wollte Gott, ich fühlte eben den Muth, unglückliche Liebe zu ertragen. Arme schwache Seele, von jeher nur zur Nachgiebigkeit gewöhnt, wie wolltest du Männerherzen regieren! Meine Miene nur zur Dultung gestimmt, würde nur die Verkünderinn meiner Schwäche seyn.

Königinn Eleonore. Nun sey nur darüber ruhig. Du bist deßwegen mir immer werth. Ich wußte nicht, daß du auch eine unglückliche Liebe hast. Darum fielst du so mit Herzensfülle in die traurige Melodie. Du hast mir noch kein Wort davon gesagt. Nächstens sollst du mir deine Geschichte erzählen. Jetzt will ich die Messe hören.

Audienzzimmer.

König Ludwig, Bischof Joscelin, Abbt
Sugger. Hernach einige Ritter.

König Ludwig. Seyd mir herzlich willkommen, meine Freunde. Ihr scheint euch
über etwas zu berathen; Gott gebe, daß
es zu Nutz und Frommen unsers Reichs
ausschlage.

Abt Sugg. Gott erhalte unsern edeln König und segne uns mit himmlischer Weisheit,
daß nichts Verderbliches aus unserm Rath
entspringe.

Bischof Joscel. Es soll uns keine Sorge
drückend werden, Sire! und wollen gern
Ruhe und Gemächlichkeit entbehren, wenn
wir nur Ew. Majestät glücklich sehen, und
durch unsern Fleiß und Wachsamkeit des Landes Bestes befördern können.

König Ludwig. Bey eurem Herzen voll
biedrer Redlichkeit wird mein Land durch euch
nie unglücklich werden, und ich glaube nicht,
daß ihr je loß seyn werdet, die Bürde der
Regierung mir zu erleichtern. Ich bedarf jetzt
eurer mehr, als jemahls, und rechne auf
euren Eifer und auf eure Treue. — Was
betrifft eure Berathschlagung?

Bischof Joscel. Sire! ihr wißt, daß Ver=

stellung nie meinen Mund entweiht hat, und
mein König ist ein Freund der Wahrheit;
darum ich nicht fürchten darf, daß ihr euch
ungnädig von mir wenden werdet, wenn ich
gerad und unverstellt rede. Es war nicht sowohl Beratschlagung, was wir zwischen uns
pflogen, als mehr Bekümmerniß.

König Ludwig. Wozu soll dieser feyerliche
Eingang? Ihr habt mir immer zu Dank geredet. Welch' Bekümmerniß habt ihr? redet frey.

Bischof Joscel. Sire! wir lieben euch,
und Trotz dem, der anders denkt. Aber daß
ihr euch eurem Kummer ganz hingebt, daß
ihr auf nichts hört, als auf die Stimme eures zweifelhaften Gewissens, daß wir euch
hinsinken sehen müssen, und ihr unsern Trost
und unsern Rath abweißt. als hättet ihr euch
von uns losgesagt, bey Gott und allen Heiligen! das macht uns unlustig.

König Ludwig. Das ist euer altes Lied.

Bischof Joscel. Und ich werde dieses Lied
so lange singen, bis die Saiten eures Muths
wiedertönen. Wären wir treulose Thronhü-
ter, denen der schwache König immer der beste König ist, dessen Verstand sie an ihrem
Gängelband führen können; wären wir ehr-
geitzige Fürstendiener, die den König unter
das Netz seiner Grillen und Launen verstecken,

ihn in die Kirche oder auf die Jagd verschicken
und indessen sich in seine königliche Gewalt
einmummen, und mit seinem Nahmen Fast-
nachtsspiel treiben; so mögte es uns vielleicht
tauglich seyn, daß euer Muth in diesem Gram
erlischt, daß eure Thätigkeit unter der Bürde
eures Kummers erlahmt. Aber wir möchten,
daß ihr in eurem Glanze wiederstrahltet, daß
eure Gegenwart unsre Versammlung begeisterte, daß euer Wille unsre Meinung mit
Zweck und Absicht krönte. Sire! das wünschen wir. Wir verlangen euch wieder, die
große Pflicht der Könige ruft euch, ein ganzes Volk erwartet euch aus unsern Händen
wieder.

König Ludwig. Mann! eure Rede dringt
in meine Seele, wie ein Schwert. — Seyd
ihr mit Sünden so unbekannt, daß ihr nicht
wißt, wie schwer sie lasten? Ich habe mit
dem Himmel so viel abzurechnen, daß ich der
Erde jetzt nichts schuldig bin. Diese Hände
rauchen noch vom Verbrechen; sie müssen rein
seyn, eh' ich sie wieder über mein Volk aus-
strecke. — Seht mich nicht so an, noch ver-
kündet mein Gesicht nichts Gutes. Schafft
mir das Vertrauen, wodurch im bündigen
Vertrag mit sich selbst der Mensch sein eigner
Freund wird; das selige Vertrauen, das an
dem Strahl der himmlischen Gnade reift;

oder wollt ihr die Strenge unsers Glaubens mildern, daß ihr meynt, man könne im Strom leichtsinniger Vergessenheit alle Schuld verschwemm~ 'in Wehmuth übergehend er• gt. Hände) Wenn ich werde ge• ~ ~~~~~ haben, wenn ich durch tausend, tausend Thränen werd' den Mackel ausgetilgt haben, der meinen Nahmen befleckt, dann bin ich wieder euer, dann will ich meinem Volk wieder angehören, dann wollen wir der jetzigen Zeiten nicht mehr gedenken.

Abt Sugg. O Allerbarmer! sende doch den Geist der Tröstung in diese gute, gebeugte, königliche Seele.

Bischof Joscel. Und können denn tausend, tausend Thränen eure That ungeschehen machen? Wuchert etwa der Himmel mit seiner Gnade, daß er sie nach dem Gewicht schwerer Buße abwägt, oder nach den Stunden der Reue berechnet? Nur der bessere Wille ändert alles, und zum bessern Willen braucht's nur einen Augenblick. — Bey Gott! Sire, mein Glaube ist gerecht, und ich werde damit einst vor seinem Richterstuhl treten. Und wenn ihr das ganze Gewicht eures Zorns auf mich werft, ich stehe hier und rede die Wahrheit; daß ihr einen irrigen unglückseligen Entschluß faßt, wenn ihr den Zepter mit dem Gebethbuch vertauschen wollt. — Das

Reich ist in großer Gährung, wir haben unruhvolle Zeiten. Wir sind mit England und mit päbstlicher Heiligkeit im zweydeutigen Verhältniß, und im Herz des Landes wüthet tausenderley Unordnung. — Ich habe aus sichern Nachrichten, daß das Feuer des Bürgerkriegs in Champagne wieder aufbrennt. Sie benutzen eure Schwäche, Sire. Der Löwe schlummert, dessen Wachen sie fürchten.

König Ludwig. Heiliger Gott! soll ich denn meine Tage in lauter Unruhen verleben? Müssen in meinem eignen Lande Feinde wider mich aufstehen? Sie wollen mich zu neuen Freveln reizen. — Gott, ich kenne darin die Hand deines Zorns. Ich habe diesen Fehden schon große Opfer gebracht, und ich glaubte, es sollte sich nun legen.

Bischof Joscel. Wir dürfen nicht unthätig seyn, Sire. Meiner Meinung nach, müßte mit schneller zuvorkommender Gewalt alles erstickt werden. Unsere Nachgiebigkeit würde nur die Verrätherinn unserer Schwäche scheinen, und ihnen ein Aufruf zu mehrerer Tollkühnheit seyn. So wären alle die Siege, die Ew. Majestät gegen diese Aufrührer schon erfochten hat, verlohren; so wäre eure Glorie nur auf Augenblicke aufgelodert, um ewig zu verlöschen. Laßt es uns nicht erleben, daß das edle Haus der Capete mit euch die Reihe seiner Könige wieder beschließt. Glaubt mir, durch eure Muthlosigkeit macht ihr eure Krone feil, und es werden sich mehrere finden, die sie um ein wenig Trotz und Drohung im mäßigen Preiß erstehen wollen.

König Ludwig. Ihr solltet ein Ritter seyn. Dieß Gewand kleidet euch übel zu eurem Muth, Herr Bischof. — Aber was meint ihr, Herr Abt?

Abt Sugg. Die Sache selbst gibt den besten Rath und die Beredtsamkeit des Herrn Bischofs hat nichts vergessen, was davon zu sagen wär. Ich habe Ew. Maj. die Papiere gezeigt, die uns über die Absicht unserer Feinde Licht genug geben. Der ganze Plan ist auf Ew. Maj. jetzigen Zustand berechnet. Wenn mein König ihnen durch die Schrecken der Waffen ihren Rechnungsfehler zeigte; so würden sie nichts wagen; oder wenn sie es wagten, so würde bald ihre Frechheit an eurem festen Muth scheitern.

König Ludwig. Und auch ihr rathet zur Gewalt, die ihr doch immer die Stimme des Friedens redet?

Abt Sugg. Wohl ist mir die Palme des Friedens lieber, als das Geräusch der Waffen. Aber die Gefahr ist zu nahe, Sire, als daß man den Stoß durch irgend eine schlaue Wendung seitab lenken könnte. — Es sind

Ritter angekommen, die ihre Hand dem gott-
losen Bund verweigert haben und mit ihren
Knechten sich stellen, um ihrem König mit
Gut und Blut zu dienen. Sie baten gestern
um ein ritterliches Wort bey Ew. Maj. und
ich beschied sie heute vor.

König Ludwig. Wo sind sie? Laßt sie her-
eintreten.

Abt Sugg. Sie harren in dem Saal.
(Abt Sugger klingelt, ein Edelknabe tritt ein)

König Ludwig. (zu den Edelknaben)
Die fremden Ritter sollen eintreten.

(Der Edelknabe ab, die Ritter treten ein)

Die Ritter. Gott erhalte unsern gnädigsten König und gebe ihm Sieg über alle seine Feinde.

König Ludwig. Seyd willkommen, gestrenge, fromme Ritter! ihr habt um ein
ritterliches Wort bey mir gebethen; es sey
euch gewährt.

Einer von den Rittern. Wir sind Lehnsmannen des Grafen Theobald von Champagne und Ew. Maj. getreue Knechte. Wir
haben unsere eigene Burgen, und Weiber
und Kinder zu Hause. Diese haben wir verlassen und sind jetzt hier, Ew. Maj. mit
Schwert und Lanze, mit Leib und Leben gegen die Feinde königl. Maj. zu dienen. Die
Ritterschaft und die Geistlichkeit in Champagne

haben sich hart mit einander verbunden, nicht
eher zu ruhen und zu rasten, bis sie den Grafen Theobald aus seiner Gefangenschaft be-
freyt und euch des Thrones entsetzt haben.
Wir haben diesem verruchten Anschlag nicht
unsre Hände biethen mögen, und ob uns
wohl unsre Lehnspflicht mahnte, unserm
Schirmherrn mit Wehr und Waffen zur Hülf
zu stehen, so halten wir es doch für Sünd
und höchsten Frevel, gegen unsern König zu
kämpfen, und meinen nicht, daß wir in solchen ungeziemenden und sträflichen Dingen
schuldig seyn, unserm Lehnsherrn Dienst zu
leisten. Wir haben Ew. Maj. Treue geschworen und des Schwurs sind wir eingedenk und
wollen uns nicht des Verbrechens theilhaftig
machen, wider Ew. Maj. das Schwert zu
ziehen.

Die andern Ritter. Fluch dem, der das
Schwert zieht wider seinen König. Wir streiten für unsern König.

König Ludwig. Ich danke euch herzlich
für euern Muth, den ihr mir beweißt. Aber
deutets nicht als Undank für eure Bereitwilligkeit, wenn ich eure Dienste ablehne.
— Ihr habt eure Familien verlassen, habt
eure heimischen Burgen verlassen, bedenkt,
welchen Händen ihr sie verlassen habt. Man
wird schreckliche Rache an euren Weibern und

Kindern nehmen; man wird sie in Gefäng-
nisse werfen, man wird eure Besitzungen ver-
wüsten und gegen euch als Verräther verfahren.

Ritter. (durch einander). Wir streiten für
den König — und dünken uns edel, Beschützer des Königs zu seyn. — Wehe dem,
der daheim schwelgt, wenn sein König in Gefahr ist.

König Ludwig. Der Abschied wird euch
schwer gemacht worden seyn; eure Familien
sind nun hülflos und ohne Schutz.

Einer von den Rittern. Wohl weinten sie
viel, unsere Weiber und Kinder, und klam-
merten sich an uns beym Lebewohl und wollten uns nicht fortlassen. Aber wir haben sie
in den Schutz Gottes befohlen, und bedeute-
ten sie, daß wir der gerechten Sache des Königs stünden.

König Ludwig. (gerührt) Gott, daß euch
eure Liebe zu mir so viel kostet! Traun ihr
seyd edle Männer, dergleichen ich nie gesehen habe. Weib und Kind, Gut und Blut
für euern König aufzuopfern! — — Nein so
viel sollt ihr nicht um mich verlieren; das
seyd ihr mir nicht schuldig. Ziehet wieder heim
und seyd überzeugt, daß euer edler Eifer einen großen Platz in meinem Gedächtniß ein-
nimmt. Eure Nahmen mögt ihr von mei-

nem Geheimschreiber niederschreiben lassen;
ich werde mich eurer erinnern. Ich glaube
hierin euch meinen größten Dank zu bezeugen, wenn ich euren Familien ihren Schutz
und ihre Väter wiedergebe. Wo noch solche
Männer unter meinen Feinden sind, da werde ich nicht lange mehr Feinde haben. — Keh-
ret, eilt nun wieder zurück. Gott geleite euch.

Ritter. Es lebe unser König.

(gehen mit vielen Gemurmel ab.)

König Ludwig. Bey meinem Eid, das
Betragen dieser Männer hat meine ganze
Seele erschüttert. Welcher Edelmuth! Weib
und Kind, Burg und Hof der Wuth rach-
süchtiger Menschen Preis zu geben, um ihrem König treu zu bleiben! — Ha! das ist
dein Werk, schrecklicher Bürgerkrieg. Brüder
und Schwester, Mann und Weib, Väter
und Kinder reißt du aus einander, du bringst
das Vaterland gegen das Vaterland auf. —
Nein, bey Gott und allen Heiligen, nie will
ich das böse Spiel wieder anfangen. Mein
Zorn soll mich nicht wieder hinreißen, und nun
hört meinen Entschluß. Das fürchterliche Wetter, das gegen uns aufzieht, scheint mir noch
zerstreut werden zu können. Ich will mich mit
dem römischen Hof wieder aussöhnen, dadurch werd ich den Wind stillen, der das
Feuer anbläs't. Das Volk ist nur verblendet

und wird sich schnell wieder auf unsere Seite drehen, wenn es unser Einverständniß mit
päpstlicher Heiligkeit siehet. Über dieß haben
wir ja das Haupt und den Urheber dieser Unruhen noch in unserer Verwahrung. Laßt ihn
scharf bewachen, niemand darf ihn sprechen,
das befehl ich enrer Sorgfalt. So lange der
noch in unserer Gewalt ist, können sie nichts
unternehmen, ohne seinen Kopf in Gefahr zu
setzen, und nun leg ich meinen Entschluß in
eure Hände nieder, daß Ihr alles thut, um
uns wieder mit päpstlicher Heiligkeit zu vereinigen; es koste was es wolle. Gott hat einmahl seine Macht der Erde auf den päpstl.
Stuhl gesetzt und ich will dieser Macht forthin nicht widerstreben. Ich kann auf Eure
Klugheit rechnen, daß ihr dieses Geschäft
wohl ausführen und das Wohl des Staats
mit weisen Augen bewachen werdet. Denn ich
werde mich der Regierung auf einige Zeit begeben, um in einem Kloster die Schuld ab-
zubüßen, die meine Seele drückt. Ich werde
dann am Kreutz meines Erlösers und vor dem
Angesicht der Mutter Gottes meine Qualen
vergessen. Mein Geist braucht Ruhe und ich
werde diese Gottesruhe in der klösterlichen
heiligen Einsamkeit finden. Schon der Gedanke daran thut mir so wohl, wie der Balsam einer Wunde, und gewährt mir den Ver-

ſchmack dieſer Seligkeit, und keine Beredt-
ſamkeit, keine Vorſtellung ſoll mich von dieſem Entſchluß wegtreiben. (zum Biſchof Joſcelin) Alſo kein Wort weiter darüber. —
Ich will noch die nöthigſten Verordnungen
treffen, wie ihr meine Vollmacht als Ver-
weſer der Regierung anzuwenden habt, und
dann werde ich mein Gelübde in euer Hände ablegen, Herr Abt. Ich habe eure Kloſter
zu St. Denis zu meinem Aufenthalt gewählt.
Mein Gelübde ſoll im ganzen Lande von den
Kanzeln kund gethan werden, und alle Luſt-
barkeiten deßhalb ſo lange eingeſtellt ſeyn.
Das wird mich wieder mit meinen Feinden
ausſöhnen und die Liebe meines Volks mir
wiederbringen, wenn ſie hören, daß ihr König büßt.

Zimmer der Königinn.

Königinn Eleonore, Biſchof Joſcelin.

Königinn Eleonore. Ich ſehe, daß man
ſeine Freunde aufſuchen muß, wenn man
nicht ohne Freunde ſeyn will. Ich ließ euch
einen Wink geben, daß ich mich gern mit
euch beſprechen wollte, Herr Biſchof, und
ich danke euch, daß man wenigſtens nur einen Wink braucht, um mir einen ſolchen Mann
zum Freund zu machen.

Biſchof Joſcel. Ich bin ſtolz auf die Wür-

de, zu der mich meine Königinn erhebt. Wenn
Ew. Maj. das zur Freundschaft von mir verlangen, was mein heißer Diensteifer meiner
Königinn schuldig ist; so bin ich euch kein
neuer Freund. Die Liebe zu meiner Königinn
hat mich früher zur willigsten Ergebenheit gegen euch gezogen, als eure gütige Einladung
mich dazu aufforderte.

Königinn Eleonore. Ich will das auf
euer Wort hinnehmen, ehrwürdiger Herr;
aber ihr müßt in dem Puncte sehr geheimnißvoll seyn; weil ihr nie euer Vertrauen zu mir
gegen mich geäußert habt, auch in Dingen
nicht, die einer Königinn wohl auch wichtig
seyn könnten.

Bischof Joscel. Wenn euer Leben in Gefahr wäre, oder eine boßhafte Verrätherey
irgend einen verruchten Anschlag gegen euch
ausbrütete, so wäre ich der erste, der euch
davon Kunde gäb. Aber so ist, Gott sey Dank,
dergleichen noch nicht zu befahren gewesen.
Der Himmel verhüthe, daß irgend eine Gefahr über euch meinen Augen entgangen wäre.

Königinn Eleonore. Ihr wollt euch hinter diese Blendung verbergen; aber ich sehe
durch diesen köstlichen Schleyer hindurch. Ich
weiß, daß ihr allen Antheil der Regierung
so weit von mir trennen wollt, als euch euer
Gelübde von meinem Geschlecht entfernt.

Bischof Joscel. Dieser Vorwurf, meine Königinn, könnte in einem schlechten mürben Herz eine große Wunde machen. Aber mich trifft er nicht. Was ich Sträfliches gegen euch vorgenommen habe, das vergelte mir Gott auf meinen Kopf, und davor soll er mir wohl immer sicher bleiben.

Königinn Eleonore. Bewahren mögen mich alle Heiligen, daß ich so einen heiligen Mann etwas Sträfliches zeihen sollte. Daß ihr ein wenig geizig seyd mit dem Schatz eurer Geheimnisse, daß ihr euch so weit, als möglich, von mir entfernt, um nicht etwa in einer Überraschung etwas an mich zu verlieren, was ihr gern als den Gewinst eurer Weißheit für euch behalten wollt, das vergeb ich euren Grundsätzen. Ein fester Mann muß seine eigenen Grundsätze haben, er darf sich nicht wie ein Rohr vom Winde treiben lassen und wenn es auch nur Grillen seyn sollten, die ihm die Haltung geben.

Bischof Joscel. Was soll ich mir aus diesen Worten Gutes oder Übels deuten?

Königinn Eleonore. Nichts Übels, edler Mann. Ich lieb euch, Trotz eurer Unbiegsamkeit; und Freunde müssen sich nicht deuten, müssen sich verstehen — Aber hat mich doch der Faden unserer Unterredung ganz von meiner Absicht abgelenkt, ich wollte euern Rath,

Rath in einer wichtigen Sache. Der Mann, der das Herz des Königs in seiner Gewalt hat, wird mir am besten sagen können, wie ich den Eingang dahin finden kann.

Bischof Joscel. Eure edle Miene läßt mich keinen Spott in diesen Worten ahnden und doch sollt ich so etwas beynahe fürchten. — Doch ich verstehe diese Wendung. Ich kenne euer trauriges Verhältniß mit dem König und hab' es mit Wehmuth bemerkt. Sein Betragen gegen euch ist zu gewaltsam. Er will eine Empfindung verläugnen, von der sich doch sein Herz nicht lossagen kann. Denn, bey, Gott! er liebt euch wie seine Seele, und doch hat er die unselige Grille sich einer Schwäche zu schämen, die ihn zum edelsten Mann machen würde. Er will lieber seine Natur auf die Folter bringen, als das Geständniß zu geben, daß er euch liebt. Sein Charakter ist durch die gewaltsamste Verzerrung verschraubt. Gut und grausam, bey weicher Empfindung streng und rauh. Ich darf wohl sagen, daß ich die Quelle dieser Sonderbarkeiten errathen könnte. — Sein Ehrgeiz fürchtet jede Gewalt, die ihr Netz über seinen Willen werfen will; — das ist es, warum er auch die Liebe fürchtet, und er ist gegen diese um desto mehr auf der Huth, weil sie auch die stärkste Seele überschleicht, wie einen gewapneten Ritter der Schlaf.

Königinn Eleonore. Und glaubt ihr, daß ich dabey glücklich seyn könne?

Bischof Joscel. Ihr seyd zu gefühlvoll, um das Schmerzliche sehr scharf zu empfinden.

Königinn Eleonore. Und ihr wolltet mir euer Mitleid versagen? wolltet mir nicht mein Schicksal erleichtern? Glaubt ihr nicht, daß man auch auf dem Throne unglücklich seyn kann, wenn jede Quelle, die man sucht, nur glänzendes Gold gibt, nicht die Labung, die das Herz mit Lust erfüllt. Eure Würde macht euch zu dem Mann., von dem man nicht vergebens Rath hoffen darf. Bey eurem edlen Herzen beschwör' ich euch, helft mir das Herz des Königs gewinnen. Wenn ihr das Bittere meines Schicksals fühlt, und freundschaftliche Theilnahme euch nicht fremd ist, so werdet ihr verstehen können, wie wohl es mir thun wird, wenn ich auf eure Dienste rechnen darf, und wie nahe ihr euch meinem Herzen bringen werdet, wenn ihr mir beysteht.

Bischof Joscel. Ihr sucht bey mir Rath, meine Königinn, der ich selbst wie ein verirrter Wanderer nach dem Weg umher tappe, der mich zu dem Herzen des Königs führt. O wer ihn lenken könnte jetzt, wer seines Wil-

lens mächtig werden könnte! Sein Geist hat
eine gefährliche Wendung genommen. Er
fühlt Reue, die führte seinen Wunsch auf
Büssung, auf Andacht und Gebeth. Nun glaubt
er einzig darin sein Heil zu finden, nun
drängt, nun treibt ihn alles nach diesem Ziel.
Wohl! O ich weiß, wo das hinaus will.
Das ist der Prozeß, durch den die andächtige Politik die Könige an ihrem Richterstuhle
anhängig macht. Die glühende, schwärmeri-
sche Andacht ist die Angel, womit der Papst
die Fürsten fängt. Nun wird auch uns das
Schicksal treffen, das Deutschland längst schon
drückt. Der König will jetzt in ein Kloster gehen. Wohlan! die Mönche werden ihn durch
Observanzen und Kasteyungen, durch Mira-
kel und Legenden trefflich unterhalten, damit päpstliche Heiligkeit unterdessen uns unsere Freyheiten abnehmen, unsere Schätze
plündern, den Vater gegen den Sohn und
den Bruder gegen den Bruder aufhetzen und
so die Hand um desto sichrer in Allen haben kann. — Schrecklich! Schrecklich! Die
Ahndung hatt' ich nicht, daß unser Land auch
noch unter das päpstliche Joch kommen müßte.

Königinn Eleonore. Das alles könnt ihr
mir erzählen, und wagt nichts, thut nichts,
um es abzulerken? Wahrlich, hier kann ich
eure Klugheit nicht bewundern.

Bischof Joscel. Ich wollte lieber, daß
der Zorn Gottes unser Land träf, als daß
der Papst sein Regiment darin aufschlägt.
Denn Gott zürnt gnädiger, als der Papst
regiert.

Königinn Eleonore. Ihr redet verwegen,
Herr Bischof, und was ihr von dem Zukünf-
tigen fürchtet, ist die Schuld eurer Einbildung. Fantasie, und Träume lügen eins
wie das andre.

Bischof Joscel. Und doch geht unsre Freyheit schnurstracks verloren auf dem Wege,
den des Königs Wille nimmt, daß ich auch
nicht einen Fußbreit Ausweg sehe. Man braucht
nicht zu träumen, wenn man die ganze Ver-
kettung der Folgen des jetzigen Schrittes voraus sieht. Wendet nur eure Augen auf Deutschland. Seht nur den immerwährenden Aufruhr, den die Geistlichkeit unterhält, seht
nur, wie dieß Reich unter dem päpstlichen Netz
zappelt. Ach, die Geschichte ist noch zu neu,
um vergessen zu seyn, da der deutsche Kaiser
um die Füsse des Papsts kroch, da er im
wollenen Hemde, barfuß, in der kalten Win-
terluft, büssend vor dem stolzen Gregor. —
Nein, ich mag es nicht ausdenken. Es ist
lästerlich. Gott, wenn die Zeit nahe ist, daß
so etwas in Frankreich geschieht, so kürze
meine Tage ab.

Königinn Eleonore. Eure Ausrufungen
bringen euch um kein Haar breit weiter.
Thätigkeit gilt jetzt. Laßt uns zusammen treten. Mein Vortheil geht mit dem eurigen
Hand in Hand. Wir buhlen beyde um einen
Gewinn. Beyde möchten wir das Herz des
Königs uns zulenken. Beyde müssen wir uns
also einverstehen. Wohlan! sagtet ihr mir
nicht vorhin, daß mich der König liebt?

Bischof Joscel. Das sagte ich, und ich
beharre drauf. Wenn ich euch die tausend
kleinen Bemerkungen könnte in ein Ganzes
zusammen weben, die ich hier und da in dieser oder jener Stunde von ihm aufgefangen
habe, so wäre schon das genug, meine Behauptung zu bestätigen. Ein Zug des Mundes, eine Miene, ein Wort in der Überraschung entschlüpft, ein Blick, der zum Verräther wird, haben schon viele Räthsel gelöst. Aber wenn ihr mehr als Glauben wollt,
so darf ich einen Umstand nicht vergessen,
der euch keinen Zweifel lassen wird. Einst
trat ich in die Gallerie, in hinterm Pavillon unvermuthend, daß der König sich da be-
fände. Er stand verloren in den Anblick eures
Potraits. Überwunden gleichsam, rief er aus
— Ja ich liebe dich, dir stummes Bild kann
ichs bekennen. — Ludwig, Ludwig, fuhr er
fort, laß deinen Blick in diesem königlichen

Busen, in diesen berauschenden Augen nicht
trunken werden, laß dich in kein Verständ=
niß mit deinen Sinnen ein. — Er erblickte
mich überrascht und — wurde darauf kälter,
ernster gegen euch.

Königinn Eleonore. Unbegreiflicher! Er
liebt mich also gewiß. Vortrefflich. Darauf
hatt' ich gerechnet. An diese Hoffnung hing ich
meinen Plan. Wenn er mich liebt, muß er
auch eifersüchtig werden können.

Bischof Joscel. Wie meint ihr das?

Königinn Eleonore. Ihr versteht mich
vielleicht nicht, weil es unerhört ist, was ich
wage. — Ich will durch Eifersucht, durch
einen erkünstelten Verdacht die Liebe gährend
machen, die in seinem Herzen so ruhig liegt.
Ich will ein Feuer anfachen, an dem die fe=
ste Rinde seiner Kälte niederschmilzt. — Ent=
weder muß er mich hassen, oder heftiger mich
lieben. Die Scheidewand muß nieder, die
sein Troß zwischen uns aufgestellt hat. —
Ich muß, ich muß ihn ganz haben, oder ich
verachte auch die größere Hälfte.

Bischof Joscel. Meine Königinn —

Königinn Eleonore. Daß ist der Ton der
Warnung. Ich verstehe euch. Die Ehe ist ein
Sacrament, wollt ihr sagen; und ihr müßt
strenge Begriffe darüber erhalten. — Aber
eure Tugend darf nichts fürchten. Ich kenne

die Würde einer Vermählten und werde sie
nie durch die Liebe eines Andern entweihen.
Nur so viel, als zu einem Schein gehört, will
ich von dem Verbrechen annehmen, so wie man
eine Maske annimmt, von der nichts an uns
hängen bleibt, wenn man sie wieder ablegt.

Bischof Jocel. Ihr wagt viel, unendlich
viel. Und wenn nun der Verdacht des Königs in Zorn überging und der Zorn in Rache und die Rache euch ergriff? Auch Eifersucht ist Leidenschaft und Leidenschaft sieht niemahls klar und richtig.

Königinn Eleonore. Darum eben vertrau
ich mich euch. Ihr sollt mich decken. Wenn
der Verdacht den entscheidenden Punct erstie-
gen hat, dann sollt ihr den Vorhang weg-
ziehen und Zeuge meiner Unschuld seyn.

Bischof Joscel. Und was versprecht ihr
euch von diesem Wagniß?

Königinn Eleonore. In meinen Armen
werde ich ihn sehen, beschämt durch einen
falschen Verdacht, feurig durch angefachte Liebe und vergütend mit warmer Zärtlichkeit,
was er mir bisher nicht war; und aus dieser Wendung seiner Seele könnt ihr dann allen Vortheil ziehen. Je mehr er mir sich nähert, desto mehr entfernt er sich von seinem
jetzigen Zustande und von der frommen
Schwärmerey, vor der ihr so vieles fürch-

tet. Braucht dann seine Stimmung und euer
Plan wird glücklich in den Hafen kommen.

Bischof Joscel. Ich weiß nicht, ob ich
mehr die Gefahr fürchten, oder euren kühnen Entwurf mehr bewundern soll. Er ist so
tief durchdacht, so sorglos fest auf Kenntniß
des menschlichen Herzens hingebaut. Bey
Gott, ihr habt mich überrascht — in der That
es bedarf reiflicher Überlegung. Der Erfolg
schwebt auf einer schrecklichen Gefahr.

Königinn Eleonore. Nein, ich verlange
nicht plötzliche Entscheidung. Ich will euren
Rath, und euren geprüften Rath. Geht und
wägt den Werth meines Anschlags mit eurer Klugheit ab, und bleibt mein Freund.
Morgen möchte ich euch wieder sprechen.

Bischof Joscel. Ich gehorche euern Be-
fehlen und werde das Vertrauen meiner
Königinn verehren. Gott erhalte Ew. Majestät. (ab.)

Königinn Eleonore. (allein) Ha! es muß
mir gelingen, es muß mir endlich gelingen,
daß ich Frankreichs Beherrscherinn werde. Ich
habe nicht umsonst diese Kraft, Entwürfe zu
fassen und sie in Thaten umzuschaffen; ich
fühle nicht umsonst dieses Streben. Ich bin zum
Regieren geboren. Mein Geist ist der Größe
eines Reichs gewachsen. — In den Fesseln
der Liebe will ich den Stolz meines Gemahls

zu meinen Füßen führen, und die Zeit muß
bald kommen, wo er der Herold meiner Befehle wird. Und du, eigensinniger Bischof,
sollst mein Werkzeug werden. Dein eigner
Wille soll die Brücke seyn, auf der ich zu
meinem Zweck über die Trennung hinüber gehe, die dein Ehrgeiz dazwischen warf. Es
bleibt dir nur eine Wahl. Entweder du gibst
dein Spiel verloren oder du theilst den Gewinst mit mir.

Voriger Ort

Zimmer im bischöflichen Pallast.

Bischof Joscelin. (allein und nachdenkend)
Ich kenne den Stolz der Königinn, ich durch-
schaue ihre Entwürfe. Liebe ist es wahrlich nicht,
was ihren Plan erzeugt hat. — Sie will das
Herz des Königs gewinnen — das klingt so wenig armaßend, das scheint so unberechnet —
und ihr rastloser Geist wollte nicht mehr? ihr
planvoller Witz wollte sich nur an dieses be-
scheidene Ziel schmiegen? Es müßte mich alles täuschen, was mich die Menschen kennen
lehrte. Ich bin nicht so fremd mit deinem Geschlecht, meine Königinn, daß ich deine Geheimnisse nicht erklären könnte. Ihr Plan ist viel zu
künstlich, als daß ihn wahre Liebe erfunden hätte. Herrschsucht geht darunter verkleidet; an

diesem Faden will sie ihre ehrgeizigen Wünsche ausspinnen. — Zwar kann ich nicht das
bisherige Betragen des Königs billigen. Ich
sehe es nicht gern, wenn sich die Natur verläugnet. Wenn die eine Hälfte des Herzens den
schönsten Gefühlen der Menschheit abstirbt, so
artet die andere nur desto geschwinder zur Tyrannen aus. — Nun schwanke ich zweifelnd zwischen Wahl und Entschluß. — Es ist verwegen, was die Königinn unternimmt, es kann
auch wohl — doch still. Mein Argwohn ist
zu unzeitig. Es muß doch beym zweyten oder
dritten Schritte zeigen, was Sträfliches dabey ist. — Eifersucht ist ein wildes, unbändi-
ges Feuer, es treibt alle Kräfte des Geistes
gewaltig empor; könnte ich nicht meinen
Wunsch in diesem Aufruhr auf einmahl zur Erfüllung bringen, welchen die Zeit mit langsamen Trieben vollenden würde? könnte ich
nicht durch diesen Funken, den die Königinn
in seine Seele wirft, die Thätigkeit wieder entzünden, die sich in keine Fesseln werfen läßt?
Wohlan, es sey gewagt! Die Königinn muß
die Freundinn ihres Gemahls werden — aber
nicht seine Beherrscherinn.

Schloß des Grafen Theobald von Champagne.

Zimmer.

Gräfinn Elrika, Graf L. Theobald.

Gräfinn Elrika.

Ich habe zeither eine Verwirrung an dir bemerkt, die mir gar nicht gefällt. Welche Zweifel nährst du in deiner Brust? Braucht denn der Sohn so vieles Nachdenken, ob er seinen Vater retten solle, oder nicht? Ich habe dir Raum genug zur Überlegung gegeben, weil ich dir dawahls Dinge sagte, mit denen dn erst Bekanntschaft machen mußt, ehe du dich daran gewöhnst. Nun wünschte ich doch endlich deinen Entschluß zu hören.

Graf L. Theobald. Ich bin entschlossen.

Gräfinn Elrika. (freudig, ergreift ein Crucifix) Nun so schwöre mir auf die Wunden unsers Erlösers, daß du den Schimpf deines Vaters rächen und seine Sache tapfer ausführen wollest.

Graf L. Theobald. Das schwör ich nicht.

Gräfinn Elrika. (erstaunt) Du willst nicht schwören. Bey allen Heiligen, du bist

mir immer ein Räthſel — Das willſt du
nicht ſchwören — Was für ein Unterſchied
macht denn deine Worte ſo gar, ſo gar beſtimmt. Rede, ich zittere, was willſt du
nicht ſchwören?

Graf L. Theobald. Ich werde meinen
Vater befreyen, dafür bürgt mein ritterliches
Ehrenwort, welches mehr gilt, als dieſer
heilige Eidſchwur. Aber Rache kenn ich nicht
und mag ſie nicht kennen lernen.—Ah, meine theuerſte Mutter, laßt uns den Gräueln
der Zwietracht ein Ende machen, laßt uns
die Hände zum Vergleich mit dem König
biethen. Ich will ſelbſt zum König aufbrechen und der Vermittler zwiſchen ihm und
meinem Vater werden. Ich bin ſein Feind
nicht. Meine Bitten, meine Vorſtellungen,
meine Treue werden ihn rühren und er wird
uns nicht die Verzeihung verweigern, die
unſer Verbrechen nie forden könnte.

Gräfinn Elrika. Welche feine Entwürfe! Ja geh nur, krieche nur ſchmeichelnd am
Fuß des Throns, den du ſelbſt beſteigen
könnteſt, beſchimpfe nur unſer Haus durch
dieſe kriechende Demuth. Lieber den Tod,
als daß wir eine ſo ſchimpfliche Gnade annehmen ſollten. Glaubſt du mit deinen Bitten ſo viel auszurichten, daß der König deinen Vater frey geben wird, ohne die Begierden ſeiner Tyranney zu befriedigen? Da

Verblendeter, nur unter den härtesten Be=
dingungen wird er den Vergleich eingehen,
wenn du es bloß seiner übermüthigen Will=
für übergibst. Er wird unsre Grafschaft als
eine Lehnsprovinz einziehen, und wir wer=
den uns höflich glücklich preisen müssen, wenn
er uns in einem Winkelchen ein schimpfvol=
les Leben gönnet. Dann kannst du als ir=
render Ritter in einem unbekanntem Welt=
theil ein Land für deine Nachkommen su=
chen, dann vergiß nur nicht, daß du deine
Altern der Schande Preis gegeben hast. Ha
du Ungeheuer, ich fliehe dich; denn du bist
im Stande deine Mutter zu verläugnen. (ab.)

Rheims.

Auflauf der Bürger auf den Gassen.

Bürger (im hin und herlaufen durch einan=
der.) Lauft, lauft es gilt unsere Freyheit —
Man will uns unsere Rechte nehmen — zum
Waffen — (Andere) Kehrt nur wieder um,
es ist alles verloren, wir sollen unsere Waf=
fen ausliefern — Nein, wir stehen unsern
Mann — Ach Gott, wer doch sicher in sei=
ner Hütte wohnen könnte! — Halt, wer
sind die feigen Breymäuler?

Marktplatz.

Kanzler Raucourt und Abgesandte des Kö=
nigs auf dem Balkon des erzbischöflichen
Pallastes. Versammlung des Volks.

Kanzler Raucourt. (zu der Versammlung)
Ich ermahne euch also nochmahls ernstlich im
Nahmen Gottes und unsers Königs, daß bin=
nen drey Tagen jeder männiglich, was er
Wehrhaftes und an Waffen in seinem Hau=
se hat, abliefere. Hebt eure geheimen Zu=
sammenkünfte auf, laßt eure aufrührischen
Gedanken fahren und stoßt die Gnade des
Königs nicht von euch, die er euch jetzt huld=
reich anbiethet. Laßt euch nicht weiter von
den geistlichen Wölfen in Schafskleidern
verblenden. —

(Murmeln des Volks, das in Geschrey
ausbricht) Weg mit den königlichen Befeh=
len — Wir sind nicht Unterthanen des Kö=
nigs — Schlagt sie todt, die Hunde. (es
erfolgen Steinwürfe, der Kanzler und die
Gesandten flüchten sich von dem Balkon.)

E

Schloß des Grafen Theobald von Champagne.

Gräfinn Elrika, Abt Bernhard. Hernach Graf Ludwig Theobald.

Gräfinn Elrika.

Eure Reise, ehrwürdiger Herr, hat sich etwas in die Länge verzogen und uns in die größte Verlegenheit gesetzt. Eure Gegenwart, euer Rath, euer Trost, alles das fehlte uns. Ihr könnt euch nicht vorstellen, in welcher Angst und Unruhe ich gewesen bin. Da haus̄te ich in diesem verlassenen Schlosse einsam, und alle Augenblicke in Gefahr, was mich für ein ungleiches Schicksal treffen könnte. Nun bin ich aber auch so ruhig, so voll Vertrauen, als ob gar keine Gefahr in der Welt mehr wär, da ich euch wieder sehe.

Abt Bernhard. Ich freue mich eurer treuen Gesinnungen gegen mich, gnädige Frau. Vertraut nur auf Gott und seine Diener, so werdet ihr nie verlassen seyn. — Meine Abwesenheit mag euch freylich etwas zu lang gedauert haben, aber sie hat unsrer Sache mehr Vortheile erworben, als sie vielleicht den hiesigen Angelegenheiten gefehlt hat. Ich

habe unterdeſſen meinen lieben, würdigen
Zögling Eugen den Dritten auf den päpſtli-
chen Stuhl gebracht, deſſen wir uns ganz
für unſere Sache verſichert halten können.
Wenn ihr nun überlegt, mit welcher Mühe
und durch welche Hinderniſſe ein ſolch Ge-
ſchäft ausgeführt wird, ſo werdet ihr einſe-
hen, daß ich meine Rückreiſe nicht eher be-
ſchließen konnte. ·

Gräfinn Elrika. Ihr bleibt doch immer ein
kluger, frommer, großer Mann.

Abt Bernhard. Päpſtl. Heiligkeit hat mir
nun volle Gewalt in unſern Angelegenheiten
gegeben. — Ich werde den König bey An-
deutung des Bannes bedrohen, daß er euren
Gemahl wieder frey gibt und für jetzt wenigſtens alles wieder auf den alten Fuß ſetzt,
wie es vor den Streitigkeiten war. Sollte
er meinen Vorſtellungen Trotz biethen, ſo darf
ich nur winken und der Bannſpruch donnert
von dem heiligen Stuhl aufihn herab. Damit aber unſere Anſtalten eine Feſtigkeit gleich
Anfangs gewinnen, ſo müſſen wir hier alles
in Bewegung ſetzen, und durch euren Sohn
an der Spitze ſeiner Dienſtmannen einen jäh-
lingen Ausbruch fürchten laſſen, den wir zur
Zeit befördern oder hindern können.

Gräfinn Elrika. O Gott, was ſagt ihr
da? Ihr habt euch gewaltig verrechnet, wenn

ihr euch auf meinen Sohn beruft. Ach, mit
Herzeleid muß ich euch bekennen, daß er
durchaus in unsere Sache nicht willigen will.
Es ist mir noch ein Räthsel, welche sonderbare Grillen er hat; er meint, es wäre Aufruhr, Verbrechen, sich zu widersetzen; er redet von Pflicht, sich dem königlichen Ansehen
zu unterwerfen — Doch da kömmt er selbst.

Graf L. Theobald. (tritt ein) Gott grüß
euch, ehrwürdiger Herr.

Abt Bernhard. Gott segne euch, junger
Ritter und wackrer Sohn des frommen Theobald, daß ihr lange noch zum Schutz der
Kirche grünen und blühen möget. Es freut
mich, daß ihr so wohlbehalten von eurem
Zug ins heilige Land zurück gekehret seyd. Habt
euch wacker gegen die ungläubigen Götzendiener gehalten, wie man mir erzählt hat. Leiht
nur auch fernerhin euren Arm und eure Tapferkeit dem Dienst des Himmels und der
Kirche.

Graf L. Theobald. Das heilige Wort
vom Kreuz zu schützen, den bedrängten Red-
lichen zu helfen und die Unschuld zu retten,
ist jedem wackern Ritter Pflicht.

Abt Bernhard. Ihr thut sehr wohl, wie
es auch die Würde eines tugendhaften Mannes verlangt, wenn ihr euern Pflichten immer anhänglich bleibt. Bedenkt nur auch,
daß Gehorsam unter euern Pflichten ist.

Graf L. Theobald. (der dem Sinn des Abts eine andere Wendung geben will) Ja wohl, ehrwürdiger Herr, verdammen möge mich Gott, wenn ich des Gehorsams vergäße gegen den, dem ich Treue schwur.

Abt Bernhard. Und doch bindet der heiligste Schwur niemanden so unzertrennlich an feste Beharrlichkeit, als die Stimme der Natur, die Gott in jedem Herz erweckt hat, und der Befehl Gottes durch seine Diener. Was ihr der Kirche, was ihr euren Altern schuldig seyd, das kann kein König forden. Ihr werdet mich verstehn.

Graf L. Theobald. Ich verstehe, worauf ihr hinlenkt, ich weiß, daß es euer Wille ist, mich gegen den König zu entrüsten. Nun erkühne ich mich nicht eure Klugheit zu mäkeln oder meistern. Ihr müßt es doch wohl wissen, was dem tugendhaften Mann zu thun oder nicht zu thun ziemt. Aber dem Schwur, an dem mein Leben mit siebenfachen Banden hängt, dem Schwur muß ich folgen, und sollte ich auch Liebe und Zärtlichkeit unter meine Füße treten. — Und doch, was sage ich da? ich sage mehr, als ich vermag. Nie werde ich meine Liebe zu denen, die mir das Leben gaben, in deren Armen sich meine Kindheit wiegte, verläugnen können. — Ehrwürdiger Herr, ich kämpfe einen harten Kampf, auf den ich

nicht gefaßt war. Eingestrickt wie eine leicht-
sinnige Beute hänge ich zwischen zwey Pflichten; die mich gleich zwey steilen Felsen ein-
engen. Auf der einen Seite steht die kindliche Liebe und fordert mich auf. Auf der andern droht mir der Meineid, wenn ich das
Schwert gegen meinen König ziehe. Was
hat der König gethan, beweist mir das?
was hat er mir gethan, daß ich mich des
Eides quitt und ledig halten soll? — Nein,
ehrwürdiger Herr, laßt uns die Hände zur
Versöhnlichkeit vereinigen; auf beyden Seiten ist gefehlt worden, und sollte uns der
Tyrann unterdrücken, so ist ein Rächer im
Himmel.

Abt Bernhard. Ich muß mich wundern,
wie ein kühner, junger Mann so feig und
muthlos spricht.

Graf L. Theobald. Ha Muth fühl ich,
Muth erzeugt mein feuriges Blut; ich fühle
die Schmach, die mein Vater trägt, ich fühle
das Unglück unsers Hauses. Aber was ist
es, das meinen Entschluß grausend zurück
zieht, wenn er vorwärts will? Sagt mir,
ist es ein Unding? Warum kömmt mir immer die Scene vor meine Seele, als wenn
sie vor meinen Augen da stünde? da mich der
König zum Ritter schlug, und ich ihm den Eid
schwur, und er mich dann umarmte und sag-

te: Sey brav, wie dein Vater, und mir treu, wie ein gutes Schwert einem tapfern Arm.

Abt Bernhard. Ich begreif es wohl, daß sich ein junges Gemüth an die Bilder einer lebhaften Fantasie hängt; aber der Mann, der kühne, große Mann muß unbestechlich von dem Schlummer des Wißes seine Entschlüsse nur nach der Deutung des höhern Weltschicksals abwägen. Was braucht ihr eines langen Beweises? Der Gang der bisherigen Ereignisse selbst muß euch belehren. Der König hat sich durch eine Reihe von Gewaltthätigkeiten abscheulich gemacht. Das Land schreyt von seinen Ungerechtigkeiten, er hat durch seine Widerspenstigkeit sich schwer an der Kirche versündigt und durch die Gräuelthat zu Vitri die Majestät Gottes beleidigt. Das fordert Rache, das macht ihn seiner Würde verlustig und gibt allem Gehorsam gegen ihn den Scheidebrief. Der heilige Vater ist Haushalter über Gottes Geheimnisse auf Erden, und er kann nicht dulden, daß Grausamkeit und Gottlosigkeit auf christlichen Thronen herrsche. Er hat die Gewalt zu binden und zu lösen, Kronen zu geben und zu nehmen. Merkt euch das, junger Ritter, und fragt nicht erst da nach Pflicht, wo die heiligste Stimme gebiethet.

Graf L. Theobald. Und mein Schwur, den ich dem König schwur?

Abt Bernhard. Ist aufgehoben. Der König ist ein Feind der Kirche; er hat ihre Rechte verletzt; und ihr habt euren Arm dem Schutz der Kirche geweiht. Er ist herrschsüchtig, er will die Hoheit eures Hauses beugen, und eure Besitzthümer an sich reißen; und ihr seyd jetzt die einzige Stütze eures Hauses, der Erbe eurer Länder. Weiter sag ich euch kein Wort. Thut, was ihr wollt. Seyd feig und verachtungswerth, oder tapfer und edel. — Macht nur nicht, daß ich euch wegen eines Eigensinns verachten muß, den ich unter andern Umständen au euch als Tugend verehren würde.

Graf L. Theobald. Wohlan, das Band ist zerrissen. Hört' es ihr Mächte des Himmels und du, Allmächtiger, an dessen Altar ich schwur: ich bin losgesprochen von meiner Pflicht, und wer mir sagt, ich sey ein Aufrührer, oder wer mich schilt, ich habe meine Treue gegen den König gebrochen, dem spalt ich seinen Schurkenschedel. — Ihr, ehrwürdiger Herr, und meine theuerste Mutter, verzeiht, wenn ich meinen Zweifeln zu lange Raum gab. Wenn ich die Stimme der Natur und der kindlichen Liebe verläugnete, so war es nur so lange, als mich der Schwur mit sei-

nen allmächtigen Banden hielt. Und du, mein
unglücklicher Vater, soll mir nicht eher verzeihen, daß ich deine That verkannte, bis
ich dich wieder frey sehe.

Abt Bernhard. Gesegnet sey euer Entschluß und alles, was ihr zu Nutz und Frommen der Kirche unternehmt. Eilt nun so rasch,
als es euch euer Muth heißt, und sammelt ein
Heer, damit ihr schon furchtbar werdet, ehe
man Anstalten macht sich euch zu widersetzen.
Dringt so weit vor, als euch das Glück den
Weg bahnt: indessen will ich selbst den König sprechen und ihn bey Strafe des Banns
bedrohen, sich zu demüthigen und die Bedingungen einzugehen, die ich ihm werde
vorschreiben. Nimmt er diese Züchtigung nicht
an, dann, mein ich, ist die Krone Frankreichs keine üble Belohnung eurer Dienste.

Gräfinn Elrika. Komm in meine Arme,
mein Sohn. Jetzt bist du wieder mein. —
(sie umarmt ihn) Heil dir, unserm Retter,
nun sind meine Wünsche doch nicht vergebens.

Paris.

Gefängniß im eisernen Thurm an der Seine.

Graf Theobald. Pater Montald.

Graf Theobald.

Es ist teuflisch, mich wie einen gemeinen Verbrecher zu behandeln, in diese Molchhöhle mich herein zu werfen und allen Umgang mit Menschen von mir abzuschneiden, als wär' ich ein Verpesteter.

Pater Montald. Und hätte der Beicht= vater des Königs sich nicht für euch verwen= det, so wäre euch auch mein Zuspruch ent= zogen worden. Aber zum Heil eurer Seele hat der König meinen Zutritt zu euch noch gestattet.

Graf Theobald. Mein voriges Gefängniß war mir schon unerträglich, aber in dieser Stinkgrube finde ich meinen Tod.

Pater Montald. Laßt euch nur trösten, gnädiger Herr. Man hat mir das Heil eurer Seele übergeben, und ich will dabey das Heil eures Körpers auch nicht vergessen.

Graf Theobald. Wie meint ihr das?

Pater Montald. Die Seele gehört mit

zum Körper, mein ich. In diesem Teufels=
kessel von Gefängniß kann ich doch, traun,
eurer Seele keinen Trost verschaffen.

Graf Theobald. Du willst mich retten?

Pater Montald. Als wenn ich das nicht
schon besorgt hätte. Glaubt ihr, das ist nur
so von Ungefähr, daß ich, und gerade ich,
noch zu euch kommen darf? Diese Einsamkeit
muß euch nicht zum Nachdenken einladen.

Graf Theobald. Ich habe nur Nachden=
ken für Rache. Dazu sind ich in diesem Kä=
fich volle Nahrung. Dieses Nest könnte dem
Teufel selbst bey einem Meisterstreich zur Stu=
dierzelle dienen.

Pater Montald. (lacht) Ihr seyd doch bey
alle dem noch munter genug um scherzen zu
können, und nach dem zu urtheilen wärt ihr,
glaub' ich, auch noch nicht zu alt zu einem
Luftsprung.

Graf Theobald. Was meint ihr?

Pater Montald. (tritt ans Fenster und
sieht hinunter) Wie hoch schätzt ihr wohl die
Höhe da vom Fenster hinunter? Getraut ihr
euch, sie wohl mit einem Sprunge zu messen?

Graf Theobald. Was ist das? Erklärt
euch. Glaubt ihr, daß ich Räthsel lösen kann?

Pater Montald. Nun wenn euch das zu
dunkel ist, so will ich euch nur sagen, daß
ihr den Weg zu eurer Freyheit durch dieses

Fenster nehmen müßt, weil man euch den
Ausweg durch die Thür versperrt; daß ich
Fischer gedungen habe, die mit Kähnen in
der Nähe unten halten sollen, um den kühnen Springer aufzuhaschen, wenn er so herunter aufs Wasser schießt. Das ist der ganze
Plan.

Graf Theobald. O laß dich umarmen,
Montald, mein Retter, mein Bruder.

Pater Montald. (sieht noch ein Mahl aus
dem Fenster) Aber der Sprung ist doch auch
verdammt tief.

Graf Theobald. Und wenn er aus den
Wolken wäre.

Pater Montald. (knöpft seine Kutte auf
und bringt einen Mantel hervor.) Hier habt
ihr einen Mantel von Wachsleinwand, der
die Schwere des Falls hemmen und der Nässe
des Wassers widerstehen wird. Verbergt ihn
wohl unter eurer Matratze. Morgen Abends,
wenn ihr es auf dem Carthäuser Kloster eilf
schlagen hört, werde ich mit den Fischern
unten herum kreuzen. Ein Fischerhabit wird
dann für euch bereit seyn, und so wollen wir
unter Begünstigung der Nacht das Werk ausführen. Lebt wohl. Auf glückliches Wiedersehen. (ab)

Graf Theobald. (allein) Ich muß verdammt viel wagen um das Bißchen Freyheit.

Aber dafür, wenn ich einmahl wieder frey bin,
will ich mich rächen. Ich will dir noch heiße
Tage machen, Ludwig. Dein Stolz soll noch
verbleichen wie ein Nachtlicht gegen Morgen.

Rheims.

Zimmer im Erzbischöflichen Pallaſt.

Erzbischof Guilbert. Abt Bernhard. Hernach ein Reiterknecht.

Erzbischof Guilbert.

Nein, Herr Abt, der König iſt das nicht,
wie ihr ihn euch vorſtellt. Er würde gewiß
nichts von allen den Gräueln gethan haben,
wenn er frey für ſich gehandelt hätte. Das
erhellt um deſto mehr daraus, weil er jetzt
ſchmerzliche Reue über ſein letztes Vergehen
empfindet und entſchloſſen iſt, in einem Kloſter ſich einer freywilligen Büßung zu unterwerfen.

Abt Bernhard. Wenn es nur nicht Häucheley iſt, ich halte nicht viel von den ſchnellen Bekehrungen.

Erzbiſchof Guilbert. Nicht Häucheley,
Herr Abt. Der Beichtiger des Königs hat mir

seinen Zustand von Tag zu Tage geschrieben.
Die Bekümmerniß über seine Frevelthaten hat
ihn beynahe aufgerieben, daß man ihn auch
schon für schwermüthig und sinnenlos gehalten hat.

Abt Bernhard. Ey das ist das Zeichen
eines Gemüths, in welchem Besserung auf-
keimt. Daß ich doch das nicht eher gewußt
habe! Das macht die Sache doch ganz anders. Das bringt ihm meine ganze Liebe und
Neigung wieder; denn ich denke immer, man
muß keinem Reuigen die Gnade versagen.
So will ich nun meine Reise eilig machen,
daß ich ihn mit Trost und Zuspruch wieder
aufrichten kann.

Erzbischof Guilbert. Auch ist er völlig
geneigt, sich päpstlicher Heiligkeit demüthig
zu unterwerfen.

Abt Bernhard. O ich danke euch für eure
Nachrichten, ich freue mich gar herzlich darüber. Wenn es sein Ernst ist, soll er uns ein
lieber Sohn der Kirche seyn.

Erzbischof Guilbert. Ja es läßt sich also
recht gut an, und ich wünschte selbst, daß
die verdrießlichen Händel wieder beygelegt
würden, die nichts als Unheil bringen; aber
der König ist nur in schlimmen Händen.
Seine Rathgeber verführen ihn und machen
seinen Sinn so starr und unbiegsam. Auch

die guten löblichen Entschlüsse möchten sie ihm
gern wieder aus dem Kopf schwatzen. Besonders ist der Bischof Joscelin der gröste Wi-
dersacher unserer Partey. Er hat sich in ver-
messenen Ausdrücken des Königs Willen wi-
dersetzt und ihm seine Reue und seine Unterwerfung ausreden wollen. Der König hat
es dem Beichtiger vertraut und dieser hat ihn
denn trefflich zurecht gewiesen, und ihn gegen
den Bischof etwas mißtrauisch gemacht.

Abt Bernhard. Diesen Frevel soll er büssen. Wacht er nicht besser über das Wohl der
Kirche, da er doch selbst ein Hirte derselben
ist, und sucht heilige und fromme Gesinnungen auszurotten, wo er sie pflegen und sorgfältig erziehen sollte? Man muß ihn zur Verantwortung ziehen.

(Ein Edelknabe tritt ein.)

Edelknabe. Es sind Reisige angekommen
aus dem Lager des Grafen Theobald, die
einen Reiterknecht hierher geleitet haben, der
dem Herrn Abt etwas zu entdecken hat.

Erzbischof Guilbert. Laßt den Reiterknecht eintreten (Edelknabe ab, Reiterknecht
tritt ein.)

Abt Bernhard. Wer bist du?

Reiterknecht. Ein demüthiger Reiterknecht
des Ritters Raoul, der euch etwas zu entdecken hat.

Abt Bernhard. Rede, wenn dein Geheimniß von der Art ist, daß es der Herr Erzbischof auch hören kann.

Reiterknecht. Mein Geheimniß soll förder kein Geheimniß bleiben, und möchte doch jedes kund werden, was böses unter der Kappe geschieht! Ich muß euch zuvor erinnern, ehrwürdiger Herr, daß man euer Gepäck nieder warf, da ihr von Italien zurück kamt. Ich und mehrere Waffenknechte waren eure Räuber. Wir wußten alle damahls nicht, weder wems galt, noch von wem wir geschickt waren. Unser Führer war mein Herr, der Ritter Raoul, der des Herrn Bischofs Joscelin rechte Hand ist. Der hat denn auch diesen Streich für den königlichen Minister ausgeführt. Erst vor drey Tagen hab ich das alles erfahren durch einen Brief, den der Ritter auf der Schloßstiege verlor, und dann konnte ich es nicht länger auf dem Herzen behalten, daß ich mich an einen so werthen heiligen Mann versündigt hatte, und da machte ich mich auf den Weg, um es euch zu bekennen, damit ihr meine Seele in Gnaden von der Sünde entledigen möchtet, die ich unerkannt beging. (er fällt vor dem Abt auf die Knie).

Abt Bernhard. Steh auf, mein Sohn, dir soll alles vergeben seyn.

Reuterknecht. O tausend Dank euch, ehr-

würdiger Herr, ihr seyd auch gar zu gnädig
und gut.

Abt Bernhard. Geh nur jetzt, ich werde
für dich sorgen.

(Reiterknecht ab.)

Abt Bernhard. Das ist doch ein verruchter lästerlicher Streich. Man muß den König
von solchen schlimmen Rathgebern entfernen,
die ihn nur noch mehr verderben würden.
Noch ist er zu retten. Es verräth sehr viel Gutes, was ihr mir von ihm entdeckt habt, und
wir müssen das Ruder der jetzigen Unruhen
zu seinem Besten wenden. — Ich werde mit
den Reisigen dem Grafen Theobald zurück
melden lassen, daß er für jetzt nicht weiter vor-
rückt, und ihr mögt eure Stadt zur Ruhe und
zur Unterwerfung gegen den König ermahnen,
damit wir nicht durch neuen Anlaß seinen Zorn
reizen und seine Besserung verderben. Ich will
nun stracks nach Paris aufbrechen und den
Hof selbst untersuchen und an päpstliche
Heiligkeit berichten, welche Wendung die
Sachen genommen haben.

Erzbischof Guibert. Ich werde alles thun,
was ihr für gut achtet und das um desto mehr,
weil ich der Zwietracht herzlich müde bin.
Gott geleite euch auf eurer Reise und vergeßt
eures Freundes nicht.

Cleonore I. Thl.   F

Gegend an der Seine.

Nacht.

Pater Montald, Fischer in Kähnen auf dem Strom.

Pater Montald.

Sachte, sachte! — Macht keinen solchen Lärm mit der Ruderstange, Kerl!

Fischer (unter einander) Es muß doch bald eilf schlagen — Es ist eine finstre, wülfische Nacht, der Wind pfeift ein garstig Liedel — Horcht, es schlägt, paßt auf.

Pater Montald. Fahrt nur hier gemach an Thurm heran.

(Graf Theobald springt oben aus dem Thurm herab.)

Pater Montald. Eilt, eilt! Zu, zu! (die Fischer rudern nach dem Ort des Falls)

Fischer (in dem einen Kahn) Still, wir haben ihn.

Graf Theobald (der sich vollends in den Kahn hilft) Gott sey Dank!

Pater Montald (in einem andern Kahn) Laßt mich hinüber.

Einer von den Fischern. Ihr könnt ein Bißchen in meine Hütte eintreten; sie steht

gleich da drüben, daß ihr euch abtrocknet
und umkleidet.

Graf Theobald. Macht nur, daß wir fort-
kommen. Wir haben Eil.

(Sie rudern nach dem Ufer)

Pater Montald. (indem sie aussteigen
zu den Fischern) Da habt ihr noch etwas,
(gibt ihm Geld) weil ihr eure Sachen so gut
gemacht habt. Übrigens — schweigt.

Fischer. Stumm wie die Fische.

Pater Montald. (zum Grafen) Vor aller Freude, die ich über eure Rettung habe,
muß ich euch nur melden, daß euer Sohn
mit einem Kriegsheer an der Marne im Lager
steht. Er hat alle Truppen in der Eile zusammen gerafft, um euch zu retten. Mehr weiß
ich nicht. Dahin müssen wir nun. Vor Tages
Anbruch sind wir in Sicherheit.

Der Fischer. Kommt, wenn ihr mir folgen wollt. (sie gehen nach der Hütte zu)

Gegend an der Marne.

Lager des Grafen Ludwig Theobald von
Champagne.

Gezelt des Grafen.

Graf L. Theobald. (allein)

Laß deine Zweifel nicht wieder laut werden,
sag ich dir; gib deiner Überlegung den Abschied. Der Mensch bleibt doch nur die Ma-
schine einer höhern Macht. Freyer Wille,
Plane, Entschlüsse — eitle Gaukeleyen des
Witzes, Kinder einer erträumten Größe seyd
ihr. Der Mensch gefällt sich in diesem Pup-
penspiel. Er wählt und verwirft, er mißt, mo-
delt, wägt ab und glaubt sein Steinlein zum
großen Bau der Weltbegebenheiten sehr wohl
gesetzt zu haben. O geh, du armer Thor, und
träume nur. Schon alles ist voraus berechnet
und die Summen längst gezählt, welche der
Wurf jeglicher Stunde heraus wirft — Der
Strom der Nothwendigkeit reißt uns alle dahin, und indem man noch denkt, das willst du
thun oder du willst es nicht thun; so steht
im Buche des Schicksals schon aufgeschrieben,
was du thun wirst. — Was treibt mich jetzt
zu meinem Vorhaben? etwa mein Wille?

Nein, mein Wille wollte es anders. War
mein Entschluß frey? Nein, meine Freyheit
geht hinter dem Ausspruche des Abts her. Und
was bringt den heiligen Mann zu den Ausspruch? Die Macht, die er vom Himmel hat. —
So treibt einer den andern, und keiner handelt
aus sich. — Was hilft es nun, wenn ich auch
vor meinem Vorhaben zurück schaudere, wenn
auch die Menschlichkeit bey meinem Entschluß
verbleicht? — der Schritt ist gethan. Funf-
zehn tausend Schwerter hab ich in Aufruhr
gebracht wider den König. Eh der Mond vielleicht noch ein Mahl sein Licht wechselt, muß
der Kampf entscheiden und ich werde aus dem
Blute meiner Mitbürger wahrsagen können,
auf welcher Seite das Recht ist. (sich wieder-
hohlend) Auf welcher Seite das Recht ist? Also weiß ich doch noch immer nicht, ob ich
Recht thue? Warum kann ich diesen Zweifel
nicht los werden? Ich bin ja kein Kronenräu-
ber. Ich strebe ja nicht nach den Thronensitz.
Ich will ja nur meinen Vater retten. — Was
es für ein eigensinniges Ding um das Gewissen ist. Es ist wie die Unart eines Kindes; wenn
man es nicht immer wiegt, so schläft es nicht —
(Trompeten) Was ist das?

(Der Herold führt ein den Grafen Theobald
    verkleidet, als Fischer, und den Pater
    Montald, als Pilger.)

Herold. Hier sind zwey Fremdlinge in unserm Lager angekommen, die euch sprechen wollen.

Graf Ludwig Theobald. (in Bestürzung) Wenn mich die Erinnerung der Vergangenheit nicht triegt und diese Gestalt und diese Züge in eurem Gesicht und diese sichtbare Zeichen einer verhaltnen Empfindung nicht triegen, so seyd ihr mein Vater.

Graf Theobald. (fliegt in seine Arme) Du bist nicht getäuscht, mein Sohn, ich bin dein Vater.

Graf Ludwig Theobald. In dieser Verkleidung muß ich euch wieder sehen, mein Vater?

Graf Theobald. Dieser Verkleidung und hier dem guten Pater Montald verdank ich es, daß ich hier bey dir bin.

Pater Montald. Oder vielmehr dem Schutz eures Engels. Das Gefängniß war in einem hohen Thurm an der Seine. Ein Sprung aus dem Fenster war die einzige Rettung. Ich dinge Fischer, die mit Kähnen unten lauern mußten, um dem muthigen Springer bey der Hand zu seyn. Der Erfolg war wie gewünscht und der Knoten gelöst.

Graf Ludwig Theobald. Nehmt meinen herzlichen Dank an. (er umarmte ihn)

Graf Theobald. Dieses Bad wollen wir

bey vollen Bechern vollends ausbaden, lieber Monfald. — Aber wie ich sehe, so bist du rasch zu Werke gegangen, mein Sohn. Das gefällt mir, so wäre die Hälfte schon gethan, von dem, was ich thun wollte. Nur wunderts mich, daß dein Lager hier wie angewurzelt steht. Warum rückst du nicht vor, da alles Land vor dir noch wehrlos ist.

Graf Ludwig Theobald. Mein Vater dieses Zögern deutet meinen Gemüthszustand an. Der Gedanke an euch und euer Gefängniß trieb mich vorwärts, indeß mich die Vorstellung von Aufruhr und Bürgerkrieg und von Untreue gegen unsern rechtmäßigen König und Herrn, wieder zurück hielt. So zog ich in langsamen Zügen fort bis an diese Stätte, wo ich an der Scheidegrenze meines Entschlusses bis jetzt unentschlossen blieb. (freudig) Nun sind meine Besorgnisse zerronnen. Die Absicht meiner Rüstungen ist glücklich erfüllt. Ihr seyd frey aus eurer schimpflichen Gefangenschaft, und nun laßt uns das Zeichen zum Rückzug geben.

Graf Theobald. Bist du toll, oder hat dich die Freude berauscht? So spricht ein Ritter?

Graf Ludwig Theobald. Ihr höhnt mich als einen Feigen und wohl mögt ihr Recht haben. Denn ich bin feig gegen Menschlich-

keit. Meine Jugend hat sich noch nicht zu der
Festigkeit gehärtet, die euch zu den furchtbaren Mann macht. — Mir geziemt es nicht
mehr über dieses Heer zu gebiethen. Ihr habt
das Werk angefangen und in eure Hände
übergebe ich dessen Ausführung. Ich lege die
Macht eines Heerführers vor euch nieder.
Erlaubt mir nur, wie ein andrer Lehnsmann
unter eurem Panier zu dienen.

Graf Theobald. Ich begreife dich nicht.
Du mußt unter eine scheinheilige Secte gerathen seyn, die dich mit ihrem Fieber angesteckt hat, oder es hat dir ein wackrer Saracen eins auf die Blechhaube versetzt, daß du
noch Anwandelungen von diesem Streich hast.
Nein, rächen will ich mich, so lange noch ein
Tropfen Bluts in diesem Arm fließt, rächen
will ich mich, so lange ich ein Gedächtniß
für das Gefängniß habe, worein man mich
als einen schlechten Buben geworfen hat.
Herold, berufe die Ritter zu einer Versammlung. Gebt mir ein Waffenkleid und schafft
mir meine Waffen. Morgen müssen wir aufbrechen.

Voriger Ort.

Ein freyer Platz unter Eichbäumen.

Graf Theobald Graf Ludwig Theobald.
Versammlung der Ritter.
Ein Herold.

Graf Theobald. Und wer sind die Verwegenen, die dem Aufgeboth nicht gehorsamt haben, und ihrer Lehnspflicht so schlecht gedenken.

Der Herold. Heinrich der Horster, Ludwig der Graubart, Dietrich der Lanzenbrecher, Golo der Luckner und Fabian der Starrkopf.

Graf Theobald. Ha, diesen Ungehorsam will ich züchtigen.

Der Herold. Und wenn das nicht schon Verbrechen wär, so wollte ich euch noch melden, daß sie selbst dem König unserm Feind ihre Dienste angebothen haben, der sie aber abgelehnt und zum Gehorsam verwiesen hat.

Graf Theobald. Bey meinem Eid, ich will gegen sie ziehen, so bald ich wieder freye Hand habe, ihre Burgen will ich der Erde gleich machen, und im Gefängniß sollen sie und ihre Nachkommenschaft zu Grunde gehen, daß der Nahme dieser Treulosen auf immer vertilgt werde.

Ritter. So muß es allen Eidbrüchigen gehen.

Graf Theobald. Ihr seyd wackre Kämpen und ihr werdet mich nie verlassen.

Ritter. Bis uns unser Leben verläßt.

Graf Theobald. Und ihr werdet den Schimpf eures Schirmherrn rächen.

Ritter. Rache! Rache! Rache!

Graf Theobald. Aber ehe wir weiter gehen, muß ich euch etwas vortragen, daß ich darüber euren Willen und Meinung vernehme. Der ehrwürdige Abt Bernhard hat durch die Reisigen, die den Reiterknecht zu ihn geleitet haben, einen Brief ergehen lassen, worin er uns ermahnt, nicht weiter vorzurücken. Ihr werdets wohl merken, wo das hinaus will. Der Herr Abt wird den König wieder mit päpstlicher Heiligkeit aussöhnen wollen, und nun sollen wir ruhig nach Hause gehen und unter Friedensbedingungen den Schimpf verschlucken, daß wir vom Könige besiegt worden sind. Was meint ihr nun? sollen wir unser Panier zurück wenden?

Ritter. (ungestüm) Nein! nein! nein! Durchs Schwert wollen wir unsre Sache ausmachen. — Durchs Schwert, durchs Schwert.

Graf Theobald. Brav, so mein' ichs auch.
Ich verlasse mich auf euren Beistand. Aber,
edle Ritter, ohne daß ich euch durch einen
falschen Argwohn entehren will; wenn aber
einen von euch in einem bösen Stündlein,
dergleichen jeder Mensch zu gewissen Zeiten
hat, Wankelmuth ergriff, und seinen Sinn
umkehrte, womit wollt ihr mir dafür bürgen?

Ritter. Durch Schwur und Handschlag.

Graf Theobald. Wohlan! ziehet eure
Schwerter und schwört, daß ihr mir treu
seyn und mich nicht verlassen wollt.

Ritter. (ziehen ihre Schwerter) Wir schwören im Angesicht Gottes und unter diesem
freyen Gewölbe des Himmels, daß wir euch
treu seyn, und nicht weichen oder wanken
wollen von eurer Seite; und Fluch, ewiger
Fluch dem, der euch schimpflich und feig
verläßt.

Graf Theob. Dank euch, edle Kämpen!
Morgen laßt zum Aufbruch blasen, und nun
wollen wir uns noch in der Kühle dieses
Abends bey vollen Bechern laben. Knappen
füllt die Becher. (zu seinem Sohn) Aber
warum bist du so stumm in diesem Kreis
unsrer muthigen Waffenbrüder? was soll
diese düstre Miene bedeuten?

L. Theob. Ich freue mich des tapfern
Muthes dieser Ritter, und es zieht mich ein

geheimer Unwille wie Krampf zusammen, daß die Stunde des Kampfs noch nicht da ist, wo ich den Verdacht der Feigheit auf immer austilgen könnte. Nur eins wollt ihr mir geloben im Angesicht der Ritter und Edeln, daß ihr die Rechenschaft des Kampfs vor Gott und Menschen allein auf euch neh=men wollt.

Graf Theob. Ich muß dich schonen, du weichmarkige Pflanze. Was Recht oder Un=recht ist bey unsrer Sache, das nehm ich über mich. Hier, nimm diesen Becher, (sie stoßen an) Glück und Heil!

G.L. Theob. Glück und Heil.

Ritter. Glück und Heil unserm Schirm=herrn! und Schmach und Verderben unsern Feinden!

Paris.

König Ludwig. Abt Sugger. Bischof Joscelin. Kanzler Raucourt. Graf Heinrich.
Hernach der Hofmarschall Raimund.

Kanzler Raucourt.

Ich habe nun meine Pflicht erfüllt, und
Ew. königl. Maj. getreue Kunde von diesen
Unruhen gegeben. Wir werden nun in ge-
ziemender Ehrfurcht vernehmen, was königl. Maj. darüber beschließen.

König Ludwig. Die Undankbaren, verschmähen meine königliche Gnade und höh-
nen mein Ansehn und meine Würde. Bis
an die Marne ist der Graf schon vorgerückt?

Kanzler Raucourt. Dort steht sein Lager
und er kann mit einigen Märschen in dieser
Gegend seyn.

König Ludwig. Auch dieser junge Wüth-
rich kann seiner Treue und seiner Pflicht vergessen? Bleibt es doch wahr, daß die Frucht
ihren Stamm nicht verläugnet.

Hofmarschall Raimund. (tritt ein) Königl. Maj. verzeihen, daß ich die Verhand-
lungen dieser ehrwürdigen Versammlung stö-
re. Eine unangenehme Nachricht macht mich
so eilig, und doch wollte ich, daß ich nicht damit

eilen müßte. — Der Graf von Champagne, ist seiner Haft entflohn, durchs Fenster ist er herab in die Seine gesprungen und so viel man weiß, durch Anstiften des Paters, den man ihn zugelassen hat, entkommen.

Bischof Joscelin. Ein verwegener Streich

Sugger. Von diesem wilden Kopf haben wir alles zu fürchten.

König Ludwig. (gelassen) So ist denn auch der letzte Anker los, und der Aufruhr hat freyes Spiel. (zu den Ministern) Man wird bey euerm Rathe bleiben müssen. Gewalt gegen Gewalt. Euch, braver Ritter, (zum Grafen Heinrich) übergeb ich die Ausführung meiner Befehle. Laßt schnell ein Aufgeboth an die Ritter ergehen, daß sie sich stellen mit ihren Reisigen, und mit diesem Heere eilt den Aufrührern entgegen. Ich gebe euch dadurch einen Beweis, daß ich euern Muth schätze. Nehmt für jetzt dieses Pfand meiner Gnade von meiner Hand, (er hängt ihm eine goldene Kette um den Hals) zum Zeichen, daß ich euch mit den Provinzen Blois und Champagne belehnen will. Macht nur, daß ihr euch durch schleunigen Sieg die förmliche Belehnung erwerbt, die ich euch hiermit im Angesicht dieser Versammlung verheiße, so bald ihr die Rebellen unter meine Gewalt gebracht habt.

Graf Heinrich. Ich bin unwürdig dieser
königlichen Gnade. Gott gebe, daß ich das
Vertrauen Ew. Majestät nicht täuschen möge.

König Ludwig. Ihr werdet thun, was
einem Ritter ziemt, und das übrige überlaßt Gott. Gehabt euch wohl!

Gallerie.

Bischof Joscelin, Abt Sugger
hin und her wandelnd.

Bischof Joscelin. Ihr seyd so ruhig, Herr
Abt, könnt so ruhig seyn bey diesem entscheidenden Wurf? Jetzt den König aus unsern Händen gelassen, und wir haben ihn nie wieder
und alle unsere Hoffnungen, unser Reich
unabhängig von dem römischen Hof zu machen, sind vorüber.

Abt Sugger. Eben diese Ruhe ist ein le-
bendiger Kampf in mir. Ich will ruhig seyn,
ich will nicht vom Zorn und feindseligen Eifer mich hin und her werfen lassen. Nur der
Ruhige lauscht die besten Gelegenheiten ab,
indeß Übereilung und Leidenschaft uns auf
verkehrte Wege verschlägt.

Bischof Joscelin. Ich will der bedächti-
gen Klugheit ihren Werth nicht läugnen; aber

wenn wir unfer Ziel erreichen wollen, fo
müffen wir durch kräftige Mittel die Thätigkeit des Königs wieder erwecken, und durch
Trägheit werden wir nie Thätigkeit hervor
bringen. Ich muß es aufrichtig bekennen, daß
mir der neue Aufruhr in Champagne willkommen war, ich glaubte, diefer Funken
follte den König entzünden, und dann wäre
die Neigung zum römischen Hof mit wegge-
fengt worden.

Abt Suager. Ich harre auf die Ankunft
des Abts Bernhard.

Bischof Joscelin. Eben fo lange folltet ihr
nicht harren, dann ist der Wurf geschehen.
Wo sich der einnistet, da spinnt die päpstliche List ihr Netz gewiß an.

Abt Suager. Ich hoffe ihn auf Unsere
Seite zu lenken.

Bischof Joscelin. An dem möchte eure
Kunst scheitern. Hofft nur das Beste von den
Gesinnungen des Abts. Wohl uns, wenn ihr
den König nur unter billigen Bedingungen
an ihn verliert.

Abt Suager. Ihr werdet bitter. Eure Unbiegsamkeit und euer Ungestüm entstellt euch.
Ich habe keine Lust mehr euren aufbrausen-
den Reden Gehör zu geben.

Bischof Joscelin. Sagt's nur frey: ihr
habt den Muth nicht, öffentlich gegen den

römischen Hof zu halten. Ihr wollt den König in dessen Hände überliefern um dem Car-
dinalshute nicht zu entgehen.

Abt Sugger. Schändlicher Verdacht! das
sagt ihr mir? O geht, und bedenkt, daß auch
Redlichkeit zur Ungerechtigkeit ausartet. (ab)

Bischof Joscelin. (allein) Immer spruch-
reich und doch — zweydeutig, will ich sagen.
Klug würde ich ihn nennen, wenn er nicht
schlau wäre. — Sey es, wie es sey: das
Vertrauen zu dem Abt Bernhard verheißt mir
nichts Gutes. Beugt er sich nicht schon vor
ihm bey diesem ersten Schritt, indem er unsere Sache von ihm abhängig macht. — Der
König wird ein Pfänderspiel aus dieser Hand
in jene Hand gegeben. — Auch diese Unruhen reizen seine Schlaffheit nicht. Was die
Königinn noch vermag, das wäre das einzige
Mittel zur Erfüllung meines Wunsches. Genug, zur Königinn. (ab)

Zimmer der Königinn.

Königinn Eleonore. Bischof Joscelin.

Königinn Eleonore. Warum harrt ihr so
lange im Vorzimmer. Ihr habt freyen Zutritt zu mir, Herr Bischof, und ich werde
nie ungelegene Zeit für meinen Freund ha-

ben. Gewiß das Warten wird euch langweilig geworden seyn; denn, wenn ich eure Miene richtig deute, so habt ihr mir etwas Hastiges zu entdecken.

Bischof Joscelin. Ihr trefft immer richtig, meine Königinn, wenn ihr eurem Scharfsinn folgt. Mein Anbringen leidet keine Zögerung und darum hab ich meinen Zutritt bey euch nicht durch die Fesseln des Ceremoniels hemmen wollen. — Ihr wißt doch, daß der Aufruhr in Champagne nun ausgebrochen ist, daß der König den Grafen Heinrich gegen die Rebellen geschickt hat und daß der Abt Bernhard im Kurzen hier ankommen wird?

Königinn Eleonore. Von allem dem weiß ich nichts. Ihr scheint meiner spotten zu wollen, da es euch nicht fremd ist, wie unbekannt man mich mit den Angelegenheiten unsers Hofs läßt.

Bischof Joscelin. Ich werde nie die Ehrfurcht gegen meine Königinn vergessen. Wenn euch denn alles dieß noch unbekannt ist, so nehmt es, wie es ist, für eine Neuigkeit.

Königinn Eleonore. Und das ist doch nicht der größte Theil eures Anliegens?

Bischof Joscelin. Wohl nun nicht. Ich kann's nicht läugnen, daß es wider meine Rechnung ist, daß der König nicht selbst

gegen die Aufrührer zieht und daß des Papstes Werkzeug der Abt Bernhard in diesen
Gegenden kreuzen will. Das kann unsern
Plan vernichten, ehe wir ihn anlegen, und
gerade heraus; ich wollte euch vorschlagen, den
König zu überreden, daß er selbst die Anfüh-
rung des Heeres übernimmt, und dadurch
der Angel des Abts entrückt wird.

Königinn Eleonore. Wie kann ich das,
Herr Bischof? Was vermag ich über meinen
Gemahl? Und zu dem kennt ihr das Gesetz
des Ceremoniels, das er selbst festgesetzt hat
und das mir den Zutritt zu ihm verbiethet.
Wenn ich gegen seinen Willen handelte, würde ich keine heitere Stirne finden; denn er
hält streng über seine Rechte; und zur Überredung sucht man doch nur günstige Augenblicke.

Bischof Joscel. Sehr wahr. Auch weiß
ich wohl die Ordnung des Hofes. Auch müßte es nicht wie angelegt scheinen. Nur von
einer leicht sich entwickelnden Gelegenheit ließ
sich ein guter Anfang hoffen, und so — doch
darf ich's wagen meiner Königinn —

Königinn Eleonore. Still. Wir beyde unterstützen einander, das sey unsre Regel. Nur
weiter.

Bischof Joscelin. Ihr seyd Meisterinn der
Harfe. Wenn der König aus der Messe über

G 2

diesen Saal zurück geht, an den diese Gemächer stoßen, lockt ihr die Saiten zur bängsten Klage die sein Ohr jetzt gerne hört. Er,
der ganze Abende bey dem Lautenklange der
Minstrels sonst verschwelgte, wird nicht bey
diesen Tönen vorüber gehn, die in den Einklang seiner Seele tönen, er wird der Schö-
pferinn dieser Melodieen nachspüren, und
dann — wendet alle Beredtsamkeit an, die den
weiblichen Lippen so überflüssig verliehen ist;
mischt die Überredung lieblich in eure Worte,
daß er selbst zu Felde geht und sich den traurigen Grillen und der jetzigen Ohnmacht seiner Seele entreißt, die ihn zum Spiel der römischen Cabale machen wird. Doch ich darf
euch ja die Kunst nicht erst lehren , wie ihr
das Gespräch wenden, mischen, würzen sollt.
Euch stehen ja die Fäden alle zu Gebothe,
worin ihr ein Herz verstricken könnt.

Königinn Eleonore. Wenn ich so überreden
könnte, wie ihr schmeichelt, so würde ich
meine Absicht gewiß nicht verfehlen. Aber ich
kenne den König. Er ist fest gegen die weiblichen Waffen. Das lieblichste Wort spült
an dem äußern Rand seiner eisernen Unbiegsamkeit und vermag nicht einzudringen. —
Wird mir es gelingen?

Bischof Joscelin. So ist nicht mehr, als
unser Wille verloren. Macht es zu eurer eig-

nen Sache. Siegt ihr dieß Mahl über des Königs Entschluß, so habt ihr Hoffnung zu meh-
rern Siegen.

Zimmer der Königinn.

Königinn Eleonore singt zur Harfe, König
Ludwig ist unbemerkt eingetreten, und sieht
horchend der Königinn im Rücken.

Königinn Eleonore. (singt.)

Wann wiegt sich nun vom Kummer los-
gewunden
Auf frohen Wünschen einst mein Sinn? —
Noch streu ich meines Lebens schönste Stunden
Zum Opfer banger Schwermuth hin.

Die Freude ist treulos von mir gewichen,
Die Freundinn menschlichen Geschicks,
Und ihr entwölkter Schimmer ist verblichen
Im Nebel meines düstern Blicks.

Das Licht des Tages, das mir lächelt,
badet
Im Strome meiner Thränen sich;
Die hellste Mondnacht, die zur Wonne ladet,
Verläßt in bitterm Kummer mich.

Wenn dann an jeder Hoffnung leerer
Blüthe
Der Wurm der bängsten Schwermuth saugt,

Und kraftlos und des langen Harmes müde
Mein Geist sich in Betäubung taucht.

Dann weht um mich in wüster weiter Leere
Des Todes Athem öd und kühl
Und dörret giftig aus der matten Seele
Des Lebens tröstendes Gefühl.

König Ludwig. (äußerst bewegt umschlingt die Königinn) Eleonore, du singst die Geschichte meiner Leiden.

Königin Eleonore. (sinkt erschrocken zurück) Gott!

König Ludwig. Erschrecken soll dich mein Anblick nicht. Ich ging über diesen Saal, höre die schmelzenden Töne in diesem Gemach, spüre ihnen nach und überrasche dich. (ernst und kalt) Vergebt mir, Königinn, wenn euch dieser Überfall zu plötzlich war.

Königinn Eleonore. Nicht sowohl die Überraschung, als die unversehene Freude meinen Gemahl so nahe bey mir zu sehen, hat mich erschreckt. Wornach ich so lange, lange sehnte was ich von jeder Stunde hoffte und vergebens erwartete, das bringt mir dieser Augenblick.

König Ludwig. Missest du so genau mein Außenbleiben?

Königinn Eleonore. O mein Ludwig, wenn ich dich mein nennen darf, meine Fantasie hat sich so innig in deine Gestalt ver-

webt und meine Empfindungen in die Sehnsucht nach dir so fest verschlungen, daß ich
ohne dich mich selbst nicht ganz besitze.

König Ludwig. Aber weder eine Fehde
noch eine Reichsversammlung hat mich jetzt
von dir getrennt, daß vor Sehnsucht dein
Herz sollte bangen. Ich will nicht ahnden,
daß du Kummer hast, und daß die traurige Klage, die du so zärtlich in den Saiten
regtest, deine eigene Stimmung verrieth.

Königinn Eleonore. Und doch — warum
sollte ich es nicht bekennen, was ich so oft
der Einsamkeit vertraute, daß mich die Ver-
nachlässigung tief schmerzt, der mich mein
Ludwig überläßt, daß sich deine Zurückhaltung traurig vor mir ausdehnt, und dich weit
von mir trennt. Warum verschmähst du meine Zärlichkeit? wie kannst du meine Liebe
so hartherzig verachten? — Wüßtest du, wie
du mich durch diesen Kaltsinn langsam töd-
test — Ich habe kein Leben, als nur für dich.

König Ludwig. So ists nicht gut; traun,
so sollte es nicht seyn, daß du dein Herz
an diesen, einen, einzigen Wunsch hängst.

Königinn Eleonore. Und mehr hätte mir
mein Gemahl nicht zu sagen? — So bleibt
es doch wahr, daß du mich nicht liebst, so
werden Thränen mein immerwährendes Loos
seyn, so muß sich mein heißes Gefühl für

dich in diesem beständigen Kampf mit meinem Schickfal abstumpfen, so habe ich für all mein inniges Streben, für all dieß feurige Sehnen meiner Liebe nichts — nichts als Verachtung — (sinkt ohnmächtig zurück.)

König Ludwig. Um Gottes willen — Königinn — Faßt euch — (vertraut und theilnehmend) Unglückliches Weib, du hast ein Herz mit auf den Thron gebracht, das zu viel Gefühl für Liebe hat. Hier kommt diese zärtliche Pflanze nicht gut fort. Die Sorge der Regierung nagt an ihrem Keim und verderbt ihren hohen Wuchs, und unter dem segnenden Glanz der Königswürde verdorret die Zärtlichkeit, welche die Herzen verbindet, daß sie sich kunstlos an einander schmiegen und sich vertraulich mit einander vertauschen. — Glaubst du, daß mein Herz unempfindlich ist? Ich fühle das allmächtige Gefühl der Liebe, ich kenne diesen edelsten Sinn der Menschheit und ehre ihre heiligen Rechte. Aber was ich als dein Ludwig empfinde, darf ich nicht als König seyn. Es ist ein schwerer Vertrag zwischen meinem Herzen und der Krone, den ich der Liebe unter harten Kämpfen abgerungen habe. Mache mich nicht treulos meinem Entschluß. Diesen Reizen darf ich nicht zu nahe seyn um nicht zu vergessen, welche hohe Pflicht Gott mir als König gab, die ich ihm einst haushälterisch berechnen muß.

Königinn Eleonore. Wie soll ich glauben, daß du mich liebst?

König Ludwig. Wenn die Sprache die vertrauteste Zeuginn der Liebe ist und Worte treue Bürgen des verborgenen Verständnisses sind, so nimm die heiligste Versicherung, daß ich dich noch immer liebe, so nimm mit diesem Kuß das ganze Geheimniß meines Herzens.

Königinn Eleonore. (umarmt ihn) Was du mir jetzt gibst, dein Herz und dieses Geständniß, das wiegen deine Kronen nicht auf. Mit diesem Augenblick verrinnen alle meine Zweifel, und meine ganze Empfindung fließt in dein geliebtes Bild zusammen. Jetzt nur noch eine Bitte, die es nur wagen darf unter dem Schutz dieser Stunde hervor zu treten.

König Ludwig. Ich verschließe der Bitte nie mein Ohr und ich werde bey dir meinen Grundsatz nicht ändern. Was hast du mir zu sagen?

Königinn Eleonore. (ergreift seine Hand) Du bist in dieser Stunde mein Ludwig, nicht mein Herr und König. Die Schranken der Hofsitte sind jetzt zwischen uns niedergeworfen und ich darf mit dir vom Herz zu Herzen sprechen: so versprich mir denn in meine Hand, daß du selbst an der Spitze deines Heers ausziehen willst gegen die Rebellen. Gewähre mir dieß als den ersten Beweis deiner Liebe.

König Ludwig. (finster) Und was hat diese Bitte denn mit deiner Liebe zu schaffen?

Königinn Eleonore. O viel, und sie ist nur aus den Besorgnissen meiner Liebe entsprungen. Deine Leiden, die deine Ruhe zerstören, und der Gram, der dein Herz bricht, gehen in mein Mitgefühl über, und machen mich besorgt für dich. Ich habe deinem Wohl meine leisesten Befürchtungen gewidmet, und darum bitte ich dieses Einzige von dir. Dieser Heereszug wird dich zerstreuen, der Muth wird deine Kräfte wieder spannen, dein Nahme wird deinen Panieren voraus fliegen, und den Sieg verbreiten, den du mit dem Schwert einernten wirst.

König Ludwig. Du scheinst die Wirkungen deiner Liebe gut berechnet zu haben. Ich traue nie der schmeichelnden Beredtsamkeit. Der Eigennutz verbirgt sich gern hinter glatte Worte, und lauscht nur den Schlummer ab, den sein Weihrauch erzeugt, um seine Beute zu erhaschen.

Königinn Eleonore. Gott! dieser Argwohn —

König Ludwig. Ich werde meine Ruhe im Gebethe wieder finden, und meine Kräfte werden in der Versöhnung mit dem Allmächtigen sich stärken. Ich bin nicht gewohnt mei-

ne Entschlüsse zu rechtfertigen oder zu ändern. —

Königinn Eleonore. Das ist die Frucht
meiner Hoffnungen? So erwiedert mein Gemahl meine zärtliche Theilnahme mit schmerzenden Vorwürfen und versagt meiner Liebe
eine Bitte, die schuldlos, unberechnet aus
dem Herzen kam?

König Ludw. (forschend) Wenn ich mich
in dir geirrt hätte. Wenn ich mich wirklich
auf einen Augenblick von deiner Liebe hätte
täuschen lassen! — Und warum sollt es nicht
so seyn? — O es ist wahr. Deine Liebe ist
nicht das Ideal, vor dem der Stolz des
Manns sich beugt, die mit, sich selbst zufrieden
und voll von ihrem eignen Werth allein, allein an dem geliebten Gegenstand sich hängt,
und in demselben alle Hoffnungen alle an-
maßende Begierden senkt und in demselben
alle ihre Wünsche faßt. — Das, das ist nur
ein Ideal, ein Traum — Das Weib liebt
um des Herrschens willen. — Ich soll vielleicht
nicht wahrgenommen haben, Königinn, welche geheime Absichten in eurer Bitte liegen?
— Ihr wollt dadurch meinen Willen an das
Lenkseil eurer Launen knüpfen. Dieß sollte
die erste Prüfung seyn, wie weit ihr durch
die Liebe siegen könntet. Verbergt euch nicht
hinter dem Schein der Kränkung; ich finde

auch hier euch aus. Der Übergang war zu
schnell von der Sprache der Empfindung zu
dieser List.

Königinn Eleonore. Gott! das ist zu
viel.

König Ludwig. Man hat mich vor eurer
Herrschbegierde gewarnt, vor eurem weit
aussehenden Ehrgeiz — (heftig) Königinn,
wenn ihr mich nur um der Krone willen liebt,
wenn ihr mich hintergehen wollt, wenn ihr
mich zum Spiel eurer Eitelkeit zu machen
gedenkt — Dann — Ich weiß Mittel, diese
gehäuchelte Liebe zu entlarven. (geht zor-
nig ab)

Königinn Eleonore. (erschrocken) Steht
mir bey, alle Heiligen.

Schlachtfeld bey Chalons.

Graf Heinrich. Graf Theobald von Champagne. Graf Ludwig Theobald. Ritter,
Reisige, Knappen.

(Gefecht zwischen dem Heer des Grafen Heinrich und dem Heer des Grafen Theobald.)

Graf Theobald.

(tödtlich verwundet auf der Erde liegend zu
den Knappen)

Tragt mich hinter jenes Gebüsch, daß ich
ruhiger liege. (Knappen tragen ihn weg) Wie
stehts mit den Unsrigen.

Knappen. Sie fangen an zu weichen.

Graf Theobald. Habt ihr meinen Sohn
nicht gesehn?

Knappen. Wir sahen seinen Helmbusch
unter einem dicken Haufen der Feinde wehen.

Graf Theobald. Geht; ruft ihm zu: er
soll nicht weichen, er soll seinen Vater rächen. (mit gebrochener Stimme) Rache —
Rache — Geht — ich sterbe — Gott sey mir
— barmherzig. (er stirbt.)

Drey Ritter. (von der königlichen Par=
tey, kämpfen auf den Grafen Ludwig Theo=
bald los) Wollt ihr euch noch nicht ergeben?

Graf Theobald. (fechtend) Zurück. Mein
Schwert soll euch antworten.

Graf Heinrich. (sprengt heran zu den Rit=
tern) Laßt ihn, daß ich mit eigener Hand
diesen Meineidigen erlege.

Graf Ludwig Theobald. (zu den Knappen)
Gebt mir meine Lanze

(sie rennen mit eingelegten Lanzen gegen
einander und treffen so hart auf einan=
der, daß beyde sinnlos von ihren Pfer=
den stürzen.)

Ritter. (von Theobalds Heer.) Dringt ein,
haltet euch wacker. Unser Herr ist gefallen.

Ritter. (von dem königlichen Heer) Hier=
her versammelt euch. Schlagt sie zurück. Graf
Heinrich ist gefallen.

(Sie kämpfen hitzig, Theobalds Ritter
fliehen. Die Knappen tragen den Gra=
fen Heinrich und den Grafen Theobald
weg.)

Schloß des Grafen Theobald von Champagne.

Zimmer.

Gräfinn Elrika. Kammerfrau. Hernach Knappen.

Gräfinn Elrika.

Ich weiß nicht, mir ist so ängstlich. Ich habe so viele schlimme Ahndungen und keine, keine Nachricht, wie es steht. Ruft mir doch noch ein Mahl den Knappen, der mir die letzte Bothschaft brachte.

Ein Knappe. (tritt ein)

Gräfinn Elrika. Also meinst du, daß es wirklich bald zum Treffen kommen müsse.

Knappe. Wie ich euch schon gesagt habe, gnädige Frau. Als ich wegritt, ließ euch der Herr des freundlichsten grüßen und in zwey Tagen müßte viel entschieden seyn.

Gräfinn Elrika. Das wäre jetzt vorbey. — Was ist das? Ich höre Pferde?

Eine Kammerfrau. (stürzt herein) Reisige von den Unsrigen.

Reisige. (dringen schnell herein) Um Got=

tes willen rettet euch. Die Feinde folgen uns auf dem Fuß. Wir sind geschlagen. Euer Gemahl ist tod, und euer Sohn gefangen.

Gräfinn Elrika. (mit äußerstem Schreck) Heilige Barmherzigkeit. (sie sinkt zu Boden)

Kammerfrauen. (eilen herzu) Hülfe, Hülfe. Der Schlag hat sie getroffen.

Eleonore

Königinn von Frankreich.

Zweyte Periode.

H

Personen.

König Ludwig der Siebente von Frankreich.
Eleonore Königinn, dessen Gemahlinn.
Joscelin, Bischof v. Soissons.] Minister
Sugger, Abt zu St. Denis.] des Königs.
Montpellier, Beichtvater des Königs.
Raymund, Hofmarschall.
Ludwig Theobald,
Cäcilie, Hoffräulein der Königinn.
Eugen der Dritte, Papst.
Lambert   ⎤
Worsinna   ⎬ Kardinäle.
Celucco   ⎦
Robert Campano, Kämmerling des Papstes.
Rodrich von Campagno, päpstlicher Legat.
Bernhard, Abt zu Clairvaux.
Guilbert, Erzbischof von Rheims.
Gottfried, Bischof von Langres.
Nicolaus, Abt von Fleury.
Hugo von Molina ⎤ Tempelherren.
Kurt von Hohenegg ⎦
Antonio Colonna, römischer Patricier.
Heinrich, Graf von Blois und Champagne.
Wolf von Wülfingen, deutscher Ritter.
Heinrich, Schildkn. des Ritters Theobald.
Kardinäle, Prälaten, Pairs des Reichs,
    Ritter, Knappen, Mönche, Volk.

(Der Zeitraum ist vom Jahr 1146 bis 1147.)

Rom.

Saal im Lateran = Pallaſt.

Papſt Eugen auf einem erhabenen Seſſel unter einem Thronhimmel. Hugo von Molina und Kurt von Hohenegg Tempelherren und Abgeordnete aus Syrien. Kardinal Worſinna, Kardinal Lambert und übrige verſammelte Kardinäle. Hernach Robert Campano des Papſtes Kämmerling.

Hugo von Molina.

(der nebſt Kurt von Hohenegg vor dem Papſt kniet und ihm die Füße küßt.)

Wir werfen uns Päpſtlicher Heiligkeit demüthigſt zu Füßen, und bitten in dieſer hochwürdigen Verſammlung um gnädiges Gehör.

Papst Eugen. Wir empfangen euch als
unsere werthen Söhne mit unserer apostoli-
schen Gnade. Es sey euch gestattet, euer An-
liegen vorzutragen.

Hugo von Molina. Als Abgeordnete des
Herrn Bischofs von Gabela erscheinen wir,
und kommen aus dem Lande der Bedräng-
nisse und des Elends. Der ehrwürdige Herr
Bischof läßt päpstliche Heiligkeit des freundlichsten grüßen, und euch die Noth der armen Christenheit vortragen, welche sie unter
den Türken, diesen abscheulichen Götzendienern
erdulden muß, und deß wir Zeugen sind. Es
will die Gewalt der Heiden zu einem Strom
anwachsen, der alles überwältigt und die edle
Wurzel des Worts vom Kreuze aus ihrer
Stätte reißt. Wir müssen päpstliche Heiligkeit und dieser hochwürdigen Versammlung
mit bekümmerten Herzen kund thun, daß
der Sultan Nureddin die wichtige Festung
Edessa wieder erobert, und das christliche
Heer des Grafen Joscelin gänzlich geschlagen
hat. Dieses Unglück läßt uns befahren, daß
auch Jerusalem, und die heilige Gegend, wo
der Hochgelobte im Gebeth und Leiden gestanden, und sein heiliger Körper der Ruhe des
Grabes genossen hat, in die Hände der Unheiligen kommen werde, die doch unsere Väter mit vielem Blut gewonnen haben. Ob

nun wohl die wackern Kämpfer des Kreuzes und unsere Waffenbrüder ihres Bluts
und Lebens nicht schonen, so ist doch unsere wenige Zahl zu schwach gegen die un-
endliche Menge der Feinde. In dieser Bedrängniß nehmen wir unsere Zuflucht zu
Schutz und Rath bey päpstlicher Heiligkeit
und bitten und flehen demüthigst, ihr wollet diesen Briefen, die über unsere Umstände des Mehreren enthalten, euere Aufmerksamkeit nicht versagen.

(Er läßt sich auf ein Knie nieder, und
überreicht ihm die Briefe.)

Kurt von Hohenegg. Könnten wir päpstliche Heiligkeit unser mannichfaltiges Elend
in Palästina vollkommen beschreiben! aber
meine Zunge ist zu unvermögend. Gefahr,
Furcht, Gefangenschaft, Wunden, Tod,
das sind die Übel, mit denen das arme
Volk immer zu kämpfen hat. Der fromme
Christ wird in seinem Gebeth von der Furcht
gestört, daß in der künftigen Stunde vielleicht schon sein Eigenthum ein Raub der
gräuelhaften Feinde seyn möchte, und der Pilger wallfahrtet nur mit Zittern nach dem heiligen Grab, weil er Gefangenschaft und
Tod da fürchten muß, wo er doch nur Friede und sanfte Tröstung finden sollte. Päpstliche Heiligkeit hat ein väterliches Herz für

die Kirche, und wird nicht zugeben wollen, daß die Schafe von den Wölfen sollten zerstreut werden. Laßt uns daher die süße Hoffnung von euern heiligen Lippen mitnehmen, daß ihr uns Hülfe unter den Fürsten und Helden des Abendlands erwecken wollt, damit wir nicht mit Schmach den Ungläubigen unterliegen und das Kreuz von heiliger Stätte ausgerottet werde.

Papst Eugen. (Nachdem er die Briefe gelesen hat.) Meine Liebden. Seit mir das Wohl und die Sorgfalt für die ganze Kirche anvertrauet ist, hat immerwährende Besorgniß meinem Geist keine Ruhe gelassen, weil ich den Stuhl des heiligen Petrus unter den traurigsten Aussichten bestieg; und nur der heilige Geist Gottes, der auf seinem Diener ruhet, hat mich unter diesen Trübsalen erhalten. Die Ketzerey schwingt ihre Waffen jetzt beynahe vor unsern Augen, und die Unruhen unserer Stadt, die meinem Vorgänger das Leben kosteten, schwellen wieder an. Nun bricht mir das Herz, da ihr mir solche unglückselige Nachrichten bringt von daher, wo ich den Gruß des Friedens zu vernehmen gedachte. Der Herr Bischof schreibt, er habe mit Thränen diese Papiere benetzt, daß den unheiligen Götzendienern dieser Frevel so ungestraft sollte hingehen, daß sie ungerochen

über unsern Herrn und Erlöser siegen und
auf den Schutt so vieler geheiligten Denk=
mahle seiner Siege ihre Tyranney wieder
gründen. (zum Himmel aufblickend) Gott,
welche schmerzliche Betrübniß überfällt mich,
wenn das heilige Land, die Stadt Gottes,
das Erbe Jesu, das er seinen Kindern hin=
terlassen hat, unter meiner Vormundschaft
wieder verloren gehen sollte! (Pause, wor=
in eine feyerliche Stille herrscht) Aber es ist
nicht Zeit, unsere Herzen noch mehr zu er=
weichen. Laßt uns auf Mittel denken, wie
wir diesen armen Bedrängten zu Hülfe ei=
len. Es wird uns schwer werden, meine
Liebden, diese Mittel zu finden, da boß=
hafte Halsstarrigkeit die Herzen der Fürsten
von uns gewandt hat. Der König der Deut=
schen Conrad hat trotzig sich noch nicht zur
Krönung vor uns beugen wollen, und Lud=
wig, König der Franken, hat sich gar selbst
gegen unsere Gewalt aufgelehnt. Sagt mir
nun, meine würdigen Räthe in Christo, an
wen wir uns wenden; denn einen mächtigen
Fürsten müssen wir senden, der der über=
hand nehmenden Menge der Feinde in Pa=
lästina kräftig widerstehen kann.

Kardinal Worsinna. Vor andern scheint
mir Ludwig noch am ersten gewonnen, wer=
den zu können. Sein Herz ist der Fröm=

mizkeit offen, obgleich sein Wille auch bösen Rathgebern lenksam ist; und wenn man
dem Gerüchte trauen darf, so soll er sich
ganz geneigt zu gutem Einverständniß mit
der Kirche finden lassen.

Kardinal Lambert. Wie könnt ihr so ver-
messenen Rath geben und einen Mann zu
solchen frommen Absichten brauchen wollen,
der Gottes Diener verachtet. Was bedarf
es wohl noch für Bekräftigung, daß sein
Herz stolz und aufgeblasen ist, als seine eigenen übermüthigen Handlungen.

Kardinal Worsinna. Nur eure beleidigte
Ehrbegierde läßt euch so von ihm sprechen.
Ich kenne den König Ludwig; da ich noch
Prior der Abtey St. Denis war, hab ich
ihn oft gesehen voll Andacht in der Kloster-
kapelle vor den heiligen Reliquien knien,
und darum denke ich, daß mit solcher Demuth vor Gott nicht Übermuth in einem
Herz wohnen könne.

Kardinal Lambert. Wohl gesprochen. Ich
kenne eure Grille, daß ihr jeden zu vertheidigen versucht, wenn ihr nur dabey das
Vergnügen habt, jemanden widersprechen zu
können.

Papst Eugen. Still, ihr Herren. Jetzt ist
nicht die Zeit des Haders. Wir haben der
Zwiste außerdem genug; wir müssen den Kö-

nig Ludwig an uns ziehen, und es wird die
größte Genugthuung für uns seyn, wenn
wir ihn zu diesem Zug ins heilige Land bereden können. Ich will ein Schreiben an ihn
ergehen lassen, und ihn väterlich zu diesem
frommen Unternehmen ermahnen. Die Wirkung davon überlaß ich unserm treuen Abt
Bernhard, dem ich das Geschäft anvertrauen will.

Verschiedene Kardinäle. Ein redlicher,
ein beredter Mann, der sein Leben dem Dienst
der Kirche opfert. — In dessen Händen ein
solch Geschäft am besten aufgehoben ist.

Papst Eugen. (zu den Tempelherren) So
entlaß ich euch denn in Frieden aus dieser
Versammlung und geb euch meinen Segen.
Habt frohen Muth; die Sache der Christenheit wird nicht verlassen seyn, so lange ich
und diese treuen Wächter wachen.

(Die Tempelherren werfen sich dem Papst
zum Kuß der Füße nieder, und gehen
dann ab.)

Und nun, meine Liebden, verlang ich
euren Rath, was wir gegen den veruchten
Ketzer Arnold von Brescia beschließen. Ihr
sehet selbst, wie der Schwindel seines Tah-
sinns das Volk hinreißt, und schon erschüttern seine erregten Unruhen die Feste unsers
Stuhls.

Kardinal Lambert. Er hat gestern noch im vollen Eifer seiner Raserey auf dem Markt eine Rede gehalten, worin er das Volk zum Ungehorsam und zum Abfall von Ew. päpstl. Heiligkeit öffentlich aufgewiegelt hat.

Einige Kardinäle. Ein verwegner Mönch. — Wer hätte gedacht, daß unter der Kutte so viel Feuer brennte.

Kardinal Lambert. Wenn mein Rath vor päpstliche Heiligkeit nicht klein und gering scheinen möchte, so ging meine Meinung dahin, daß wir diesem Bösewicht durch einige dienstfertige Gesellen heimlich den Weg aus der Welt erleichterten. Ein Mahl dürfen wir es doch nicht wagen, so gerade zu und öffentlich ihn anzutasten, um des Volkes willen.

Kardinal Worsinna. Das wäre niedrig.

Papst Eugen. Und sähe einer ungerechten Sache ähnlich.

(Man hört Glocken läuten und Lärm.)

Kardinäle. (durch einander) Ist das nicht Sturm? — Es ist ein Geschrey, wie bey einem Auflauf.

Robert Cambano.. (tritt hastig ein) Es ist Aufruhr. Das Volk stürmt gewaltig. Man sagt, Arnold führe sie an.

Papst Eugen. Laßt uns Sicherheit suchen. Die Wache begleite uns in die Engelsburg.

(Die Versammlung bricht bestürzt und eilig auf.)

Abtey St. Denis.

Eine düstere einfach meublirte Zelle, auf einem Tisch steht ein Crucifix, darüber hängt eine Dornenkrone. Am Boden in einer Nische ein schlechtes Lager von Strohküssen und einer Matratze.

König Ludwig in Mönchskleidung, barfuß und mit allen Zeichen einer strengen Büßung. Abt Sugger.

König Ludwig.

Nein länger bleib ich nicht, darf nicht länger in diesen heiligen Mauern bleiben. Ich bin ein Verworfener. Meine Sünden entweihen diese feyerliche Stätte. Ich habe diese Nacht einen schrecklichen Traum gehabt. So wach, so wirklich, so bedeutungsvoll. Ich lag, so träumte mir, im Gebeth vor dem Gekreuzigten. Auf ein Mahl that sich das Gewölbe der Kapelle und der Himmel über mir auf und ein Blitz fuhr schnell und gerade auf mich nieder. Dicke Finsterniß umschloß mich, ich hörte Stimmen um mich flüstern, von denen ich nichts verstand, als die Worte: Weg, du bist unrein, die Stätte ist heilig. Erschrocken erwachte ich und ich fühle noch das Ermatten dieses Schreckens.

Abt Sugg. Es ist nichts, als die Geburt eures geängsteten Gewissens, mein gnädiger König. Erhitztes Blut und fieberhafte Zuckungen eurer Nerven, die von den häufigen Büßungen zu sehr gereizt sind, zerrütten euren Schlaf mit diesen Schreckensbildern. Laßt diesen Ort, der nicht für Könige ist, und endigt eure scharfen Büßungen, die euch nur um desto heftiger peinigen. Kehrt zu uns, zu eurem Volk und zur Regierung zurück. Daß Gott euch wieder gnädig ist, beweisen ja die neuen Siege, welche er Ew. Majestät über die Rebellen verliehen hat.

König Ludw. Siege? Was habt ihr für Nachrichten davon?

Abt Sugg. Das Heer des Grafen Theobald ist gänzlich geschlagen. Er selbst ist getödtet im Gefecht und sein Sohn gefangen in unsern Händen. Die Stadt Rheims ist ohne Schwertstreich beruhigt und hat den Eid der Treue geleistet. Graf Heinrich würde selbst sich Ew. Majestät vorgestellt haben,

wenn er nicht noch krank darnieder läg von
einem Lanzenstoß, den er im Gefecht erhalten hat.

König Ludwig. Ja, ja, ihr habt ganz Recht.
Ich werde wieder nach Paris zurück kehren.
Was Gott über mich beschlossen, das treffe
mich. Ich finde meine Ruhe nicht wieder. Morgen will ich aufbrechen. Laßt Anstalten machen,
daß man in den Kirchen für unsre Siege danke, das Übrige versparet bis zu meiner Gegenwart.

Paris.

Zimmer im königlichen Pallast.

Königinn Eleonore. Fräulein Cäcilie.

Königinn Eleonore.

Was du mir auch sagen magst, er liebt mich
nicht.

Fräul. Cäcilie. Vielleicht weil ihr ihn nicht
liebt.

Königinn Eleonore. Sehr bestimmt. Du
scheinst deinen Scharfsinn üben zu wollen,
und aus welcher Ursache glaubst denn du mir
das so dreist sagen zu können.

Fräul. Cäcilie. Wenn ich Ew. Maje-

stät mit dieser Offenherzigkeit mißfallen
sollte —

Königinn Eleonore. Du kennst meine
Schwäche schon, daß ich nicht auf dich zürnen kann. Eben wegen deiner natürlichen
offenen Seele lieb ich dich.

Fräul. Cäcilie. Ihr seyd gnädig, so kann
ich denn wohl meine Behauptung rechtfertigen. — Euer Herz, und wenn mich das Alter schon erfahren gemacht hätte, so würde
ich hinzu setzen, eure Jugend athmet Liebe;
nur der König ist es nicht, der sie huldiget.
Ihr täuscht euch selbst. Vor euren hohen Sinn
steht der Gemahl und seine Krone, das Herz
verlangt den Geliebten. Die Liebe die Gauk-
lerinn, vertauscht die Personen und verweist
euch auf den König, bis ihr den Geliebten
findet.

Königinn Eleonore. Sieh, ich begreife
mich selbst nicht. Ich glaubte ihn zu lieben
und — doch bleiben mir Wünsche übrig, die
nicht das Gepräge seines Bildes tragen.

Fräul. Cäcilie. Die Liebe ist anspruchlos
auf mehreres, wann sie ihre Hoffnungen in
dem Punct ihrer Wünsche sammlet.

Königinn Eleonore. Ich mag mich hier
nicht weiter ergründen. Brechen wir doch ab
von dieser Materie.

Fräul. Cäcilie. Ihr sahet doch, gnädige

Königinn, den schönen gefangenen Ritter, den man zum Gefängniß führte.

Königinn Eleonore. (gleichgültig) Es iſt doch der junge Graf von Champagne. Ich hab ihn nicht geſehn. Der Hof ſpricht viel von ihm.

Fräul Cäcilie. Ihr ſaht ihn nicht? Ein junger, liebenswürdiger Ritter. Lang, ein reicher Wuchs. Sein Haupt bedeckte kein Helm, da floß das Haar langwallend über ſeine Schultern. Über ſeinen ſchwarzen Augen ruhte ein ſanftes Gemiſch von Schwärmerey und Ernſt — Er dauerte mich recht, daß man ihn ins Gefängniß führte. Die Ketten einer Dame gönnte ich ihm lieber.

Königinn Eleonore. Die Mücke und ein ſchöner Ritter finden bey dir beyde Mitleid.

Fräul. Cäcilie. Verzeihung, gnädige Königinn, ich weiß zu unterſcheiden. Zwiſchen einer Mücke und einem ſchönen Ritter iſt der Augenſchein der reichſte Verführer. — Wenn ihn die Augen meiner Königinn geſehen hätten, er hätte gewiß nicht ins Gefängniß dürfen wandern.

Königinn Eleonore. Thörinn! — Geh, ich will den Biſchof Joſcelin ſprechen, und dann ſollſt du mich auf die Jagd begleiten.

Voriger Ort

Parlamentshaus.

Saal.

König Ludwig unter einem Thronhimmel
auf erhöheten Stufen stehend. Bischof Joscelin und Abt Sugger neben ihm. Graf
Heinrich. Versammlete Pairs, Reichsbaro-
ne und Bischöfe. Hernach Hofmarschall
Raimund, Abt Bernhard.

König Ludwig (zum Grafen Heinrich.)

Ihr habt euch meines Vertrauens würdig
gemacht, Graf. Ich danke euch für die jetzigen
neuen Beweise eures Diensteifers und eurer
Treue; ich belehne euch hiemit zum Kennzei-
chen meiner königlichen Huld öffentlich und
feyerlich mit dem Besitz der beyden Grafschaften Blois und Champagne. (Graf Heinrich kniet vor dem König, dieser hängt ihm
eine goldene Kette um den Hals) Mit solchen Banden feßle ich euer Leben an meine

Krone, daß ihr derselben immer treu seyn
möcht, so lange eure Brust athmet.

    (Zwey Wapenherolde bringen dem Gra-
    fen die Wapen der beyden Graffchaf-
    ten auf Küssen und die Lehnfahnen,
    welcher sie den Wapenherolden aus
    den Händen nimmt und die Lehnfah-
    nen zu den Füßen des Königs nie-
    derlegt.)

Graf Heinrich. (schwört auf einer Reliquie, einem Stück vom heiligen Kreuz, das
ihm der Bischof von Paris auf einem Küssen
vorhält.) Ich schwöre und gelobe bey dem
Allmächtigen und dem Hochgelobten, dessen
heiliges Kreuzesholz ich jetzt berühre, daß ich
nie zu Wehr und Waffen gegen den König
meinen Herrn stehen und der Krone immer
zum Schutz bereit und treu seyn will. So
wahr mir Gott helfe und alle Heiligen.

    (Graf Heinrich entfernt sich vom Thron
    und mischt sich unter die übrigen Pairs)

Raimund. (tritt ein) Der Herr Abt Bernhard läßt Ew. Majestät seinen Gruß entbiethen und bittet um Zutritt und Gehör in dieser erlauchten Versammlung.

König Ludwig. (verwundernd) Der Abt?
Der Abt? Er soll uns willkommen seyn (Raimund ab) (zu seinen Ministern) Wenn ist

denn dieser angekommen? so ganz unvermu-
thet — ich kann nicht begreifen —

Abt Bernhard. (tritt ein, der König geht
ihm bis an die Mitte des Saals entgegen)
Gottes Friede über meinen König (zu der
Versammlung) Seyd gegrüßet, ehrwürdige,
erlauchte Herrn.

König Ludwig. Ich nenne euch mit gan-
zem Herzen willkommen, Herr Abt. Wem
danken wir denn das seltene Glück, euch in
unsrer Mitte zu sehen?

Abt Bernhard. Der Eifer Gottes und
das Beste der Kirche treibt mich leidiglich
und bringt mich auch hierher zu meinem König. Ich bin gekommen den langen Zwist nun
endlich einmahl beyzulegen, der zwischen euch
und eurer päpstl. Heiligkeit gewaltet hat. Ihr
wißt, der Papst ist mein Freund. Er war mein
Schüler einst. Ich kenne sein Herz und er hat
sich mir vertraut, wie sehnlich er es wünscht,
die Freundschaft wieder anzuknüpfen mit Ew.
Maj., die zwischen euch und seinen Vorgän-
gern zerrissen ist.

König Ludwig. Ich bin bereit die Hand
zur Versöhnung darzubiethen. Schon lange
hat es mein Herz gewünscht den Segen von
der Hand des heiligen Vaters zu erlangen.

Abt Bernhard. Aber wird Ew. Majestät auch die Bedingungen zugestehen, unter

welchen der heilige Vater eure Hand der Ver=
söhnung wird annehmen?

König Ludwig. Wenn es Bedingungen
sind, die der Ehre meiner Krone und den
Rechten meines Volks nicht zuwider sind, so
werde ich mich deß nicht weigern.

Abt Bernhard. Wenn ihr dem heiligen
Vater das Recht die Bischöfe mit Ring und
Stab zu belehren zugesteht und völlige Ver=
zeihung dem Haus Champagne gewährt, so
erlebe ich heute den glücklichen Tag Ew. Ma=
jestät in den Schooß der Kirche wieder ein=
zuführen.

König Ludwig. Ihr schürzt, traun, zwey
mißliche Knoten in euer Geschäft. Den einen
bin ich nicht im Stande mehr zu lösen. Ihr
seht hier den Grafen Heinrich, den wackern
Beschützer meiner Krone, den hab ich eben
jetzt mit den Grafschaften Blois und Cham=
pagne belehnt. Ich bin nicht gesonnen die
Macht mir zu schaden in den Händen meiner
Feinde zu lassen.

Abt Bernhard. Ihr ahndet rasch, so wie
ihr immer zu handeln pflegt. Ich will nicht
so schnell entscheiden, ob ihr auch allemahl
recht handelt. Auch der Schuldige kann in ge=
wissen Stücken unschuldig leiden. Was be=
rechtigte euch denn dem Erben entgelten zu
lassen, was der Vater verwirkt hatte? Der

J 2

Vater büßt mit dem Tod, warum wollt ihr nun auch sein Vergehen an dem Sohn strafen? Ich weiß genau und versichere Ew. königl. Majestät, daß er nie feindselig gegen euch gesinnt gewesen ist.

König Ludwig. (empfindlich) Wenn ihr denn so gut mit ihm bekannt seyd, warum zog er das Schwert gegen mich und kämpfte in offner Schlacht gegen meine Ritter.

Abt Bernhard. Nur kindliche Pflicht konnte ihn dazu bewegen, wozu sein Wille noch nicht eingestimmt hatte.

König Ludwig. Es ist aber nun geschehen. Ich bin nur ein Mensch, und kann nicht die Schuld nach den Graden der inneren Bewegungsgründe abmessen, welche nur ein höheres Auge erschauen kann.

Abt Bernhard. Auch will ich das nicht weiter rügen. Ihr seyd der Sieger, und euch steht das Recht zu, das Schicksal des Überwundenen zu bestimmen. Nur eins wollt ihr mir versprechen, daß wenn des Grafen Heinrichs Stamm erlöschen sollte, die Lehn auf Theobalds Nachkommen zurück falle.

König Ludwig. Das sey. Ich verspreche es euch in eure Hand. (er reicht ihm die Hand) Aber die andere Hälfte eures Antrags, verlangt großes Opfer; läßt mich die Freundschaft des heiligen Vaters theuer erkaufen.

Abt Bernhard. Und doch ist eben das der Punct, worin eure Zwiste sich erhoben und sich nun vereinigen.

(Gemurmel unter den Pairs und den Bischöfen)

Unsere Rechte, unsere Freyheiten. Der König kann das nicht versprechen.

Bischof Joscelin. Unsere Bisthümer sind Lehne der Krone, seit so lange schon das Reich der Franken blüht. Nur ein Verbrechen kann den König dieses Rechts verlustig machen. Nun sagt an, was hat denn der König verbrochen? Ist das etwa ein Verbrechen, wenn er eingedenk seiner Würde, seine Rechte schützt, die er aus den Händen seiner Väter als ein heiliges Pfand des Erbes überkommen hat?

Abt Bernhard. Ihr bringt mich auf die Quelle des Streits zurück und facht durch das Spiel eurer Worte den Funken wieder an, der schon verglimmt. Ich weiß, daß ihr mir immer entgegen gewesen seyd. Wohl fragt ihr, was der König verbrochen hat? Wie? achtet ihr das als keine schwere Sünde, daß er sich zu Vitri freventlich an der Majestät Gottes vergangen hat? Ist das keine Schuld, daß er zur Schande der Christenheit einen heiligen Ort verwüstete und Feuer an die Freystatt der Andacht legen ließ? Es schmerzt mich, diese Saite berühren zu müssen.

König. Ludwig. Weh, weh, so laut mahnt man mich an meine Schuld. So öffentlich leuchtet das Zeichen des Verbrechens auf meiner Stirn daß man es ungescheut vor meinen Augen rügt. Ich stehe da geschmähet im Angesichte meiner Edlen. (er verhüllt sich) Fort, daß ich diesen richtenden Augen entfliehe. (er geht aus der Versammlung, viele folgen ihm. Große Unruhe in der Versammlung.)

Abt Sugger. (zum Abt Bernhard) Ihr habt ihm eine blutende Wunde wieder aufgerissen, Herr Abt. Die Reue über diese That hat ihn schon bis zur tiefsten Schwermuth verfolgt. Zwey Monde schon hat er als Mönch gebüßt, und doch wacht in ihm noch das Gefühl des Schmerzes zu seiner Qual.

Abt Bernhard. (in sich gekehrt und entschlossen) Bringt mich so gleich zu ihm.

Abt Sugger (zu der Versammlung) Die Versammlung ist aufgehoben.

. (Man geht aus einander.)

Voriger Ort.

Pallaſt des Königs.

Zimmer

König Ludwig. Biſchof Joſcelin. Hernach Graf Ludwig Theobald.

König Ludwig.

Es iſt wahr, daß ich zu hart mit ihr verfahren bin. Sie hat nicht einmahl die Macht, die ihr als Königinn gehört. Es muß ſie ſchmerzen, daß ich die Achtung ihrer Würde ſo gar vernachläſſige. So ſoll es nicht mehr ſeyn — O freylich ein gebeugtes Herz iſt argwöhuiſch, und wart ihr es nicht, der mich zu dieſem Betragen ſtimmte.

Biſchof Joſcelin. Wenn ich Ew. Majeſtät vor ihrem herrſchſüchtigen Geiſt warnte, ſo wollte ich nicht, daß ihr dieſer Warnung mehr Bedeutung gäbt.

König Ludwig. Ihr habt Recht, ich werde ihr heute noch ein Merkmahl meiner Achtung geben. Es iſt heute ihre Nahmensfeyer, und dieſem Tag zu Ehren will ich den Grafen Theobald und zwölf gefangene Ritter frey ge-

ben. (er klingelt, ein Page erscheint) Man
bringe mir den gefangenen Ritter Graf Lud=
wig Theobald. (der Page geht ab.) Um mich
dem Abt zu verbinden, muß ich wohl glimpf=
licher gegen diesen jungen Mann verfahren,
als es sein Verbrechen verdient.

Graf Ludwig Theobald. (tritt ein, leicht
bewaffnet, ohne Helm und Schwert und läßt
sich auf ein Knie vor dem König nieder) Ich
bin Ew. Majestät Gefangener.

König Ludwig. Steht auf. Ihr seyd sehr
jung zu einem Verbrechen reif geworden. Eure
Jugend entschuldigt euch. (ironisch) Ihr seyd
doch überredet worden, verführt, nicht wahr?

Graf Ludwig Theobald. Jezt bin ich der
Schuldige, und erwarte, was meines Kö=
nigs Gnade über mich verhängt.

König Ludwig. Ich lobe eure Entschlossen=
heit. War diese Fehde eure erste Probe?

Graf Ludwig Theobald. Nein, in Palä=
stina habe ich drey Jahre meine Waffen schon
versucht.

König Ludwig. In Palästina schon gewe=
sen? Was trieb euch denn das Kreuz zu
nehmen?

Graf Ludwig Theobald. Der Durst nach
Kampf und Sieg, der Stolz ein Kämpfer
für das Kreuz zu seyn; vielleicht auch unru=
hige Begierde, das Land zu sehen, wo Tau=

sende ihren Tod, und Tausende ihre Ruhe fanden, die ein quälendes Gewissen aus ihrer Heimath trieb.

König Ludwig. Wie möcht ihr das so gerade zu behaupten, daß ein Mann, den sein Verbrechen von seiner Heimath treibt, in diesem Lande die Qualen seiner Schuld verliert?

Graf Ludwig Theobald. Sobald man jene heilige Stätte betritt, mein König, empfindet man ein Wehen Gottes, das Sinn und Kräfte stärkt. Es steigen süße Schauer von dem geweihten Boden auf, als wenn daselbst der Himmel auf der Erde wär. Eine ewige Versöhnung scheint in diesem Tempel der Schöpfung zu thronen und man fühlt beynahe den angebetheten Schatten des Gekreuzigten mit friedlichem Athem unter den Palmen wandeln. Dort muß sich auch der größeste Verbrecher leichter fühlen, und an den Grenzen jenes Landes bleiben die Qualen eines verfolgenden Gewissens zurück.

König Ludwig. Eure Beschreibung ist — wenigstens neu. Ihr seyd von heute an frey. Das Fest der Königinn zu feyern, kündige ich euch heute eure Freyheit an. Geht zu ihr und hohlt von ihr euer Schwert. Braucht es nie wieder gegen mich. Ich weiß, daß euch jetzt Kindespflicht zu diesem verhaßten Schritt verleitete; künftighin habt ihr solche Ursachen nicht mehr. — Ihr könnt als Ritter an meinem Hof bleiben, euere Güter konnte ich euch freylich nicht anvertrauen. Doch kömmt vielleicht eine Zeit, wo eure Nachkommen das wieder erhalten, was ihr ihnen verlort. Jetzt geht in Frieden.

Graf Ludwig Theobald (läßt sich auf ein Knie vor dem König nieder und küßt dem König die Hand) Ich gelobe euch meinen höchsten Dank. (er steht auf und geht ab.)

König Ludwig (nach einer kurzen Pause des Nachdenkens zu Joscelin) Der junge Mann hat mich traun auf einen sonderbaren Gedanken gebracht. Ich werde das Kreuz nehmen, zur Büßung meiner Sünden das beste Mittel.

Bischof Joscelin. Für das Reich das gefährlichste.

König Ludwig. (heftig) Ihr widersprecht mir doch durchaus. Wie mögt ihr das sagen?

Bischof Joscelin. Wohl mag ich das sagen. Man entführt das Volk dem Lande und bringt es zur Schlachtbank nach dem Orient. Man saugt das Mark des Landes aus, um dort es zu verzehren oder verzehren zu lassen. Der Gedanke an dieses Unternehmen, mein gnädiger König, ist ein rauher Ostwind, der das Wachsthum eures Reichs in seiner Blüthe knickt.

König Ludwig. (unfreundlich) Ihr seyd kein ächter Christ.

Bischof Joscelin. Für den Pilger, der mehr nicht mitnimmt als seine Tasche und seinen Stab, mag dieser Zug ein Werk der Heiligkeit seyn. Aber ein König verläßt bey dieser wichtigen Wallfahrt ein verwaisetes Land, und nimmt mehr mit, als er wieder bringt.

König Ludwig. (verdrießlich) Geht, ich brauch euch jetzt nicht mehr. (er klingelt, ein Edelknabe erscheint) Laßt mir den Abt Sugger kommen. (Bischof Joscelin geht ab.)

Zimmer des Königs.

König Ludwig. Abt Sugger.

König Ludwig. (geht dem Abt entgegen) Gebt mir ein Mahl einen Rath, so wie ich ihn wünsche.

Abt Sugger. So brauchen königl. Majestät meinen Rath nicht.

König Ludwig. Wie meint ihr das?

Abt Sugger. Weil ihr dann doch thun werdet, was ihr wünscht.

König Ludwig. Nein, so mein ich es nicht. Ich wollte nur, daß ihr nach eurer Klugheit das für gut hieltet, was ich wünsche.

Abt Sugger. Ich stehe bereit meines Kö=
nigs Vorhaben zu vernehmen.

König Ludwig. So vernehmt denn, daß
ich entschlossen bin einen Kreuzzug zu unter=
nehmen.

Abt Sugger. Entschlossen schon? Traun,
ich wollte nicht, daß Ew. Majestät sich so schnell
entschlossen hätten.

König Ludwig. Also billigt ihr es nicht?

Abt Sugger. Ich bin eben so weit von
der Mißbilligung entfernt, als von der Bil-
ligung. Die Überlegung steht in der Mitte. Ein
Land voll blühender Städte zu verlassen, um
in fernen Gegenden einer ungewissen Eroberung nachzujagen, das scheint mir wohl der
Bedenklichkeit werth zu seyn.

König Ludwig. Ihr faßt mich ganz falsch,
wenn ihr wähnt, daß ich um Eroberungen
willen dieses Werk unternehme; die Ruhe
meiner Seele und die Gnade Gottes ist mir
werther, als alle Eroberungen, und um dieser
willen möcht ich es wohl thun.

Abt Sugger. In der süßen Regentenpflicht,
für das Wohl eurer Unterthanen zu sorgen,
und in dem großen Bewußtseyn, euer Land
blühend gemacht zu haben, werdet ihr die
Gemüthsruhe gewisser finden, die ihr in so
weiter Ferne sucht. Aber so müßt ihr schon die
Überzeugung mitnehmen, daß ihr euer Land

drückt und verwundet, wenn ihr von dan=
nen zieht. Es wird unsägliche Summen ko=
sten, ein Heer in diese fernen Gegenden zu
bringen und dort zu unterhalten. Woher wollt
ihr diese anders schöpfen, als aus den Quel=
len, die euer Reich nähren und es blühend
machen?

König Ludwig. Ich werde die größten
Steuern von den Geistlichen nehmen. Bey
ihnen liegen die Schätze todt und sind nicht
durch den Schweiß der Arbeit mühselig er=
worben. Von denen kann ich es ohne Bedenken
fordern.

Abt Sugg. Diese todten Schätze, Sire,
sind volle Seen, aus den ihr die Noth des
Landes einsmahls kräftiger stillen könnt,
wenn die gemeinen Quellen ausbleiben. Sol=
che Behälter solltet ihr nicht vor der Zeit aus=
trocknen wollen. Bedenkt nur über dieß, daß
ihr das Reich als eine Waise verlaßt; be=
denkt, in welchen zweifelhaften Umständen ihr
es verlaßt. Wer bürgt uns dafür, daß Eng=
lands Eifersucht diese Gelegenheit ungenutzt
vorüber gehen lassen wird? Das Land ist dann
von Truppen entblößt, wer kann dann einen
feindlichen Einbruch hemmen?

König Ludwig. Das Land soll nicht ver=
waist seyn; ich will es väterlichen Händen
übergeben; ich will es euch übergeben.

Abt Suager. (erstaunt und überrascht)
Mir? Nein dazu taug ich nicht. Ich habe nie
den stolzen Sinn genährt, zu herrschen. Auch
werden meine Schultern nach gerade kraftlos, solche Bürden zu tragen. Mein Kopf
fängt an zu greisen und ist für die Regiments-
Sorgen zu alt. Ich besitze nicht das Jugendfeuer mehr, das das Blut zu schnellen Entschlüssen treibt in dem zweifelhaften Spiel der Gefahr, und ich zittere unter der Besorgniß, wenn
unter meiner Verwaltung das Reich durch
schreckliche Ereignisse etwa zum Fall kommen sollte.

König Ludwig. Bey meinem Eid, ihr
habt meinen Entschluß sehr kühl gemacht. Die
Wahl wird mir nun schwer, was ich thun
oder nicht thun soll. — Laßt mich allein.

Abt Sugger. Der Herr Abt Bernhard
verlangt eine Unterredung mit königl. Majestät.

König Ludwig. Nur jetzt nicht, in einer
Stunde.

Geheimes Zimmer der Königinn.

Königinn Eleonore. Fräulein Cäcilie.

Königinn Eleonore. Sonderbar. — Diese plötzliche Veränderung des Königs. — Aus

meiner Hand soll dieser junge Ritter sein Schwert wieder empfangen? — und doch ist es nicht mehr, als eine erkünstelte Aufmerksamkeit. Mit dieser kleinen Galanterie glaubt er meine ganzen Wünsche auszufüllen, wie man ein Kind mit kleinen Geschenken blendet, von größern abzustehen. Nein, jetzt lieb ich ihn nicht mehr. — Ich verachte dieses erzwungene Verhältniß.

Fräulein Cäcilie. Wollt ihr, meine Königinn, nicht die Feyerlichkeit anfangen? Die Versammlung harret eurer schon lange im Prunkzimmer.

Prunkzimmer der Königinn.

Königinn Eleonore. Fräulein Cäcilie und mehrere Kammerfrauen der Königinn. Ritter des Hofes. Edelknaben der Königinn. Graf Ludwig Theobald. Graf Heinrich von Blois und Champagne.

Königinn Eleonore. (zum Grafen Ludwig Theobald, der sich vor ihr auf ein Knie nieder gelassen hat.) Empfangt hier, unglücklicher Graf, (dem sie zugleich sein Schwert gibt) aus meinen Händen euer Schwert wieder. Braucht es zur Ehre Gottes und zur

Beſchützung der Unſchuld und nie wieder gegen unſer Haus. Zerſtreuet euren Unmuth
über den Verluſt eurer Aeltern und eurer Güter an unſerm Hofe. Ich werde ſtets eure
gnädige Königinn ſeyn.

Graf Ludwig Theobald. Ich nehme dieſes
Merkmahl königlicher Huld mit gerührtem
Herzen an. Dieſes Schwert, mir immer werth,
kommt mir aus dieſen ſchönen Händen theu-
rer wieder. So oft ich es im Kampf ſchwin-
gen werde, wird mich euer Nahme begeiſtern,
den mir dieſer glückliche Tag unvergeßlich
macht. (er ſieht auf)
(Die Edelknaben gürten ihm das Schwert um)

Königinn Eleonore. Euer unglückliches
Schickſal dauert mich; ihr werdet den Verluſt eurer Güter nicht vergeſſen können. Aber
zum Beweis, daß ihr weder Haß noch Neid gegen euren Gegner hegen wollt, ſo verſöhnt euch
beyde hier. (zum Grafen Heinrich) Ihr ſeyd
doch meiner Bitte nicht entgegen?

(Graf Ludwig Theobald und Graf Heinrich
  ſehen einander bedeutend an; dann eilen
  ſie auf einander zu und umarmen ſich)

Graf Ludwig Theobald. Wir ſind
Freunde.

Graf Heinrich. Ihr ſeyd ein wackrer
Kämpfer.

Graf Ludwig Theobald. Ich fühlte euren Lanzenstoß.

Beyde. (sich einander die Hände drückend.) Es ist alles vergessen.

Zimmer des Königs.

König Ludwig. Montpellier Beichtvater des Königs. Hernach ein Edelknabe.
Abt Bernhard.

Montpellier. Es ist allerdings ein verdienstliches Werk und die kräftigste Arzeney für das Heil eurer Seele. Nur wäre es Ketzerey, Sire, das Kreuz zu nehmen, ohne von päpstlicher Heiligkeit Einwilligung und Indulgenz zu haben. Entdeckt euch dem Herrn Abt Bernhard. Dieser ist die Seele der päpstlichen Schlüsse.

König Ludwig. Ich harre seiner schon zu einer geheimen Unterredung.

Edelknabe. (tritt ein) Der Herr Abt Bernhard bittet vor königlicher Majestät vorgelassen zu werden.

König Ludwig. (zum Edelknaben.) Er soll mir willkommen seyn. (zu Montpellier) Laßt uns allein.

(Edelknabe und Montpellier ab. Abt Bernhard tritt ein.)

Abt Bernhard. Gott segne meinen König.

Eleonore. I. Thl.　　　　K

König Ludwig. Dank euch, ehrwürdiger Herr. Wir haben vielleicht einer so viel Ursache uns zu sprechen, als der andere.

Abt Bernhard. Ich kam diese finstere Wolke zu zerstreuen, die der Gram auf dieser königlichen Stirne aufgezogen hatte. Aber die Natur hat mir schon vorgegriffen. Ich sehe eure Miene heiterer, Sire, als ich sie bey meiner Ankunft sah.

König Ludwig. Eine frohere Aussicht hat sich mir geöffnet, von der ich viel erwarte, in diesem und jenem Leben viel. — Ich werde das Kreuz nehmen.

Abt Bernhard. (überrascht, doch ohne sich es merken zu lassen) Gesegnet sey die Stunde, in der dieser Gedanke in eure Seele käm. Fürwahr — auch ich kam, das nähmliche euch zu rathen, Sire. Es ist ein neuer, es ist der einzige Weg, eurer Schuld euch zu entladen. Das ist die höchste Stufe der Frömmigkeit, ein Kämpfer Christi zu seyn, und näher werdet ihr darauf dem Himmel stehen. Berechnet das stolze Vergnügen, wenn ihr unter dem Schatten eures Ruhms euch erinnert, daß ihr das Panier des großen Gottes wieder aufgerichtet habt an heilger Stätte, und das gelobte Land, das theure Kleinod der Christenheit durch tapf.re Siege wieder eingelöst habt. In diesem vollen, glorreichen Bewußtseyn versinken alle Lasten eu-

rer beladnen Seele, und ihr strahlt dann in
der Glorie eines Schutzengels vor der ganzen Christenheit.

König Ludwig. Aber wird auch päpstl.
Heiligkeit zu diesem Zug einwilligen?

Abt Bernhard. Der heilige Vater wird
sich freuen, daß zu einem so glorreichen Unternehmen ein wackerer Held sich stellt. Auch
wünscht päpstliche Heiligkeit überhaupt mit
euch, Sire, zu Lieb und Freundschaft sich zu
verbinden. Wir wollen nicht so störrig über
den Punct uns sträuben, wegen der Einse-
tzung der Bischöfe. Ich weiß, ihr haltet über
dieses Recht. So mag es denn jetzt bleiben,
wie die Sache liegt; der Zeiten Schöpfung
wird alles noch entwickeln.

König Ludwig. Ich werde mich höchlich
freuen, wenn ich den heiligen Vater meinen
Freund nennen darf. Versichert ihn meines
ganzen Vertrauens und meiner innigsten Ergebenheit.

Abt Bernhard. Und darf er auch eures
Schutzes, eurer Hülfe sich gewärtigen in diesen gefährlichen Zeiten? Ihr wißt, Sire,
wie ungestüm die Lage seiner Hauptstadt ist,
er schwankt nur auf den Launen seines Volks
und ist ungewiß, wenn die Gefahr mit schrecklichen Stürmen sich erschütten wird.

König Ludwig. In meinem Lande soll
ihm immer eine offene Zuflucht seyn. Nur

K 2

schaft mir seine Einwilligung zum Kreuzzug, Herr Abt. Ich will sogleich einen Reichstag ausschreiben, daß ich die Sache den Ständen vortrage.

Abt Bernhard. Sorgt nichts. Ich werde sogleich ein Schreiben an päpstliche Heiligkeit abfertigen, worin ich seine Bestätigung für euer Vorhaben verlange und ihm eure freundlichen und günstigen Gesinnungen hinterbringe.

Voriger Ort.
Königlicher Garten.
Eine Allee.

Graf Ludwig Theobald. Wülfingen, ein deutscher Ritter.

Graf Ludwig Theobald.

(allein die Allee hinauf wandelnd)

Seit einem Jahre durch so viele Veränderungen verwandelt, und was bin ich nun? O ich mag mich selbst nicht prüfen. Welch ein Gemisch von Widersprüchen bin ich jetzt! Gebeugt durch die Schläge des Schicksals, gebeugt durch den unersetzlichen Verlust meiner Ältern werd ich von einer Leidenschaft ergriffen. — Leidenschaft? — um Gottes-

willen — ich bin verloren. (Pause) So stand
sie, so bog sie sich reizend über mich, so
klang ihre liebliche Stimme, so blickte ich
in ihre blendenden Augen — alles, alles
steht klar vor meinen Augen; aus unendli-
chen Reizen steigt ihre göttliche Gestalt hervor und meine Seele reißt sich von aller unglücklichen Erinnerung des Vergangenen los
und häftet sich auf ihr Bild. — Und sie ist
Königinn. — (heftig) Weg aus meinen Gedanken, weg verführerischer Traum.

(Er erblickt in der Ferne Wolf von Wülfingen, der die Allee herab kommt.)
Doch wen gewahre ich dort? Dieser Gang,
dieser Wuchs ist mir nicht fremd. Ich sollte
diesen Ritter wohl ehemahls gesehen haben.
(er kömmt ihm näher) Er ists, so wahr ich
sterblich bin. Er ists — mein Freund —
Wülfingen. (er eilt auf ihn zu und umarmt
ihn.)

Wülfingen. Ists möglich, mein Theo-
bald, daß ich dich wieder sehe, seit wir in Afra
von einander schieden. Hätte mich nicht da-
zumahl der Saracenenkolben so hart auf die
rechte Schulter getroffen, ich wäre gleich mit
dir abgereist.

Graf Ludwig Theobald. Wie lange lagst
du noch an dieser Wunde? und seit wenn bist
du hier?

Wülfingen. Drey Monath mußte ich noch

verweilen; dann reiste ich mit einem französischen Schiff ab und bin erst seit drey Tagen hier, um euern Hof zu sehen.

Graf Ludwig Theobald. Und dieser Neugierde danke ich es, daß ich meinen Freund wieder habe. O wir müssen, dürfen uns nicht wieder scheiden. Laß uns beysammen bleiben. Lange hab ich mich nach einem Freund gesehnt, bey dem ich mich der verhaltenen Empfindungen entladen könnte, die in meiner Brust verschlossen sind.

Wülfingen. O ich weiß alles; dein ganzes Unglück hat mir das Gerücht schon erzählt.

Graf Ludwig Theobald. Nein, das weißt du nicht, das kann dir das Gerücht nicht geplaudert haben. Es ist nicht das traurige Schicksal unsers Hauses, das mich niederdrückt. Es ist — doch nein, nun ist alles wieder gut. Alles wird sich vor dem Anblick meines Freundes wieder zerstreuen.

Wülfingen. Ich erstaune. Deiner Aeltern harter Fall sollte dich nicht rühren? Was kann härteres dich betroffen haben.

Graf Ludwig Theobald. (bedeutend) Nur eins sage mir. Wie kann ein Blick, unter tausend Blicken einer, so tief ins Herz dringen? wie kann eine vorübergehende Erscheinung die Seele so allmächtig erschüttern?

Wülfingen. Nun errath ich mehr, als du mir sagst.

Graf Ludwig Theobald. So brauchst du mehr nicht zu erfahren.

Wülfingen. Nein , nun mußt du dich mir öffnen. Bey einem Freund erleichtert sich ein krankes Herz. Du liebst , Theobald.

Graf Ludwig Theobald. Das Bekenntniß dieser Liebe wär Verbrechen.

Wülfingen. Um eines Freundes willen muß man auch ein Verbrechen wagen.

Graf Ludwig Theobald. Laß mich. Vielleicht bekämpf ich diese Gefahr meiner Ruhe, ehe sie mich verzehrt.

Voriger Ort

königlicher Pallast.

Geheimes Zimmer der Königinn.

Nacht.

Königinn Eleonore (halb ausgekleidet in einer nachdenkenden Stellung.)

Der Ritter hat mich ganz verwirrt. Sein Anblick war so wunderbar, so schön und unvergeßlich — Pfuj, was plaudre ich? — Und was ist es denn nun mehr? ich möchte ihn gern um mich sehen. Doch wie? — ha

das wäre eine Aufgabe für Cäcilien. Wenn
aber ein schlimmer Verdacht daraus den König zur Eifersucht erweckte? Eifersucht? das
wollte ich ja eben. Ich fing dann den König
in seiner eignen Schlinge. Ha! es ist licht
in allen meinen Planen. (sie klingelt)

Königlicher Garten.

Graf Ludwig Theobald. Fräulein Cä-
cilie. (lustwandelnd)

Graf Ludwig Theobald. Beklagt mich
nicht, schönes Fräulein. Was mich betroffen hat, war unabänderliches Verhängniß.
Ein trauriges Schicksal war mit unzertrenn-
lichen Banden an unser Unternehmen ver-
knüpft.

Fräulein Cäcilie. Ihr weiht also dem unglücklichen Tod eurer Aeltern keine Thräne?
Möcht ihr wohl behaupten, daß ihr Schicksal so gerecht war!

Graf Ludwig Theobald. Fräulein, ich
bin ein Ritter. Mein Vater starb als ein
Mann, und meine Mutter — der Tod ereilt uns alle. (gerührt) Ich gehe mit zuge-
drückten Augen bey diesem düstern Gemählde
vorüber.

Fräulein Cäcilie. So laßt doch diese traurige Miene von eurem Gesicht fallen, die

euren feurigen Blick dämpft, wenn ihr wirklich so gefaßt seyd.

Graf Ludwig Theobald. Wie? meine Miene verkündigte Bekümmerniß? — Ich bin heiter.

Fräulein Cäcilie. Um desto schlimmer. So sind es geheime Leiden. Leiden, die ein Bekenntniß scheuen, bey denen der Mund verschweigen will, was das Gesicht schon verrathen hat. Nein, der sollte keinen Kummer haben, wem eine Königinn günstig ist.

Graf Ludwig Theobald. (überrascht) Günstig? wem?

Fräulein Cäcilie. Ihr habt euch schon verrathen. Nun sollt ihr mir mehr nicht sagen. Ich weiß alles. Nur diesen freundschaftlichen Rath will ich euch noch geben. Benutzet euer Glück.

Graf Ludwig Theobald. Fräulein, ihr spottet meiner.

Fräulein Cäcilie. Euer Mißtrauen wär' des Spottes werth.

Graf Ludwig Theobald. Also nicht Spott? O wenn ihr war redetet! Fräulein, wenn ihr diesen Honig rein und lauter auf euren Lippen trägt! (er küßt sie) Ich bin der glücklichste Sterbliche.

Fräulein Cäcilie. (launicht) Ihr werdet es doch in diesem Kusse schmecken, ob meine Lippen bitter sind.

Graf Ludwig Theobald. Süßes Mädchen, du kennst die Liebe, du weißt ihre Unruhe, ihr Schmachten. Schaffe mir eine Unterredung mit der Königinn.

Fräulein Cäcilie. Ritter, ihr seyd zu rasch, ihr nehmt voraus, was ich euch erst geben wollte. Nun sollte ich euch schön rathen lassen, und nicht sogleich den Weg euch offen machen.

Graf Ludwig Theobald. Ihr martert mich durch euer Zögern. Verbergt mir nicht länger mein Glück. — Dieser schöne Mund wird doch kein Geheimniß lang verschweigen.

Fräulein Cäcilie. Und wenn ich eure Spötterey mit Schweigen nun bestrafte? Zu eurem Glück; dort kommt jemand. Sonst hättet ihr es sobald noch nicht erfahren. — Ihr müßt euch als Minstrel verkleiden. Die Königinn liebt die Gewohnheit, die langen Stunden des Abends beym Saitenspiel sich zu kürzen. Ich führe euch als Minstrel in's geheime Gemach der Königinn —

Graf Ludwig Theobalp. Vortrefflich —

Fräulein Cäcilie. Nichts weiter, dort kommt Raymund.

Königlicher Pallast.

Geheimes Zimmer der Königinn.

Königinn Eleonore. Graf Ludwig Theobald, (als Minstrel verkleidet spielt die Harfe.)

Königinn Eleonore. Euer Spiel ist lieblich, Minstrel. Ihr spielt mit Empfindung.

Graf Ludwig Theobald. Die Empfindung war mein einziger Lehrmeister, und ich glaube, von dieser allein borgt die Kunst ihre Wirkung. Nur muß sich diese an jene schmiegen, und sich nicht ein Hausrecht über ihre Gebietherinn anmaßen wollen.

Königinn Eleonore. Empfindung ist die Sprache, die jedes menschliche Herz versteht.

Graf Ludwig Theobald. So darf ich hoffen, daß auch ich verstanden worden bin.

Königinn Eleonore. (betroffen) Wie möcht ihr das meinen?

Graf L. Theobald. (stürzt zu ihren Füßen) Ja, ja, es muß heraus. Ich habe von diesem Augenblicke so viel gehofft. — Hier bin ich glücklich, wie ein Verklärter. Vertreibt mich von dieser Stelle nicht.

Königin Eleonore. (sich verstellend) Bey allen Heiligen, wer seyd ihr, Verwegener? was wagt ihr?

Graf L. Theobald. Eh soll man mich

bey den Haaren wie einen gemeinen Buben wegschleppen, bis ich nicht das Bekenntniß, was mir im Busen brennt, zu euren Füßen nieder gelegt habe. — Verzeiht meinen Betrug, schöne Königinn, (er reißt eine Kappe, die ihn verstellt hat, vom Haupt) ich bin Graf Theobald; ich empfing aus euren Händen mein Schwert und meine Freyheit, und jenes unruhige Gefühl, das man die Liebe nennt. Noch ein Mahl wollte ich zu euern Füßen die Wonne eurer Schönheit athmen, noch ein Mahl in der glücklichen Sphäre eurer Augen mich dem Himmel nahe dünken; noch ein Mahl die göttliche Stimme vernehmen, die mir wie Weihgesang tönte.

Königinn Eleonore. Ritter, ich bitte euch — steht auf — wenn man euch hier fände.

Graf L. Theobald. Ich muß mein Schicksal wissen, aus eurem holden Munde will ichs hören. Bin ich nun verdammt von euch? verachtet? verworfen?

Königinn Eleonore. Ihr seyd ein Schwindelkopf. Wie mögt ihr auf solche thörichte Gedanken verfallen. Ihr seyd mir werth, und, wenn ihr alles, was ihr wünscht, in dieses Wort befassen wollt, — mein Freund. (Sie reicht ihm die Hand zum Aufstehen, welche er küßt und aufsteht.)

Graf L. Theobald Ha, darf ich meinen Ohren trauen? haben sich wirklich meine

Sinne nicht gegen mich verschworen? —
Ich bin es — Ich habe dieses Glück? —
Wie? ich bin euerm Herzen näher? O, ver-
zeiht mir, wenn mich die Freude begeistert.

Königinn Eleonore. Nährt diese Flamme nicht zu sehr. Ich weiß, was dieses stürmische Entzücken bedeutet; ich errathe nun
eure vorige brausende Bitte. — Dämpft eure Wünsche; ihr verzehrt euch sonst in einem
hoffnungslosen Streben; seyd ihr mit meiner Gunst zufrieden? (verwirrt) mehr kann
ich euch nicht geben.

Graf L. Theobald. Genug, genug; ich
weiß den Preis zu schätzen, nach dem König der Nächste euch zu seyn.

Königinn Eleonore. Das ist es eben.
Seyd nie mehr; bestechet eure Wünsche mit
diesem Stolz. — Man kommt; fort zu eurer Harfe (sie reicht ihm die Hand zum Kuß.)

Parlamentshaus.

König Ludwig. Bischof Joscelin. Abt
Sugger. Rodrich von Campano, päpst-
licher Legat. Abt Bernhard. Mehrere
Bischöfe und Pairs des Reichs.

König Ludwig. Das Schreiben des heiligen Vaters hat allerdings wichtige Grün-
de. Die Gefahr der Christenheit im Orient

ist groß. Er dringt in mich, mit einem starken Heer den bedrängten Glaubensbrüdern zu Hülfe zu ziehen.

Roderich v. Campano. Der heilige Vater wußte keinen bessern Freund, in dessen Hände er die Vertheidigung des heiligen Landes sichrer übergeben könnte, als Ew. königliche Majestät.

König Ludwig. Nur ist der Kreuzzug nicht so geschwinde auszuführen, als zu entwerfen. Die Vorgänger haben uns abschreckende Fußstapfen hinterlassen.

Abt Bernhard. Sire, ihr führt widersprechende Reden, und denkt nicht wie ein Mann. Wie lange ist es, da ihr mich triebt, daß ich den heilgen Vater zur Einwilligung bewegen sollte, da ihr entschlossen wart, das Kreuz zu nehmen? Und nun führt eure Rede schwerfällige Schwierigkeiten herbey, und euer Wille wankt unentschlüssig zurück.

König Ludwig. Ich erinnere mich meines Entschlusses gar wohl und mein Wille hat sich noch nicht geändert; aber darum wollte ich euch die Hindernisse nicht verhehlen, die sich meinem Vorhaben entgegen stämmen. Es kommt noch viel auf die Bereitwilligkeit der Stände und der Vasallen der Krone an, ob sie das Heer stellen wollen, welches mich begleiten soll. Die Kosten des Zugs werden groß, die Entfernung zu weit, die Gefah-

ren so vielerley; lauter abschreckende Grün-
de für Männer, die bloß durch Überredung
gezwungen werden können.

Abt Bernhard. Aber bey Gott, ihr würdet das Vertrauen des heiligen Vaters schlecht
belohnen. Sire, wenn ihr euch durch diese
Vorstellungen abschrecken ließt, dieß verdienst-
liche Unternehmen auszuführen. Es wird
euch zu nicht geringer Ehre gereichen, wenn
ihr als die Stütze der Christenheit pranget,
und in der Freyheit von allen euern Sünden
werdet ihr euch glücklich preisen, wenn ihr
dem Bedrängten gläubigen Häuflein zu Hülfe gezogen seyd, und die Fahne des Kreuzes
durch glänzende Siege so verherrlicht habt.

Bischof Joscel. Eure Beredtsamkeit ist gar
blendend, aber sehet zu, ob ihr mit diesem
Schein das Elend vergolden könnt, was un-
vermeidlich das edle Kreuzheer treffen wird.
Es dünkt mich doch traun, es sey nicht zum
Besten gethan, ein gewisses Land aufs Spiel
zu setzen einer ungewissen Eroberung halber.

Abt Bernhard. Herr Bischof, ihr solltet euch schämen, eine solche Sprache zu
führen. Wie mögt ihr das vor päpstlicher
Heiligkeit verantworten, daß ihr der guten
Sache so entgegen seyd. Ihr habt euch
schon vorher loser Streiche schuldig gemacht,
die man euch noch zur Verantwortung vor-
halten wird.

Abt Sugger. Es ist doch aber fürwahr
keine geringe Sorge, wie wir die Trieb-
federn zu diesem Zuge spannen sollen. Der
Schatz ist erschöpft durch die vielen Kriege,
und sollen dem ohnmächtigen Land noch mehr
Bürden aufgelegt werden, so ist ein allge-
meines Verderben zu befahren.

Rodrich v. Campano. Können denn aber
christliche Fürsten die Gräuel ruhig mit ansehen, welche die Ungläubigen an heiliger
Stätte verüben? Soll denn die Ehre Gottes durch die Schuld einer unverantwort-
lichen Bequemlichkeit so frevelhaft gekränkt
werden? Dankt man der Sorgfalt des heiligen Vaters für das Wohl der Christenheit
so schlecht, daß man seinen Bitten und Er-
mahnungen kein Gehör gibt?

Bischof Joscel. Ich mag keinen Anlaß
zur Erbitterung geben, denn ich weiß wohl,
daß die Stimme der Wahrheit nicht gehört
wird; auch möchte der Herr Abt mich loser
Streiche schuldig machen.

Abt Bernhard. Derer kann ich euch
zeihen.

Bischof Joscel. Wie mögt ihr dieses
schlechte Angeben behaupten?

König Ludwig. Gemach ihr Herren. Wir
kommen von unserm Hauptwege ab. Durch
dieses Hadern wird nichts beschlossen. Vernehmt jetzt meine Meinung. Ich bin des se-

sten Vorsatzes diesen wichtigen Dienst der
Ehre Gottes, und der bedrängten Kirche zu
thun, und ich hoffe, daß alle fromme Männer unter meinen Vasallen mir folgen werden. Ich will deßwegen eine allgemeine
Reichsversammlung zu Bourges ausschreiben, wo ich die Sache den gesammten Ständen vortragen werde. (zu den päpstlichen Le-
gaten) Ihr könnt diesen Beschluß päpstlicher
Heiligkeit hinterbringen, und ihn versichern,
daß ich seine Bitten gewiß erfüllen würde.

Königlicher Pallast.

Zimmer der Königinn.

Königinn Eleonore. Bischof Joscelin.

Bischof Joscelin. Es ist alles verloren.
Der König ist ganz in den Händen des römischen Hofs. Alle Wege haben uns irre geführt und so heftig er vormahls gegen den
Papst sich sträubte, so sehr ergeben ist er
ihm nun.

Königinn Eleonore. Nein noch sind nicht
alle Wege verunglückt. Ich hoffe noch das
Beste von meinem Vorhaben. Wenn er auf
dieser Seite Zunder fängt, so ists wohl möglich sich seines Willens noch zu bemächtigen.

Bischof Joscelin. Es ist zu spät. Der
König ist entschlossen, das Kreuz zu nehmen,

Eleonore I. Thl.   L

und er hat schon eine Reichsversammlung
fest gesetzt, wo dieses Unternehmen soll be-
kräftigt werden. Ich rathe euch daher, gnädige Königinn, euren guten Ruf nicht solchen Gefahren auszusetzen, wenn euer Herz
keinen Antheil daran hat. Ihr mögt, mein'
ich, wohl noch die Zuneigung eures Gemahls
erlangen, ohne dieses Wagniß.

Königinn Eleonore. Ha nun merk ich.
Euer Verdacht macht euch nur besorgt. Ein
falscher Argwohn —

Bischof Joscelin. So wäre meine Ge-
sinnung gegen euch ein giftiger Hauch auf
einen fleckenlosen Spiegel.

Königinn Eleonore. Oder erkaltet euer
Eifer, weil euer eigner Vortheil nun verloren ist.

Bischof Jescelin. Ich wäre dieser Beschuldigung werth, wenn mein Rath aus
Eigennutz hervor gegangen wäre. Nur Besorgniß für einen unglücklichen Ausgang macht
meine Absicht wohlmeinend.

Königinn Eleonore. Und ich hoffe zu viel
von diesem Angriff auf sein Herz, als daß
ich ihn aufgeben sollte. Sucht nur euer Ansehen beym König zu erhalten, willigt in
sein jetziges Vorhaben, daß ihr mich dann
schützen könnt, wenn mein Schicksal entschei-
dend wird.

Bischof Joscelin. Ha, wer weiß, wie lange ich dann schon in Niedrigkeit und Elend werde gestürzt seyn. Ich habe mächtige Feinde.

Königinn Eleonore. Das wolle Gott nicht.

R o m.
Der Vatican = Pallaſt.
Zimmer.

Papſt Eugen. Antonio Colonna, Patricier. Kardinal Lambert. Kardinal Celucco

Antonio Colonna.

Entſchließt euch, heiliger Vater. Wir werden nicht ein Haar breit weichen von unſern Bedingungen. Wollt ihr die Oberrechte auf unſre Stadt aufgeben, ſo biethen auch wir die Hände zu einem gütlichen Vergleich.

Papſt Eugen. Dieſe Frechheit wird euch nicht ungerochen hinaus gehen. Gott wird euch züchtigen, daß ihr eureu Hirten und Vater vom Stuhle ſtoßt.

Antonio Colonna. Wohl erinnert ihr euch an die göttliche Gerechtigkeit, die uns zum Werkzeug braucht euer Laſter zu ahnden. Wir ſind eurer Bedrückungen müde und mögen nicht länger das eiſerne Joch tragen. Tretet

heraus auf euren Balcon. Sehet die verfallenen, ausgehungerten Wangen des Volks,
sehet das schleichende Elend in Lumpen, das
euer Segen nicht heilen kann. Das sind die
Früchte eurer Ausschweifungen. Ihr plündert
den Adel durch eure künstlichen Ränke, und
den Bürgern entreißt ihr den Gewinn ihrer
Arbeiten durch eure unmäßigen Auflagen.

Pabst Eugen. Wie mögt ihr aber das an
mir ahnden wollen, was unter meinen Vor-
gängern geschehen ist?

Antonio Colonna. Ihr werdet, traun,
nicht aus den alten Fußstapfern treten. Euer
Schatz ist erschöpft, und ihr sucht ihn mit
unsrer Beute wieder zu füllen. Habt ihr wohl
irgend eine Auflage aufgeboben? Habt ihr
wohl eine Verbesserung der Fehler eures
Hofs gemacht?

Pabst Eugen. Was ich aus euren Händen empfange, verwende ich zum Wohl der
Kirche. Die allgemeine Noth der Christenheit
verlangt nun einmahl große Opfer.

Antonio Colonna. Zu eurer Üppigkeit und
Pracht verwendet ihr sie, das sage ich euch.

Pabst Eugen. Ihr führt eine löse Sprache; ihr frecher Gesell. Man wird euch zu
strafen wissen.

Antonio Colonna. Schmäht nicht, aller
euer Zorn ist eitel. Sagt nur mit einem Wort,

ob ihr euch eurer Oberrechte gütlich begeben wollt.

Papſt Eugen. Fluch und Bann ſprech ich
über euch.

Antonio Colonna. (führt den Papſt ans
Fenſter; unten ſteht eine Menge bewaffnetes
Volk) Seht ihr dieſe Schar? Ich darf nur
winken, ſo ſtürmen ſie den Pallaſt.

(Großer Lärm erhebt ſich unten, da ſie den
Papſt und ihren Anführer am Fenſter erblicken.)

Papſt Eugen. (erſchrocken) Heilige Mutter Gottes.

Antonio Colonna. (ruft zum Fenſter hinaus) Ruhig meine Freunde.

Cardinal Lambert. (tritt indeß heimlich
zum Papſt) Gebt nur nach vor der Hand. Es
wird ſich dann ſchon hernach etwas finden.

Papſt Eugen. (zum Antonio Colonna)
Trotzt nicht zu hartnäckig auf eure jetzige Macht
und laßt uns unſere Streitigkeiten als Freunde ausmachen; daß wir in einer Zuſammen-
kunft der Edlen dieſer Stadt und meiner
Räthe, wie ſich ziemt nach Recht und Brauch,
uns mit einander verſtändigen.

Antonio Colonna. Vielleicht kann ich das
bewirken. Aber hofft nicht mehr von unſrer
Nachgiebigkeit. (geht ab)

Papſt Eugen. Weh, weh, ſo lief iſt mein

Ansehen gefallen, daß man mir mit solchem Trost begegnet?

Cardinal Lambert. Die Gefahr ist auf's höchste gestiegen. Ihr seyd nicht sicher, daß man euch einmahl mit Steinwürfen begrüßt, wie euren Vorgänger, dessen Schicksal eure Nachfolge beförderte.

Cardinal Celucco. Von einer Zusammenkunft habt ihr schlechterdings nichts zu hoffen. Sie werden in euch dringen und ihr werdet euch nicht weigern dürfen. Auf beyden Seiten seyd ihr gefangen. Durch eine schleunige Flucht ließ sich dem Streich am besten ausweichen.

Papst Eugen. Euer Rath ist sehr gut. Ich will diese treulose Stadt verlassen, bis der Sturm vorüber ist. Die Reue wird bey ihnen nicht lange außen bleiben. Doch wohin werden wir uns retten? Ganz Italien hat keinen sichern Zufluchtsort für mich. Nur Frankreich wird mich gerne aufnehmen. Nach Frankreich müssen wir.

Cardinal Celucco. Ich werde sogleich ein Schiff besorgen lassen. Vor morgen Abends müssen wir unter Segel seyn.

Paris.

Königliches Schloß.

Zimmer.

Graf Ludwig Theobald. Wolf von Wülfingen.

Wolf von Wülfingen.

(füllt die Becher.)

Diesen Becher noch.

Graf Ludwig Theobald. Nein, über den
vierten Becher kann nur ein Deutscher aus-
dauern.

Wolf von Wülfingen. Hör, ich will dir
ein Sprichwort lernen, daß bey uns gilt:
Der letzte beym Becher, der letzte beym Aus-
reißen.

Graf Ludwig Theobald. Wer mag die
fränkischen Ritter der Feigheit beschuldigen?

Wolf von Wülfingen. Das sey ferne,
daß wir Scherz in Ernst verkehren wollten.
Lieber wollen wir beym Freudenbecher, wie
es sich ziemt, der Freundschaft pflegen. Du
magst wohl jetzt andere Gedanken haben. —
Möchtest dir wohl bald ein Turnier wünschen,
wo du aus den Händen der Königinn den
Ritterdank empfingst.

Graf Ludwig Theobald. Du spottest meiner.

Wolf von Wülfingen. Nicht Spott. Aber ich wollte, daß du auf mich hörtest. Es ist mit deiner Liebe nicht wie es seyn sollte. — (nimmt ihn bey der Hand) Ich erkenne darin nicht meinen Freund.

Graf Ludwig Theobald. Warum willst du mir das Gefühl der höchsten Freundschaft verdächtig machen? warum willst du den Einklang zweyer Herzen stören? Sieh in der ganzen Schöpfung ist Harmonie; dieß ist das ewige Gesetz der Glückseligkeit, dieß ist die Form der Gottheit selbst. Wie kann aus diesem göttlichen Glücke etwas Böses keimen?

Wolf von Wülfingen. O ich begreife wohl, daß es einer edlen Seele erhabenster Genuß ist, sich in einer gleichen Seele wieder zu finden. Sie sind schon lange einander bekannt, ehe sie sich sahen und der erste Blick, in dem sie sich einander begegnen, scheint nur, wie nach einer langen Trennung, die Freundschaft zu erneuern. Aber traue dieser schönen Täuschung nicht. Mit dieser deiner Freundschaft sind die Sinne verschwistert; Neid herrscht unter Geschwistern — das ist ein gemeiner Spruch. Wenn nur nicht diese mehr begehren, womit jene zufrieden sich dünkt. (Theobald erröthet) Du erröthest; diese verrätherische Röthe zeigt mir, wie zweydeutig deine

Harmonie, dein gerühmter Einklang der Herzen ist. Aber du wirst mich nun meiden, wirst mich nicht mehr hören wollen, weil meine Worte Mißtöne in dein schwärmerisches Spiel sind? —

Graf Ludwig Theobald. Nein, verlasse mich nicht, bleibe mein Freund, mein Schutzengel.

Wolf von Wülfingen. Rette dich, ehe du in den zweifelhaften Streit mit dir selbst kommst. Zerstreue den ersten Eindruck deiner heftigen Leidenschaft und vor allen Dingen (er legt die Hand auf seine Schulter) versprich mir in meine Seele, daß du meinem Rath folgen willst.

Graf Ludwig Theobald. Hier mit diesem Handschlag gelob ich dir's.

Wolf von Wülfingen. Entferne dich von hier.

Graf Ludwig Theobald. Wolf, du verlangst auf einmahl viel.

Wolf von Wülfingen. Du mußt aus diesem Himmelsstriche, und ich begleite dich. Nimm das Kreuz, und ziehe mit dem König jetzt noch ein Mahl nach dem heiligen Lande.

Graf Ludwig Theobald. Laß mich, mein Bruder.

Wolf von Wülfingen Versprich mir das.

Graf Ludwig Theobald. (reicht ihm schweigend die Hand.)

Bourges.

Bischöflicher Pallast.

Saal.

König Ludwig. Bischof Gottfried. Erzbischof Guilbert. Graf Heinrich. Mehrere Prälaten und Fürsten.

Erzbischof Guilbert. (zum Bischof Gottfried)

Ihr schildert den Zustand der armen Christen schrecklich, Herr Bischof.

Bischof Gottfried. Und dennoch ist meine Zunge zu schwach das Elend zu beschreiben, das im Orient die Gläubigen drückt. Was ich von der Eroberung von Edessa erzählt habe, was euch bis zu Thränen bewegt hat, das sind nur die Vorspiele zu schrecklichen Auftritten. Wie, wenn bald der Nahme der Franken auf jener Küste verschollen seyn wird, wenn man statt des heiligen Nahmens Jesus, den Nahmen des abscheulichen Betriegers Muhamets dort verehren wird, wenn unsere unglücklichen Mitbrüder als Sclaven in Ketten jenen blinden Molochsdienern dienen müssen? Das sind nicht leere Gespinnste einer trüben Einbildungskraft. Die Zeit kann nicht lange ausbleiben, wo wir diese Drangsale hören und ihre Klagen vernehmen werden, wenn nicht bald fromme Helden jenem bedrängten Häuflein zu Hülfe eilen.

König Ludwig. Ich werde meine äußersten Kräfte gegen die Verfolger des Kreuzes aufbiethen und die Feinde der Christen bis auf den letzten Hauch bekämpfen.

Bischof Gottfried. Dank euch, edler König, ihr fühlt noch Frömmigkeit und habt noch jenen erhabenen Sinn für die Ehre Gottes, der euch der Krone werth macht, welche die Kämpfer der Kirche einst bekränzen wird. Folgt, wackre Ritter und Frankreichs Beschützer, folgt eurem König, begleitet seinen glorreichen Zug und unterstützet ihn durch eure Tapferkeit und eure Macht. Es wäre eure Schande, wenn ihr sein edelmüthiges Beyspiel nicht durch getreue Nachfolge ehren wolltet.

Graf Heinrich. Seyd versichert, Sire, daß ich mit meinen Reisigen mich stellen werde. Ich freue mich, daß ich euch hier das erste Zeichen meiner Dankbarkeit gegen eure Huld und Gnade an den Tag legen kann.

Bischof Gottfried. Ich selbst werde euch begleiten, Sire, und durch geziemende Geldbeyträge unterstützen.

Mehrere Prälaten und Fürsten. Wir werden uns freuen unter eurem Panier den

Sieg über unsere Feinde zu erringen, und alles beyzutragen euer Unternehmen erwünscht zu machen.

König Ludwig. Ich empfinde in dieser Stunde ganz das Glück, daß sich die Herzen meiner Vasallen wieder zu mir kehren. Nehm't meinen Dank an, ehrwürdige und erlauchte Herren, daß ihr meinem Vorschlag so günstig beystehen wollt. Gott kröne unser Unternehmen mit Heil und Sieg. Die Versammlung sey entlassen.

Paris.
Königlicher Pallast.
Geheimes Zimmer des Königs
König Ludwig. Ein Edelknabe.

König Ludwig.

Das kann nicht wahr seyn, Bube.

Edelknabe. Vielleicht, weil es nicht wahr seyn soll, Sire.

König Ludwig. Hast du ihn denn gesehn?

Edelknabe. Ihn selbst nun wohl nicht, aber doch seinen Gang, die Figur seiner Person, seine Stimme hab ich vernommen. Doch alles dieß hätte mich noch nicht gewiß gemacht, wäre ich nicht durch ein abgerissenes Stück von einem Brief auf den Gedanken gebracht worden, das ich in einem Winkel wie ver=

loren fand. Der Brief dünkt mich von einer Hoffräulein zu seyn, denn —

König Ludwig. Zur Sache, was stand auf diesem Papier?

Edelknabe. Mehr nicht, denn daß der Ritter Theobald verkleidet als Minstrel geheime Gänge zur Königinn hielt. Ich passe den nächsten Abend und sehe wirklich jemanden über die Gallerie nach den Zimmern der Königinn mit einer Harfe —

König Ludwig. Schweig — oder du bist des Todes.

Edelknabe. Schützt mich alle Heiligen, soll meine Treue an mir selbst gestraft werden?

König Ludwig. Es ist erlogen, es muß erlogen seyn.

Edelknabe. Wie dürft ich's wagen, mit einer so schändlichen Lüge vor Ew. Majestät zu treten.

König Ludwig. (heftig auf und abgehend) Und wenn es wahr seyn sollte, wenn ich betrogen wär, so schändlich, so öffentlich — Unmöglich — ich muß dem Geheimniß näher auf die Spur kommen. (er nimmt sein Schwert von einem Tisch, das reich mit Edelsteinen besetzt ist, und reicht es dem Edelknaben) hier nimm das hin und — schweig.

Edelknabe (küßt dem König die Hand) Ich werde stolz seyn, ein Geheimniß zu haben.
(Edelknabe ab.)

König Ludwig. (nachdem er einige Mahl unruhig auf und abgegangen ist, wirft sich in einen Sessel.) Daß ich ihr nicht Liebe gab, ist wahr. Wie konnte sie mich auch wieder lieben? Von jeher war ihr Geist unruhig, trieb sich immer zwischen Hoffnung und Genuß. (springt auf) Ha, schändliche Schlange! Betriegerinn! wie sie mir häuchlerische Liebe log, wie sie listig die Gekränkte spielen konnte. Bey Gott es that mir weh, so grausam gegen sie verfahren zu haben. (Nach einigem Besinnen) Und höher wähn' ich ihre Tugend nicht, daß ein Bube sie verdächtig machen kann? Pfui, häßlicher Argwohn. Es ist nicht möglich, kann nicht möglich seyn. Der Ritter ist doch kürzlich erst am Hofe; wie könnte das Verbrechen schon so weit gediehen seyn? Hier finde ich mich nicht aus. Ich muß näher nachspüren. Geschehene Dinge können nicht verborgen bleiben, und wenn sie die Erde selbst in ihrem Schooß verschlossen hätte.

Einige Tage darauf.

Geheimes Zimmer der Königinn

N a c h t.

Königinn Eleonore. Graf Ludwig Theobald, verkleidet. Hernach Fräulein Cäcilie.

Graf Ludwig Theobald. (vor der Köni-

ginn auf ein Knie niedergelassen) Bey allen
Heiligen! wenn dieß die letzte Zusammen=
kunft seyn sollte — Königinn, sprecht es nicht
noch ein Mahl aus. Ihr haßt mich, daß ihr
mich verstoßen wollt. Wenn ich mich nicht län=
ger in dem Glanz eurer schönen Augen son=
nen sollte, wenn ich mich nie wieder an eure
bezaubernde Gestalt schmiegen dürfte — Ich
vergehe.

Königinn Eleonore. Ritter, ihr vergeßt,
daß eure Königinn nur eure Freundinn ist.
Eure Einbildungskraft spielt euch, traun,
einen schlimmen Streich, sie bringt euch eine
Scene, die ihr wohl ehemahls mit eurem
Liebchen gespielt habt, vor eure Sinne, und
ihr wollt sie bey mir wiederhohlen.

Graf Ludwig Theobald. Wie könnt ihr
meine Liebe so kränken? Mein ganzes Wesen
webt in eurer Schönheit, mein ganzes Leben
wünscht ich in eurem Sonnenblick zu verath=
men —

Königinn Eleonore. Schweig, loser
Schwätzer. Ich bin euch nicht so nahe, als
ihr meint, euer Liebchen ist zwischen uns.
(launicht)

> Habt ihr noch keins
> So wählt euch eins,
> Ich kann euer Liebchen nicht seyn,
> Müßt um ein andres freyn.

Graf Ludwig Theobald. Nicht diese

Sprache, meine Königinn, die nur mein Herz verwundet.

Königinn Eleonore. Steht auf, armer, verwundeter Ritter. Wir müssen uns trennen.

Graf Ludwig Theobald. Daß ich diesen Augenblick zu Jahren verlängern könnte!

Königinn Eleonore. Fort. Man möchte uns überraschen.

Graf Ludwig Theobald. Und keinen Minnesold?

Königinn Eleonore. Begehrlicher! —

Graf Ludwig Theobald. (küßt sie mit Inbrunst)

Königinn Eleonore. Ungestümer Räuber. (sie reißt sich los) Ums Himmels willen, man kommt, wie mich dünkt. (Theobald eilt bestürzt fort)

Fräulein Cäcilie. (tritt aus einem Seitenzimmer ein) Endlich kann ich doch meine Königinn allein sprechen. Den ganzen Tag hab ich schon gewünscht, gehofft, ob ich das Ohr Ew. Majestät im geheim gewinnen könnte.

Königinn Eleonore. Und was drückt dich denn so schwer, das dich so eilig macht?

Fräulein Cäcilie. Es geht ein Gerücht am Hofe — doch nein, ich fürchte euch zu erschrecken.

Königinn Eleonore. Was es auch seyn mag, nur heraus mit deinem fürchterlichen Gerücht.

Fräulein Cäcilie. Nun wohl, ihr müßt es dennoch wissen. Es ist kundbar worden, daß Graf Theobald in der Verkleidung eines Minstrels bey euch Zutritt habe.

Königinn Eleonore. (kalt) Mehr ist es nicht?

Fräulein Cäcilie. Man raunt es sich einander in die Ohren; das Geheimniß hat sich verrätherisch schon bis zu den Ohren des Königs fortgeschlichen.

Königinn Eleonore. (freudig) Weißt du das gewiß?

Fräulein Cäcilie. Ja — doch begreif ich eure Freude nicht.

Königinn Eleonore. Wie magst du das behaupten, daß der König schon darum weiß?

Fräulein Cäcilie. Ein Edelknabe ist's, der dieses Bubenstück begangen hat. Der Hofmarschall Raymund hat im Vorzimmer laut genug gehört, wie frech dieser Knabe vor dem König geredet hat

Königinn Eleonore. Vortrefflich.

Fräulein Cäcilie. Verzeiht, wenn ein gerechtes Erstaunen mich hinreißt. Wie möcht ihr euch des fürchterlichen Streichs freuen und euch nicht vielmehr ob der Niederträchtigkeit des Buben erzürnen?

Königinn Eleonore. Wohl kannst du es nicht begreifen, und du wirst noch mehr erstaunen, wenn ich dir sage, daß ich selbst den

Eleonore I. Thl.　　　　M

Samen dieses Gerüchtes ausgestreuet habe,
der jetzt so herrliche Früchte trägt. Ich warf
ein abgerissenes Stück von einem Brief verloren hin, auf welches ich deine Neuigkeit geschrieben hatte, die du mir jetzt so ängstlich wieder
gebracht hast.

Fräulein Cäcilie. Aber bey der heiligen
Jungfrau, warum könnt ihr euch in eine solche Gefahr versetzen?

Königinn Eleonore. Ich will dir den Knoten lösen, an dem dein Verstand verzweifelt.
Ich will den König durch Eifersucht an mich
ziehen, da ich es nicht durch Liebe vermochte.

Fräulein Cäcilie. Ich fange an mich vor
euch zu fürchten, denn ihr seyd kühner als
ein Held. — Und so wäre denn der junge schöne
Ritter nicht mehr als eine Puppe, mit der
ihr ein falsches Spiel treibt?

Königinn Eleonore. Wie du's nehmen
willst.

Fräulein Cäcilie. Unbegreifliche. Ich hätte das geheime Flüstern, die begünstigte Stille der Zusammenkunft, das berauschende Entzücken des Ritters traun, für die höchste Minne
gehalten; und nun ist er doch wohl der arme
Betrogene.

Königinn Eleonore. Laß jetzt dein Bedauern und höre, was ich dir jetzt vertraue.
Du sollst mir nun die Rolle deines bedauer-

ten Ritters spielen. Eben diese Verkleidung, eben diese geheime Rolle sollst du übernehmen.

Fräulein Cäcilie. Ich? und warum ich?

Königinn Eleonore. Mehr erfährt jetzt deine Neugier nicht. — oder war in deiner Frage irgend eine Bedenklichkeit?

Fräulein Cäcilie. Meine Königinn, wie verdien ich diesen Argwohn? Euer Wille ist Befehl für mich.

Zimmer der Königinn.

Königinn Eleonore. Bischof Joscelin.

Königinn Eleonore. Ihr werdet nun alles thun, Herr Bischof, daß ihr den König von meiner Unschuld überführt.

Bischof Joscelin. Ich gehe sogleich zum König. In seinen Mienen werde ich seine Unruhe lesen. Ich dringe von weitem in ihn, und finde ich die Ursache, die ihr meint, dann rath ich ihm zu einer Untersuchung, durch die er am ersten zu Gewißheit kommen kann.

Königinn Eleonore. Vortrefflich, und sagt ihm, wie er selbst die ganze Verrätherey ablauschen möchte. Ich will mich schon auf diesen Überfall bereiten. Desto unparteyischer wird euer Rath seyn; je näher ihr ihn selbst der Entscheidung der Sache bringt, und eure ehrwürdige Person wird ihm nur noch mehr seine Ungerechtigkeit fühlbar machen.

M 2

Bischof Joscelin. Ich wünsche, daß ihr alles durch diese List gewinnen möget, was eure Herz wünschet.

Königinn Eleonore. Ich danke euch für eure herzliche Theilnahme an meinen Schicksalen, ehrwürdiger Herr. Welch ein theures Gut des Lebens ist es, sich einem Freund vertrauen zu können.

Bischof Joscelin. Ich werde kein unwürdiges Gefäß eures Vertrauens seyn.

Königlicher Garten.

Graf Ludwig Theobald. Fräulein Cäcilie.
(lustwandeln.)

Graf Ludwig Theobald. Ich weiß nicht, wie mir so wohl ist unter diesen Bäumen. Es gemahnt mich dieser kleine Lusthain jedes Mahl an jene stille Gegend bey Jerusalem nicht fern vom heiligen Grabe, wo ein frommer Klausner in einem Wäldchen sich angesiedelt hatte. Dahin schlich ich mich oft, wenn mich die Sehnsucht nach der Heimath überschlich.

Fräulein Cäcilie. Und welche Sehnsucht fühlt ihr denn in diesem Schatten?

Graf Ludwig Theobald. Auch in diesem lieben Hain hab ich manche Stunde der Empfindung geopfert, wenn meine Seele düster war.

Fräulein Cäcilie. O über den düstern Ritter So habt ihr wohl eben jetzt eine Opferstunde, weil ihr den Weg hierher einschlugt, und dann mögt ich eure Andacht stören. (will fort.)

Graf Ludwig Theobald. (hält sie zurück) Mein Fräulein an eurer Seite werde ich nie düster seyn.

Fräulein Cäcilie. Verstellt euch nicht, ich weiß wohl, daß ich an diese Stelle nicht gehöre. (sie deutet auf sein Herz)

Graf Ludwig Theobald. Würdet mich, traun, nicht so lieb in eure Arme aufnehmen, als ihr meinem Herz seyd.

Fräulein Cäcilie. Zunächst der Königinn', hättet ihr hinzu setzen sollen.

Graf Ludwig Theobald. Ich bin nicht so glücklich, als ihr wähnt.

Fräulein Cäcilie. (vor sich) Sollte er es schon muthmaßen? (laut) Ich bedaure euch. Eure feurige Liebe sollte treuer belohnt werden.

Graf Ludwig Theobald. (ungewiß) Ich weiß nicht, wie ich diese Worte mit dieser Miene wohl verstehen soll.

Fräul. Cäcilie. (vor sich) Ich war zu schnell. (laut) Guter, edler Ritter. Endlich müßt ihr es dennoch wissen, und vielleicht schmerzt nicht der Dolch so tief von meiner Hand. Ihr seyd das Spiel einer räthselhaften Laune.

Graf Ludwig Theobald. Bey der Mutter Gottes, entweder ist mirs vor meinen

Sinnen trübe, oder ihr habts euch vorge=
nommen, meinen Verstand zu verwirren.

Fräul. Cäcilie. Ihr sollt es mit offenen,
heitern Sinnen und mit klarem Verstande ver=
nehmen, daß euch die Königinn nicht liebt,
daß euer athmendes Streben nach ihr zu
nichts dient, als die Eifersucht des Königs
anzublasen.

Graf Ludwig Theobald. Fräulein, wollt
ihr die Kunst erlernen, die Freude aus Men=
schenherzen zu stehlen, und Disteln hin zu
säen, wo des Lebens Rosen blühten? — o
laßt ab davon. In einem solchen schönen Kör=
per wär dieses Gift zu köstlich aufgehoben.

Fräul. Cäcilie. Ich verzeihe euch diesen
Argwohn. Denn der Betrug geht oft den nähm=
lichen Weg der Freundschaft. Aber daß es
so ist, habe ich selbst aus ihrem Munde.

Graf Ludwig Theobald. Ha nun fällt mir
die Binde von den Augen. Das war es al=
so, warum sie nun das Band unsers Ver=
ständrisses auflöste. Bey Gott, ich verehrte
sie, so edel, so schmeichlend war die Wen=
dung, die sie dem Streben meiner Leiden=
schaft geben wollte. Daß ich mich so täuschen
ließ! — Ich hätte es sollen ahnden, daß wah=
re Minne nicht mit dem flatternden, unste=
ten Freysinn bekleidet ist.

Fräul. Cäcilie. Laßt euch von diesem Schlag
nicht so heftig treffen, edler Ritter.

Graf Ludwig Theobald. So leicht kann ich nicht täuschen, daß ich in einem Augenblick mit der gereizeten Empfindung Gleichmuth wechseln sollte. — Mit meiner Seele heiligsten Gefühlen so leichtsinnig zu walten, das ist mehr als Falschheit. Laßt mich, die ganze Atmosphäre wird mir hier zu enge, die Luft liegt schwer auf mir. Ich muß fort, fort will ich, so weit als nur ein Segel mich führen kann, daß ich auch das Andenken an diesen Betrug vergesse.

Fräul. Cäcilie. Wie einsam würde unser Hof werden, wenn alle schöne Ritter eurem Beyspiel folgen wollten.

Graf Ludwig Theobald. O daß ich auch scherzen könnte! Fräulein, ihr könnt mich jetzt nicht verstehen, könnt nicht meinen Verlust mit ganzer Seele fassen. Ich liebte; mein ganzes Wesen webte in ihren Reizen, ich war stolz in dem Gedanken wieder geliebt zu seyn; ich genoß in diesem Glück mein höchstes Daseyn, und das alles war nur ein luftiger Traum. Aus einem Rausch der Wonne erwache ich jetzt zur armseligen Nüchternheit. Laßt mich, laßt mich, meine Gesellschaft wird euch drückend. (er entfernt sich)

Fräul. Cäcilie. (vor sich) Geh nur, du lieber, irrender Ritter. (Man wird dich schon wieder an unsern Hof zu fesseln wissen.

Zimmer im königlichen Pallast.

König Ludwig. Bischof Joscelin.

König Ludwig. Ihr seyd mir jetzt trefflich willkommen. Euch wollt ich eben, den Mann, der gerne Wahrheit spricht.

Bischof Joscelin. Verzeihung, Sire, daß mich dieser rasche Empfang bestürzt macht. Ich lese etwas fremdes in euren Mienen, die mich ein Unglück ahnden lassen.

König Ludwig. Ist es wirklich ein Unglück, Herr Bischof, in seinem eigenen Hause betrogen zu seyn?

Bischof Joscelin. Sire —

König Ludwig. Ihr erstaunt? Ja so ists. Ein Edelknabe hinterbringt mir eben, daß Graf Theobald als Minstrel verkleidet des Abends den Weg nach der Königinn Zimmer nähme.

Bischof Joscelin. Das kann nicht seyn.

König Ludwig. Nicht wahr? Nein, nein, es kann nicht möglich seyn. Aus königlichem Blute kann sich diese Schande nicht erzeugen.

Bischof Joscelin. Ein so schrecklicher Verdacht schwebt unsicher auf der Sage eines Knaben. Was kann der nicht gesehen haben in der Dunkelheit des Abends, mit jugendlichen, leichtsinnigen Augen. Noch will ich nicht fürchten, daß erkaufte Boßheit den Mund des Buben sollte entweihet haben.

König Ludwig. Am Hofe ist die Geschichte schon so ruchtbar, daß man es als Neuigkeit an ferne Orte schreibt. Der Bube eben findet ein abgerißnes Stück von einem Briefe, wird dadurch aufmerksam, lauscht und sieht —

Bischof Joscelin. Wie? das ist unbegreiflich.

König Ludwig. (wirft sich in einen Sessel) Wenn ihr es machen könntet, daß es nicht wahr seyn dürfte. Ich bin betrogen.

Bischof Joscelin. Die Wahrheit hier zu finden ist leicht. Mit eigenen Augen könnt ihr euch überzeugen, Sire; wenn ihr selbst die Stunde der Zusammenkunft belauschen wollt.

König Ludwig. Vortrefflich. Ja so sey es. Das wird mir die Verwirrung lösen, die meine Sinne jetzt gefangen hält. So nahe lag dieß Mittel meinem Forschen, und ich fand es nicht.

Bischof Joscelin. Den nächsten Weg zur Wahrheit findet man immer zuletzt.

König Ludwig. Dank euch, edler Bischof, für euren Rath. Die Erwartung zittert in mir. Ihr müßt mich begleiten. Ja, wenn ich das Gerüchte nicht Lügen strafen könnte, wenn die Unschuld der Königinn nicht unbefleckt wäre, dann haltet meinen Arm, daß er den Weg zum Schwert nicht finde.

Herberge.

Graf Ludwig Theobald Wolf von Wülfingen.

Graf Ludwig Theobald. (tritt ein) Gott grüß dich, Bruder. Leg immer dein leinenes Wamms ab, und setz den Becher beyseite. Kannst dich zum Aufbruch rüsten, wenn du mit willst. •

Wolf von Wülfingen. Schwatz mir nicht eitle Dinge vor. Ich bleibe bey dir. Sey mir willkommen. (er reicht ihm den Becher.)

Graf Ludwig Theobald. Bey meinem Eid, meines Bleibens ist hier nicht länger. Ich nehme das Kreuz.

Wolf von Wülfingen. Nun, wenn du so sprichst, so gilt's. Aber du bist ja traun einer Windfahne ähnlich, die jeden Tag anders steht. Vor wenig Tagen bothest du noch allen meinen Bitten und Vorstellungen Trotz, und jetzt kommst du selbst, und willst das, was du erst nicht wolltest.

Graf Ludwig Theobald. Das macht, weil sich alles geändert hat seit dem. — Wolf, ich bin betrogen, schrecklich betrogen. — Die Fesseln sind zerbrochen, die mich hielten. Jetzt schäme ich mich vor dir, daß ich das Spielzeug eines Weibes wurde.

Wolf von Wülfingen. Ha, so schnell ist der Nachen zerbrochen, mit dem du auf dem

Strom unerlaubter Wünsche steuertest? So sey mir willkommen, du sollst Schutz und Aufnahme bey deinem Freunde wieder haben. Ich freue mich deß, daß ich dich wieder habe; denn in dem Günstlinge der Königinn hatte ich meinen Freund verloren.

Graf Ludwig Theobald. In einem Winkelchen will ich mich verbergen, meinen Helm zum Wassereimer machen, und mein Schwert zum Holzbeil, daß ich die Schande verbüsse, mich an ein Weib gehangen zu haben, das mich zu ihrem Werkzeug erniedrigte.

Wolf von Wülfingen. Wer hieß dich auch auf Weiberlaune so viel setzen?

Graf Ludwig Theobald. Die Scham lähmt meine Zunge, wenn ich dir die Arglist erzählen will, mit der sie mich hintergangen hat. Die goldene Gunst, welche meine Vernunft bestach, ist zerronnen. Meine Rolle ist ausgespielt. Ich sollte ihr dazu dienen, als die Eifersucht des Königs zu reizen.

Wolf von Wülfingen. Vergiß diese ärgerliche Geschichte und behalte dir nur die Lehre daraus. Die ist freylich etwas herb; aber du kannst sie im Genuß der Freundschaft versüßen. Topp, hier hast du meine Hand, ich wallfahrte mit, wenn du das Kreuz nimmst. Wollen unsere Schwerter noch ein Mahl in den Saracenenschedeln stumpfhauen.

Graf Ludwig Theobald. Lieber heut als

morgen möcht ich meinen Unmuth unter den Barbaren austummeln.

Wolf von Wülfingen. Wohlan! diesen Becher zum glücklichen Ritterzuge! (sie trinken) Ewige Freundschaft auf Leben und Tod. (er reicht ihm die Hand) Ich werde nicht eher von deiner Seite weichen, bis mich ein wackrer Schwertstreich von dir trennt.

Heinrich. (singt)

Hof im königlichen Schloß.

Heinrich, Schildknappe des Grafen Theobald. Mehrere Knappen, die mit Putzen der Waffen beschäftigt sind.

Gut sind die Ritter zur See,
Gut sind die Ritter zu Lande;
Es sind die Knappen auch gut.
Sie fürchten nicht Stürme und Schnee
Und kämpfen im Waffengewande
Zu jeder Stunde gemuth.
Wohl achten die Knappen des Herrn
Und reichen ihm Kolben und Lanze,
Sobald er ihrer bedarf.
Wohl sind sie nimmer ihm fern,
Wenn ihn im klirrenden Tanze
Des Streits ein Stärkerer warf.

(zu den andern Knappen) Legt die Waffenrüstung bereit, den Panzer, die Helmschaube, die Arm und Beinschienen, daß alles zur Hand sey um morgen des frühesten rüstig seyn.

Zimmer der Königinn.

Königinn Eleonore. Fräulein Cäcilie als Minstrel verkleidet. König Ludwig. Bischof Joscelin.

(Fräulein Cäcilie spielt auf der Laute)

König Ludwig. (dringt schnell herein und geht auf Cäcilien los.) Rede! wer bist du, (er zieht das Schwert) oder du bist des Todes.

Fräulein Cäcilie. Um Gotteswillen, Erbarmen!

König Ludwig. Welche Stimme! was ist das?

Königinn Eleonore. Es ist Fräulein Cäcilie.

König Ludwig. (erstaunt) Cäcilie?

Königinn Eleonore. O Himmel, wer soll denn anders um diese Stunde in diesem Zimmer seyn?

König Ludwig. Wozu aber diese Mummerey? —

Königinn Eleonore. Ein unschuldiges Vergnügen war die Ursache davon. Stolz auf seine Kunst ist Falconet der Minstrel an unserm Hofe, er will keinen Meister vor sich leiden. Seinen Neid zu reizen, überreden wir ihn, es sey ein fremder Harfner angekommen, der auf jedem Saitenspiele seinen Meister suche. Cäcilie mußte sich verkleiden und ich war Richterinn. Schon einige Abende habe ich dieses Schauspiel erneuert aus Neugier, ob er wohl endlich seine Freundinn in dieser fremden Rolle erkennen möchte. Sollte diese kleine Tändelei euren Verdacht gereizt haben, mein Gemahl?

König Ludwig. Vergebt mir. Ein unseliges Gerücht vergiftete eure Ehre, Königinn. Das Lispeln eines häßlichen Verdachts raunte mißtönend in mein Ohr. Zu voreilig gab ich diesen Gerüchten Gehör, und was mehr noch ist, auch Glauben.

Königinn Eleonore. Auch Glauben? So wenig gilt bey euch die Ehre eurer Gemahlinn, daß jedes leere Gerücht sie verletzen kann?

König Ludwig. Mein offenes Bekenntniß wird in euren Augen meine Schuld verringern.

Königinn Eleonore. Das ist zu viel, mich so zu erniedrigen. Eh' ich solche grausame, schimpfliche Behandlung förder dulde, will ich lieber die Krone ablegen, will ich diesen gehässigen Prunk von mir werfen, und in stillen Manern beym Psalterbuch ein niedriges aber ungestörtes Leben genießen.

König Ludwig. Königinn, ich bitte euch, Ihr möcht doch nicht eine kleine unschädliche Übereilung so hoch aufnehmen. Der Triumph eurer Unschuld vergütet euch zweyfach, was ihr durch meinen Argwohn verloren haben möcht.

Bischof Joscelin. Ihr wollt doch über=

legen, meine Königinn, daß jeder Verdacht gegen die Unschuld, wie ein kraftloser Lanzenstos auf dem hellpolirten Stahl des Schildes ausgleitet, und daß man keine Spur der Verletzung verspürt.

Königinn Eleonore. Habe ich nicht schon alle Leiden einer zurück gesetzten Liebe erduldet und nun soll ich auch noch diese Schmach ertragen, als eine gemeine Buhlerinn gerügt zu werden. Nein, das vermag ich nicht. (sie weint) Will sich niemand einer beleidigten Königinn annehmen, so werf' ich mich der Kirche in die Arme. (geht nach einem Seitenzimmer, König Ludwig eilt ihr nach.)

Einige Tage darauf.

Zimmer im königlichen Pallast.

König Ludwig. Königinn Eleonore.

König Ludwig. (zärtlich) Vergiß, vergiß doch endlich, edles Weib, das Vergangene, trinke von der Freude des Gegenwärtigen, und hebe die Zurückhaltung zwischen uns auf, die dich mir fremd macht.

Königinn Eleonore. Wie darf es ein armes, gemißhandeltes Weib wagen, sich zu der Vertraulichkeit mit einem König zu erheben?

König Ludwig. Nicht diese Sprache. Jedes deiner Worte ist scharf, verwundend, schmerzend. Wirst du ewig rügen wollen, was ich gegen dich verbrach? Nein, das wirst du nicht. Vorurtheil und ein sorgenvolles Herz verstimmte meine Neigung gegen dich. Vom Kummer trübe, maß mein Blick deine Handlungen nach einem falschen Maßstab. Mit einem Falle sind nun alle düstre Nebel des Mißverständnisses zwischen uns gefallen, und du lachst mir lieblicher, als ein heiterer Tag nach der grauen Morgendämmerung entgegen.

Königinn Eleonore. Dürfte ich doch diesen trauten Worten trauen. Ach, noch bebt der Schreck in mir, da du meine Zärtlichkeit so schnöd und hart abwiesest, daß meine ganze Seele erschüttert wurde.

König Ludwig. (küßt sie mit Inbrunst) Endige in diesem Kuß alle Erinnerungen an meine Beleidigungen, und beginne in ihm den ganzen vollen Genuß der zarten Minne.

Königinn Eleonore. Ich bin zu schwach dir zu widerstehen; mein Herz spricht für dich. Alles Andenken an die Bitterkeit meiner vorigen Tage verschwindet von diesem Augenblick, wie ein Hauch auf dem glatten Spiegel. Wußtest du, wie um so fester du mich an dich gefesselt hast. Könnte doch nichts diese süße Vereinigung trennen.

König Ludwig. Du gemahnst mich zu

schnell an Trennung. Bald, mein trautes Weib, muß ich mich auf weite Strecken von dir trennen. Du weißt, daß ich einen Kreuzzug gelobt habe.

Königinn Eleonore. So ist denn Trennung immerfort das Loos der Liebenden? Könntest du das Gelübde nicht in einen andern Dienst der Kirche verwandeln? könntest du es nicht aufschieben wenigstens. Sieh, wie viel du hier verlässest, dein Weib, dein Land, deine Liebe. Soll ich dich aus meinen Armen lassen, soll ich dich den Gefahren einer grausamen Gefangenschaft, oder den tödlichen Schwertstreichen ausgesetzt wissen und einsam daheim trauern?

König Ludwig. Mein Gelübde kann ich nicht aufgeben, noch aufschieben. Was gelobt wird, das ist heilig, und der Zorn Gottes liegt so lange auf mir, bis ich nicht durch einen großen Dienst zu seiner Ehre mich der Schuld entbunden habe. — Ich muß dich verlassen.

Königinn Eleonore. So begleite ich dich.

König Ludwig. Du scherzest, oder ist es bloß ein Aufwallen deiner Zärtlichkeit?

Königinn Eleonore. Ich scherze nicht. Feyerlich gelobe ich dir, daß ich dich geleiten will.

König Ludwig. Ich bitte dich, nimm dieses Wort zurück. Wie würde dein zärtlicher

Eleonore. I. Thl.   N

Körper die Beschwerden eines so langen
und gefahrvollen Zuges ertragen? wie würdest du unter dem heißen, ungewohnten
Klima dauern? sollte ich mein edelstes Kleinod den Gefahren des Kriegs Preis geben? und bedenke, wie würdest du unter den
immerwährenden Unruhen dein Leben froh
genießen? Darum bitte ich dich, stehe ab
von diesem Beginnen.

Königinn Eleonore. Wohl schilderst du
mir dieß Beginnen schrecklich: aber laß alles
Ungemach mich treffen, an deiner Seite werde ich deß nicht achten; alle Gefahren werden mir in deiner Nähe vorüber gehen, wie
Träume in einem leichten Schlaf. Mit dir
werde ich stark und männlich; werden gegen
die Beschwerden dieser fernen Wanderung.
— Ich bin dein, ich kann dich nicht verlassen. Lieber will ich mit dir alles Ungemach
theilen, als ohne dich der lieblichsten Ruhe
pflegen. Du mußt es mir gewähren, daß
ich dich begleiten darf; in meinen Armen
sollst du ruhen, wenn du müde vom Kampf
zurück kehrst, und meine Liebe soll dich täglich zu neuen Unternehmungen stärken.

König Ludwig. (umarmt sie) Edles, treffliches Königsweib, wie sehr hab ich dich verkannt! Ja, nun bitte ich dich selbst, du möchtest
mit mir ziehen, du sollst mit mir ziehen. Du
wirst mein guter Genius seyn, und an dei-

nem Herzen weid ich mich zu Sieg und Thaten ermannen. — Ich habe eine Versammlung zu Vezelai ausgeschrieben, wo ich feyerlich das Kreuz übernehmen will, und mich
berathschlagen möchte, wie wir dieses große
Werk ausführen. Bist du deines Vorhabens
gewiß, so geleite mich dahin.

Vezelai.

Saal im Parlamentshaus

Große Reichsversammlung.

König Ludwig. Königinn Eleonore. Abt
Bernhard (auf einer Gallerie,) Versam-
melte Reichsstände (auf Bänken die
mit Sammt behangen sind.)

Abt Bernhard.

Darum folget, Helden, dem unsichtbaren Haupt
dieser glorreichen Unternehmung, eurem hochgelobten Erlöser. Folget eurem sichtbaren
Haupt, eurem König, der diese heilige That
beginnt. Das Kreuz sey euer Feldgeschrey,
das sey die Fahne, unter welcher ihr entweder siegen oder glorreich sterben, entweder mit
reicher Beute aus dem heiligen Lande zurück-
kommen, oder in demselben euer Blut strömen und die Märtererkrone erlangen müßt.
Alle die, welche dem Ruf Gottes, der euch

zur Vertheidigung seines Landes auffordert, gehorchen werden, haben sich gänzlicher Entbindung aller ihrer Sünden, sie mögen wider Gott, oder Menschen begangen seyn, zu getrösten. So wie die Bischöfe und Priester, die sich einem solche heiligen Beginnen, das Kreuz zu nehmen, widersetzen und jemanden davon abmahnen, ihres Amtes so lange entsetzt seyn sollen, bis sie von dem heiligen Stuhl Gnade erlangen.

König Ludwig. Ich habe euch schon zu Bourges meinen Entschluß eröffnet, daß ich die Feinde Christi bekämpfen will, und ich begehre derhalb jetzt im Nahmen Gottes für mich und meine Gemahlinn von dem Herrn Abt das Kreuz.

(Der König und die Königinn knien vor dem Abt nieder)

Abt Bernhard. (heftet beyden ein Kreuz aus rother gestickter Seide auf die rechte Schulter. Der König und die Königinn erheben sich wieder) Euer König, und selbst eure Königinn scheuen keine Beschwerde des Zugs und geben euch ein preisliches Beyspiel. Wollt ihr diesen hohen Verehrern des Kreuzes nachfolgen, so gebt ein Zeichen, wer unter euch das Kreuz verlangt (er hält eine Menge aus Tuch geschnittner Kreuze in seiner Hand empor.)

Alle (rufen mit lautem Geschrey) Das Kreuz, das Kreuz.

(Abt Bernhard theilet die Kreuze aus, und da sie nicht zulangen, zieht er sein Gewand aus, und zerschneidet es zu Kreuzen.)

Abt Bernhard. Nun laßt uns nach diesem gottgefälligen Werke Gott danken und um seinen Segen bitten. Wir wollen nach der Johannis-Kirche uns erheben.

(Die Versammlung erhebt sich zum Zug, alle mit rothen Kreuzen auf der Schulter. Man hört das Rufen des Volks: Es lebe der König, es lebe die Königinn!)

Abtey St. Denis.

Zimmer:

Abt Sugger. Bischof Gottfried. Hernach Abt Bernhard.

Bischof Gottfried.

Ich rathe euch, seyd auf eurer Huth. Der Abt Bernhard ist ein mächtiger Mann. Seine Aussprüche mögen wohl so viel gelten, als die Aussprüche des heiligen Vaters.

Abt Sugger. Also hat er jedem geradezu mit der Absetzung und Bann gedrohet, wer sich dem Kreuzzug widersetzen sollte? Das dünkt mich doch ziemlich eigenmächtig.

Bischof Gottfried. Wie ich euch sage, das hat er laut jedem gedrohet. Erst hielt

er eine zierliche und gar nachdrückliche Rede,
worin er die Anwesenden zum Kreuzzug herzlich ermahnte, und zu Ende erklärte er ganz
vernehmlich, daß gegen jeden Bischof und
Priester der Bann und Absetzung gesprochen
sey, wenn sich etwa einer ein Wort gegen dieses heilige Unternehmen verlauten ließe. Darum warne ich euch, auch ihr habt den König
wohl abgemahnt von seinem Entschluß. Aber
doch ist es mehr auf den Herrn Bischof
Joscelin abgesehen, welchem der Herr Abt
gar sehr abhold ist, insonders weil auf das
Geheiß des Herrn Bischofs etlich Ritter und
Reisige das Gepäck des Herrn Abts niedergeworfen haben.

Abt Sugger. Ich weiß auch darum, es
war nun wohl ein großes Wagniß. Sein Haß
gegen den päpstlichen Stuhl hat ihn, traun,
zu weit getrieben. Er ist schon oft über die
Grenzen seiner Würde geschritten, wenn er
nur einen geheimen Entwurf des römischen
Hofs entdecken, oder irgend einen Plan desselben vereiteln konnte. Leider wird ihn nun
kein gutes Loos treffen.

Bischof Gottfried. Ihr könnt überzeugt
seyn, daß ihn der Abt vor dem römischen
Stuhl verklagen wird.

(Edelknabe tritt ein.)

Edelknabe. Der Herr Abt Bernhard will
bey euch einsprechen.

Abt Sugger. Er soll uns willkommen seyn.
(Edelknabe geht ab.)

Abt Bernhard. (tritt ein) Gott grüß euch,
ehrwürdige Herrn.

Abt Sugger
Bischof Gottfried.] Seyd uns will=
kommen, Herr Abt.

Abt Sugger. Hätt ich euch doch von eu=
rer Reise noch nicht zurück vermuthet. Haben
eure Kreuzpredigten guten Erfolg gehabt?

Abt Bernhard. Ich kann mich eines gu=
ten Erfolgs rühmen. Es haben sich viel Rit=
ter in den Provinzen umher zum Zug ent=
schlossen, außer was noch an die Tausende
aus dem Bürgervolk sich eingefunden hat.
Ihr mögt wohl ob diesem glücklichen Fort=
gang meiner Dienste im Herzen ergrimmen,
denn ihr habt doch euren Sinn dagegen?

Abt Sugger. Es sey ferne von mir, daß
ich etwas sollte thun, um das große Werk
zu hemmen. Was ich zuerst für Bedenklich=
keit dabey hatte, das waren Besorgnisse, die
bey jeder großen Unternehmung nicht außen
bleiben. Jetzt freue ich mich des Vorhabens
unsers Königs und wünsche, daß alle Ritter
und Lehnsmänner der Krone ihm hülfreich
und beförderlich seyn mögen.

Abt Bernhard. Ich möchte euch umar=
men, daß ihr ein so warmer Freund unserer
Sache geworden seyd. Man wird euren Ei=

fer für die Kirche nicht verkennen und ich werde eure edelmüthigen Gesinnungen zu rühmen wissen.

Abt Sugger. Was ich thue, thue ich zu Gottes Ehre und zu meines Königs Nutzen. — Aber sagt mir doch, wie ihr so schnell, nach der Größe eures Geschäfts gerechnet, wieder zurück gekehrt seyd?

Abt Bernhard. Ein außerordentlicher Vorfall hat meine Abwesenheit vom Hofe abgekürzt. Der heilige Vater ist in Frankreich angekommen, und beginnt schon seine Reise nach Paris.

Bischof Gottfried. Ein hoher Gast.

Abt Sugger. Welche Ursache hat wohl den heiligen Vater bewogen uns seine erhabene Gegenwart zu schenken?

Abt Bernhard. Die Unruhen in seiner Hauptstadt haben ihn dahin gebracht, daß er diese treulose Pflegetochter der Kirche verlassen hat.

Abt Sugger. Er ist schon im Anzug nach Paris, saget ihr?

Abt Bernhard. In einem Paar kleiner Tagreisen wird er ankommen.

Abt Sugger. So laßt uns sogleich nach Paris zu seinem Empfang aufbrechen.

Paris
Königlicher Pallaſt.
Zimmer.

Königinn Eleonore. Fräulein Cäcilie.

Fräulein Cäcilie.

Eins, meine gnädigſte Königinn, möchte ich noch wiſſen, was euch wohl bewogen haben mag, das Kreuz zu nehmen?

Königinn Eleonore. Was mag mich wohl anders darzu bewogen habeu, als, was jedes guten Chriſten Pflicht iſt, ein gottes⸗dienſtliches Weik zu thun.

Fräulein Cäcilie. Ihr wollt vielleicht die wahre Urſache nur um eins weiter hinaus ſchieben, denn, traun, ich könnte wohl fra⸗gen, was bewog euch denn zu dieſer Pflicht?

Königinn Eleonore. Thörinn, du ſchwa⸗ßeſt immer, als wenn du die Jüngerinn der Weisheit wäreſt, und wenn es nun auch noch eine andere Urſache wäre, würde meine That weniger verdienſtlich in deinen Augen ſeyn? Mich zu zerſtreuen, fremde Städte und fremden Himmelsſtrich zu ſehen. Andere Sit⸗ten anderer Völker, neue Arten des Lebens zu bemerken; auch das könnte mich zu die⸗ſem Zuge reizen.

Fräulein Cäcilie. Aber welchen Muth müßt ihr haben! Unter ſo wilde, barbariſche

Völker zu ziehen, die nach Christenblute dürsten, dazu gehört mehr als männliche Entschlossenheit.

Königinn Eleonore. Warum sollte der Mann allein zu Muth und Thaten stark seyn? Auch das Weib kann sich abhärten. Es ist nur eine Schwäche unsrer Einbildung, wenn wir uns vor jeden stärkern Haufen fürchten. Und dann geleiten uns nicht tapfere Ritter? Sie würden drohende Falten gegen dich zwischen den Augenbraunen zusammen ziehen, wenn du sagtest, daß ihre Königinn in ihrem Schutz nicht sicher sey.

Fräulein Cäcilie. Auch würde euer Loos erschrecklich seyn, wenn ihr in die Hände jener grausamen Heiden fielt. Graf Theobald hat mir erzählt, wie sie die Gefangenen mit unmenschlichen Schlägen zu harter Arbeit antreiben und wie sie sie peinigten, vom Christenthume abzulassen und wie sie sie die Nacht in schwere Ketten werfen ließen, daß sie nicht des sanften Schlafes genießen könnten nach der schweren Last des Tages.

Königinn Eleonore. Du magst wohl mit diesem Ritter oft trauliche Reden pflegen, weil seine Erzählungen so gut Wurzel in deinem Gedächtniß faßen?

Fräulein Cäcilie. Der arme Verstoßene! In meinen Fesseln hätt er länger dienen müssen. Nun ist er fort.

Königinn Eleonore. (übereilt) Fort?

Fräulein Cäcilie. Fort ist er, um sich zum Kreuzheer mit zu stellen.

Königinn Eleonor. Ohne von mir einmahl Abschied zu nehmen? Fürwahr sehr stolz.

Fräulein Cäcilie. Euer hartes Verfahren hat ihn fortgetrieben. Aus Verzweiflung stürzt er sich nun in neue Gefahren hin.

Königinn Eleonore. (sich gleichgültig stellend) Er hat doch sehr wohl gethan, daß er mir meine Freundinn nicht entführt hat. — Höre, du mußt mich begleiten, Cäcilie. An dich hab ich mich gewohnt, ich werde bey dir meine Heimath im fernsten Lande finden, und eine Freundinn muß ich um mich haben; Ruhe und Bequemlichkeit will ich meiden lernen, nur diese nicht entbehren. Sprich, willst du mich begleiten?

Fräulein Cäcilie. Von ganzen Herzen sag ich das euch zu. Ich würde euch bis an das Ende der Erde folgen.

Chartres

Herberge

Graf Ludwig Theobald, Heinrich,
Schildknappe desselben.

Graf Ludwig Theobald.

Glaubt ich doch, du wärest irrwisch geführt worden, daß du so lange bist zurück geblieben. Hast du mein ganz Gepäck mitgebracht?

Heinrich. Alles, gestrenger Herr, und wohl noch etwas mehr, was mich freylich einer Zögerung schuldig gemacht hat.

Graf Ludwig Theobald. Was möchte das wohl seyn?

Heinrich. Und was euch vielleicht sehr freudherzig machen wird.

Graf Ludwig Theobald. Wirst du mich bald berichten? Sag an, was es ist.

Heinrich. Da ich euer Gepäck sehr wohl zusammen gethan hatte und ich des andern Morgens abreisen wollt, ließ mich die Königinn rufen.

Graf Ludwig Theobald. Die Königinn?

Heinrich. Ich ging stracks dem Befehl nach und stand mit vielem Zittern vor ihr, das mir noch nie weder vor Schwert noch Lanze angekommen ist. Denn sie ist eine gar reizende Dame und meine Augen verblindeten ganz vor dem Glanz ihres Geschmeides und ihrer Schönheit.

Graf Ludwig Theobald. Durch welche Umschweife wirst du noch durchkriechen, ehe du zur Sache kommst? Machs kurz.

Heinrich. Nun die reizende Königinn schickt euch ein Fähnlein von eigner Hand gestickt zu eurem Heerszug und diese Schärpe um euren Leibrock, und sie läßt euch des freundlichsten grüßen und sie bäthe sich doch ja aus, daß ihr zu ihrer eignen Begleitung und Geleit-

schaft nach dem gelobten Land euch anschicken
möchtet, nachdem sie das Kreuz genommen
hätte; das ist es alles.

Graf Ludwig Theobald. (entzückt) Vor
allen Dingen sage mir; das alles ist doch
wahr? das alles hast du von der Königinn?
und an mich? au mich?

Heinrich. Gestrenger Herr, ich wäre ein
schlechter Knapp, wenn ich euch mit erlogener
Bothschaft betröge und nicht werth, daß ich je
mit Ritterehre geschmückt würde.

Graf Ludwig Theobald. Sie nannte meinen Nahmen doch? du empfingst es doch aus
ihrer eignen Hand?

Heinrich. Ich stand vor ihr, wie ich jetzt
vor euch stehe und aus ihren Händen empfing
ich das Fähnlein und die Schärpe wie ich es
euch hier wieder gebe und mit meinen Ohren,
die seitdem weder weiter noch enger geworden sind, hörte ich ihre liebliche Rede, die ich
euch erzählt habe. Mehr kann ich euch nicht
sagen.

Graf Ludwig Theobald. O so erhaltet
mich ihr guten Geister! — und du sollst von
nun an Ritter seyn. Morgen will ich dir
den Ritterschlag geben zum Dank für diese
Bothschaft.

Heinrich. Ihr seyd sehr gnädig. So habe ich doch nicht umsonst meinen Rappen
lahm geritten.

Voriger Ort.

Augustiner Kirche.

Graf Ludwig Theobald. Heinrich. Ein Priester. Mönche. Knappen.

(Heinrich kniet vor einem Altar, neben ihm stehen zwey Mönche mit brennenden Kerzen.)

Der Priester. Nachdem ihr in den löblichen Ritterstand sollt aufgenommen werden, so höret auf folgende Ermahnung, daß ihr andächtig wachet im Gebethe, die Sünde, den Stolz und die Niederträchtigkeit meidet, die Kirche, Witwen und Waisen vertheidiget und mit edler Kühnheit das Volk beschützt. Daß ihr mit rechtmäßigen Fehden, mit Reisen und Turnieren, mit Ritterübnngen zum Dienst eurer Geliebten euch beschäftigt, daß ihr immer nach Ehre strebt, euren rechtmäßigen Herrn liebt und die Besitzungen desselben streng bewahrt.

Heinrich. (hebt die Hände empor.) Das alles gelob ich und will ich halten, so wahr mir Gott helfe und alle Heiligen.

Graf Ludwig Theobald. (richtet ihn auf und küßt ihn.) Ich ernenne dich im Nahmen Gottes, unserer lieben Frauen und des heiligen Georgs zum Ritter. Ich umgürte dich mit dem Schwert als dem Zeichen der Keuschheit, der Gerechtigkeit und der christlichen

Liebe. (darauf gibt er ihm einen Schlag mit
der Hand) Ich habe dich nun zum Ritter ge=
schlagen im Nahmen Gottes, unserer lieben
Frauen und des heiligen Georgs, sey stets
deiner Würde eingedenk und schlage deinen
Feind, wie ich dich jetzt geschlagen habe.

(Die Knappen lösen dem Ritter Heinrich
die silbernen Sporen ab und schnallen
ihm vergoldete an.)

Paris.

Königliches Schloß.

Zimmer.

Bischof Joscelin. Hernach Bischof
Gottfried.

Bischof Joscelin. (allein)

Es ist offenbar, daß sie sich zu meinem Ver=
derben vereinigen. Der Abt Bernhard wird
alle meine Feinde reisig gegen mich machen.
Freylich ist es und bleibt es ein gewagtes
Spiel gegen die päpstliche Macht sich zu sträu=
ben. Es sey drum. Mag doch über mich er=
geben, was es will. Hab ich mir doch nichts
Böses vorzuwerfen, darf ich doch nicht mein
eigner Ankläger seyn. Ich suchte des Königs
Herz zu gewinnen; ich habe mein Spiel ver=
loren. — Die Königinn hat mich treulos hin=

tergangen. Es war ihr nur um ihren eignen
Vortheil, — und hinter der Maske mit dem
Grafen Theobald ist Wahrheit verborgen.
Ich fürchte, daß Frankreich einst in seiner
Königinn eine Buhlerinn sehen wird. —

(Ein Edelknabe tritt ein.)

Edelknabe. Herr Bischof Gottfried von
Langres begehrt euch zu sprechen.

Bischof Joscelin. Er soll mir willkommen seyn.

(Edelknabe ab, Bischof Gottfried tritt ein.)

Bischof Joscelin. Was bringt ihr mir
für Nachrichten?

Bischof Gottfried. Ihr mögt wohl nicht
die besten Ahndungen haben, weil ihr so hastig fragt? Meine Nachrichten sind noch zweydeutig. Ihr sollt vor die Synode geladen
werden. Sehet nun zu, ob euch diese Vor-
ladung gefährlich werden könnte.

Bischof Joscelin. Und wer ist denn mein
Ankläger?

Bisch. Gottfried. Der Herr Abt Bernhard.

Bischof Joscelin. Freylich ein furchtbarer
Gegner. Nur die Wahrheit kann mich schützen.

Bischof Gottfried. Wohl euch dann. Ihr
habt euch aber doch immer gefährlicher Dinge schuldig gemacht. Man wird euch das gar
arg auslegen, daß ihr dem Herrn Abt sein
Gepäck habt niederwerfen lassen.

Bischof Joscelin. Wer mag aber auch

wohl das vertheidigen, daß sich der Herr
Abt solcher verrätherischen Handlungen gegen unsern Hof schuldig gemacht, und Em-
pörungen angestiftet hat? Hab ich nicht das
Recht über das Wohl des Reichs zu wachen und solche arge Anschläge ans Licht zu
bringen?

Bischof Gottfried. So hättet ihr öffentlich zu Werke gehen sollen und nicht so meuch-
lerischer Weise.

Bischof Joscelin. Es ist nicht gut, daß
man auf so meuchlerischen Wegen den Ränken und den heimlichen Entwürfen des römischen Hofes nachspüren muß. Wenn ihre
Werke das Licht nicht scheueten, würden sie
nicht so unter die Decke sich verbergen.

Bischof Gottfried. Ihr wißt wohl jetzt
nicht, welche Reden ihr führt, wenn ich sie
rügen wollte; doch ich vergeb es eurer Hitze.

Bischof Joscelin. Eure Großmuth ist
hier wohl etwas überflüssig, denn dieß alles
werd ich öffentlich vor der Versammlung
sprechen. Freylich fürchtet ihr euch vor jedem Hauch, der von dem Mund des heiligen
Vaters kömmt, und das ist es eben. warum wir unsere Freyheit uns selbst verlieren.

Bischof Gottfried. Ihr solltet euch, traun,
nicht mehr Feinde machen. — (spöttisch)
Doch so ein unerschrockner Mann fürchtet sich
nie. — Ich muß euch jetzt verlassen, denn

Eleonore I. Thl.   O

ich habe noch bey päpstlicher Heiligkeit vorzusprechen. Gehabt euch wohl!

Erzbischöfliche Kirche.
Synode.

Papst Eugen. Abt Bernhard. Roderich Campano. König Ludwig. Bischof Joscelin. Abt Sugger. Mehrere Kardinäle und Bischöfe.

Papst Eugen. (zum Bischof Joscelin.)

Was ihr auch sagen mögt. Ihr habt doch von je und je dem Wohl der Kirche entgegen gearbeitet, und die Uneinigkeit zwischen uns und dem König unterhalten. Der König selbst hat einen Theil seiner Vergehungen auf euch zu rechnen, und nun selbst jetzt habt ihr von neuem seinem heiligen Vorhaben und unsern Bemühungen widerstritten.

Bischof Joscelin. Ich bin als Diener des Landes schuldig für das Wohl desselben zu reden und die etwannigen Nachtheile vorzustellen, die aus einem neuen Unternehmen entspringen könnten. Ich habe mich keines Verbrechens schuldig gemacht, des kann ich vor Gott und dieser Versammlung zeugen.

Abt Bernhard. Das rechnet ihr also als kein Verbrechen, daß ihr wie ein gemeiner

Räuber Plünderung auf öffentlicher Straße durch eure losen Gesellen geschehen laßt? Euer arglistiges Herz offenbart sich immer mehr.

Bischof Joscelin. Wenn ihr mir das zum Verbrechen anrechnet, so seyd ihr es um so viel mehr, den ich des nähmlichen zeihen könnte. Wer hat denn die Empörung des Grafen von Champagne angestiftet und so meisterlich unterhalten? Wenn ihr glaubtet ein Recht dazu zu haben, so hatte ich noch weit mehreres Recht es zu entdecken, weil es dem König meinem Herrn zur Gefahr und meinem Vaterlande, dem ich diene, zum Schaden und Unglück gereichte.

Papst Eugen. Schweigt, ich mag eure Lästerrungen nicht länger anhören. Ihr seyd eurer Würde entsetzt und für unfähig erklärt, dem König zu Rathe zu stehen.

König Ludwig. Verzeihung, heiliger Vater, wenn ich euch bitte euren Ausspruch zu mildern. Ich danke diesem Mann viel treue Dienste, und ich dürfte wohl sein Schicksal bedauern. Keine Arglist noch Boßheit kam je in sein Herz, und wenn er sich vergangen hat, so war es bloß zu viel Anmaßung für seine Meinungen.

Papst Eugen. So muß er für diese Übermüthigkeit büssen. Er ist seiner Würde entsetzt.

(Zwey Bischöfe nehmen ihm den Talar und die Bischofsmütze ab, und legen

D 2

den Ring und Stab zu den Füßen des
Papstes nieder.)

Abtey St .Fleury.

Kanzler Raucourt. Abt Nicolaus.

Abt Nicolaus.

Tausend Mark Silbers kann ich nicht lie-
fern, und wenn ich mich und mein ganzes
Kloster verkaufte.

Kanzler Raucourt. Da müßten wir schon
an einen guten Mann kommen, wenn wir
euch um einen guten Preis los werden
sollten.

Abt Nicolaus. (lächelnd) Ich meine, daß
ihr das nur im Scherz sagt. Denn —

Kanzler Raucourt. Nur ein Scherz. —
Man hat aber euer Kloster für sehr reich ge-
schätzt.

Abt Nicolaus. O bewahren mögen mich
alle Heiligen. Wir leben nur so knapp hin.

Kanzler Raucourt. Ihr löst doch aber
alljährlich auf die hundert Mark aus den
Zinsen. Das Nippchen Wein, das euch außer
eurem Tischtrunk überbleibt, beträgt doch auch
ein dreyßig Mark, wenn ihr es verkauft, und
was ihr aus dem Getreide von eurem Klo-
sterfeldern aufbringt, mag sich immer an die
achtzig Mark belaufen. Macht jährlich zwey-

hundert und zehn Mark, davon könnt ihr in zehn Jahren schon ein hübsches Summchen erspart haben.

Abt Nicolaus. Wer mag euch diese falschen Rechnungen hinterbracht haben? Gewiß ein Feind von unserm Kloster.

Kanzler Raucourt. Verstellt euch nicht. Die Rechnungen des vorigen Abts sind in meinen Händen.

Abt Nicolaus. Nun so mögt ihr auch den großen Aufwand rechnen, was mir an Allmosen, an reisende Pilgrimme und zur Verpflegung der Kranken auszahlen, das macht, ohne was wir noch auf unser Kloster wenden —

Kanzler Raucourt. Rechnet weiter nicht, ihr müßt schlechterdings bezahlen. Die Summen zum Kreuzzug belaufen sich hoch, und ihr sollt euch am ersten dazu verstehen ein so heiliges Werk zu befördern. Darum weigert euch nur nicht länger, sonst muß Gewalt.—

Abt Nicolaus. O Himmel, man will uns wohl plündern!

Kanzler Raucourt. Nun so zahlt nur wenigstens fünf hundert Mark.

Abt Nicolaus. Da habt ihr alle Schlüssel und wenn ihr mehr findet, als drey hundert Mark, so mögt ihr mich kreuzigen.

Kanzler Raucourt. Nun so gebt nur dieses her.

Paris
Saal in der Herberge

Ritter an der einen Tafel. An der andern
Volk.

Der eine Ritter.

Es wird ein starker Zug werden. Es sind beynahe alle Ritter ausgezogen und aus dem Volk läuft auch alles zusammen.

Der andere Ritter. Das ganze Heer mit allem Troß kann sich an die zwey Mahl hundert tausend Mann belaufen.

Der erste Ritter. Hu, wie wirds dem saracenischen Ungeziefer warm werden in ihren Nestern. Aber sag mir doch, ist's denn noch nicht ausgemacht, welchen Weg man nehmen wird.

Der andere Ritter. Wohl ist es ausgemacht. Es geht alles zu Lande fort. Über Hungarn hinaus, über Konstantinopel und so fort.

Der erste Ritter. Das sollte aber, mein' ich, einen langweiligen Marsch geben.

Der andere Ritter. Wohl; aber eine Flotte faßt auf einmahl kein solch großes Heer, und wir werden immer so geschwinder ankommen.

(Es treten mehrere Ritter ein.)

Ritter durch einander. Willkommen —
Willkommen, wackre Waffenbrüder — Bringt
die Becher, Knappen rührt euch —

(Sie fangen an zu zechen.)

Volk. (an der andern Tafel) Laßt uns
auch eins trinken. Wir dürfen so unsere Gläu=
biger nicht bezahlen — Kein Mensch darf
uns was anhaben. Wir haben das Kreuz ge=
nommen.

Ritter. (an der andern Tafel) Glück und
Heil unserm guten König, (sie trinken) un=
serm wackern König — und unsrer muthigen
Königinn! — und ewiger Bund unter uns!
(sie ziehen ihre Schwerter) Ewiger Bund!

Abtey St. Denis
Klosterkirche

Papst Eugen. König Ludwig. Königinn
Eleonore. Abt Sugger. Kardinäle.
Grafen. Ritter. Volk.

(Papst Eugen geht, geleitet von vier Kar=
dinälen, vor das Altar und nimmt die
Dornenkrone des Heilandes, welche er
dem König auf einem Küssen vorhält.)

König Ludwig. (vor der Reliquie knieend.)

Ich gelobe hier nochmahls feyerlich auf die
heilige Krone unsers Heilandes, daß ich das
gelobte, erwählte Land von den Gräueln der

abscheulichen Gözendiener reinigen und aus
ihren Händen erretten und die Feinde des
Kreuzes aus allen Kräften bekämpfen will.

Papst Eugen. Gott segne euern rühm=
lichen Entschluß und belohne ihn mit den
glorreichsten Siegen. Ich weihe euch hier=
mit, und spreche euch von allen euren Sün=
den los. (er reicht ihm den Pilgrimmsstab
und hängt ihm die Pilgrimmstasche um. (Zur
Königinn.) Auch über euch, muthige und
fromme Königinn, spreche ich meinen Se=
gen, treue Gefährtinn eures Gemahls (sie
kniet vor ihm nieder und er legt ihr die Finger
auf die Stirn. Sie erheben sich darauf beyde.)

(Zwey Edelknaben bringen das königliche
Zepter. Der Papst überreicht es dem
Abt Sugger.)

Nehmet hin, würdiger Abt, das Zeichen
der königlichen Würde. Ich übergebe euch
dieses Reich und dessen Regiment, dessen König und Herr jetzt zur Ehre Gottes und der
Kirche ein wichtiges Werk unternimmt. Man
vertraut euch, daß ihr alles klug werdet ausführen, wie es einem treuen und weisen Ver-
weser geziemt. Gegen jeden aber, der etwas
ungebührliches oder fehdehaftes in Abwesenheit des Königs unternimmt, sprech ich hier
im Angesicht Gottes Fluch und Bann.

Ende des ersten Theils.

Halt alle Herrn, er hat mir das Leben geret=
=tet. Ich nehm ihn in meinen Schutz.

Wienerische
LANDBIBLIOTHEK

Dritter Jahrgang

Achter Band

Wien
Bey Joh. Bapt. Wallishausser
1793.

Eleonore

Königinn von Frankreich,

oder

Geschichte des zweyten Kreuzzugs,

dialogisirt.

Zweyter Theil.

Hohenzollern,

bey Johann Baptist Wallishauffer.

1793.

Eleonore

Königinn von Frankreich.

Dritte Periode.

Personen.

König Ludwig der Siebente von Frankreich.

Eleonore Königinn, dessen Gemahlinn.

Conrad, deutscher Kaiser.

Emanuel Comnenus, griechischer Kaiser.

Masud, Sultan von Ikonien.

Herzog Friedrich, Bruder des deutsch. Kaisers.

Graf Robert, Bruder des Königs von Frank.

Graf Theobald.

Abt Montpellier, Beichtvater des Königs Ludwig.

Gottfried, Bischof von Langres.

Ernst von der Blau, ein deutscher Ritter.

Sophia, natürliche Tochter des griech. Kaisers

Cäcilie, Kammerfräulein der Königinn Eleonore.

Der Patriarch von Konstantinopel.

Prosuch, Feldherr der Griechen.

Pamplan, türkischer Emir.

Ein Abt.

Ein Einsidler.

Ein griechischer Gesandter.

Ein deutscher Ritter.

Eine Griechinn.

Ein Meistersänger.

Ritter, Reusige, Kampfrichter, Edelknaben, Knappen, Räuber, Volk.

(Der Zeitraum ist vom Jahr 1147 bis 1148.)

Konstantinopel,

kaiserlicher Pallast.

Zimmer.

Emanuel Comnenus. Ein Edelknabe. Hernach Sultan Masud.

Der Edelknabe

(mit tiefer Verbeugung)

Glorwürdiger Herr! der Sultan Masud ist hier angekommen und verlangt vor kaiserlicher Majestät Gehör.

Emanuel Comnenus. Wer? hast du mit halbem Ohr gehört, Bube? Weißt du nicht, daß Sultan Masud mein ärgster Feind ist, und der wäre in der Nähe meines Pallasts?

Der Edelknabe. Noch mehr; er ist schon in eurem Pallast, schon in dem nahen Vorzimmer.

Emanuel Comnenus. Er selbst? Nicht ein Gesandter? Nicht ein ihm ähnlicher?

Der Edelknabe. Er selbst, glorwürdiger Herr! er nannte mir seinen Nahmen.

Emanuel Comnenus. Und wie verstandst du ihn?

Der Edelknabe. Er sprach griechisch.

Emanuel Comnenus. Bey Gott, er ist's! Daran erkenn ich ihn. Er spricht unsere Sprache gut. Aber wie ihn meine Wachen durchgelassen haben, wie mir nichts von seinem Einzug bekannt geworden ist, wie er mir von seiner Ankunft nichts voraus gemeldet hat, das verlangt mich zu wissen.

Der Edelknabe. Er ist verkleidet in unsre Landestracht.

Emanuel Comnenus. (erschrocken spricht etwas laut) Verkleidet? das ist nicht richtig. Er wird mich doch nicht ermorden wollen? Warum hat man ihn auch so nah heran gelassen? Geh' halt ihn zurück, rufe meine Wachen.

(der Edelknabe will forteilen)

Masud. (der indessen gelassen und großmüthig eintritt und den Edelknaben zurückhält) Bleib. (zum Kaiser) Das hast du nicht von deinem Feind zu fürchten. In offnem Felde, im Kampf möchte ich dir wohl furchtbar seyn; aber unter einem Dach ist Sultan Masud dein wehrloser Gast.

Emanuel Comnenus. (sich fasset.) Und auch ein willkommner Gast sollst du mir seyn.

Nur das Unerwartete deiner Ankunft und die geheimnißvolle Art, mit der du mich überraschst hast, warf in meine Seele einen augenblicklichen Verdacht gegen dich. Jetzt ist alles wieder gut. Kannst du großmüthig seyn; so wisse, daß ich deine Großmuth mit Zutrauen erwiedern kann. Du siehst, ich war nicht auf dich gefaßt — aber du kannst errathen, was mich verwirrt macht: es befremdet mich warum du auf eine so ungewöhnliche Art zu mir kommst. Unsere Feindseligkeiten sind mitten in ihrem Laufe, und du wagst dich so sicher hierher als wärst du bey einem Freund.

Masud. Glaubst du nicht, daß ich auch in meinem Feind noch einen Freund finden könne.

Emanuel Comnenus. Du muthmaßest richtig, Masud. Ich werde wenigstens deine edelstolze Zuversichtlichkeit nicht mißbrauchen, daß du dich so auf gerade wohl in meine Gewalt gegeben hast.

Masud. Ich denke der wahre, ächte Krieger muß seine Liebe nie ganz an seine Freunde verschwenden; er muß die Hälfte davon immer auch für seinen Feind übrig behalten. Sieh, Manuel! dieß ist die erste Probe unserer Aussöhnung. Ich komme in sicherem Vertrauen zu dir. Hägst du Hinterlist gegen mich, so könnten wir nie Freunde seyn.

Emanuel Comnenus. Wenn du um keinen andern Preis mir deine Freundschaft anbiethest; so sey versichert, daß ich ein unbedingender Käufer bin. Nur erkläre mir das Unbegreifliche, warum du dich selbst einem solchen Wagniß aussetzest und nicht lieber öffentlich einen Ort der Zusammenkunft bestimmt hast, wo wir uns zu friedlichen Verträgen hätten vereinigen können. Ich ehre deinen Muth, aber du hättest um deine Kühnheit deine Absicht verspielen können. Wenn man dich entdeckt hätte — ich weiß nicht wer dein Leben hätte schützen sollen. Du kennst die Wuth meines Volks.

Masud. Eben weil ich dein Volk kenne, habe ich diesen Weg zu deiner Freundschaft gewählt. Ich weiß wohl, daß deine Landsleute voll Rache, Betrug und Niederträchtigkeit sind. daß deine Vornehmsten im Reich auch die Vornehmsten in diesen Lastern sind. Hätte ich den Friedensunterhandlungen ihrem gewöhnlichen Gang überlassen, so möchtest du wohl deinen guten Willen dem wuchernden Eigennuß deiner Diener vertraut haben und — heimtückisch abgewinnen will ich mir nichts lassen, was ich frey hin zu geben bereit bin. Dich mußt ich sprechen, dich selbst, den Edelmuth mehr als die Krone von deinem Volk unterscheidet. Ich mußte dich schnell und unverhofft überraschen und dein Herz durch ei-

nen Überfall einnehmen, ehe deine Hüther mir
den Eingang zu deinem Zutrauen versperr=
ten. Denn nicht nur Frieden will ich, son=
dern auch deine Freundschaft. Das ist die
Ursache, warum ich in dieser verstellten Tracht
so geheimnißvoll zu dir komme. Ist dir Ver=
söhnlichkeit in deiner Jugend gelehrt worden,
befiehlt auch dein Gott dir Friede und Liebe;
so laß uns Freunde seyn, so laß uns die
Feindseligkeiten vergessen, die dein Volk und
mein Volk aufreiben.

Emanuel Comnenus. Ich bin erstaunt
dich so bereit zum Frieden zu sehen, da du
mir doch ganz neulich einen Waffenstillstand
abschlugst. Doch es sey. Du kommst mir die
Hälfte des Weges entgegen, und die ande=
re Hälfte will ich dir ersparen. Forthin ist
Friede unter uns. (er reicht ihm die Hand.)

Masud. Nein, so nehm ich den Hand=
schlag nicht an. Du hägst Mißtrauen noch ge=
gen mich; du glaubst, ich werde dich jetzt aus
geheimen Eigennutz überlisten; wie kannst
du mir die Hand zu einem solchen morschen
Bund reichen, an dessen Blüthe schon arg=
wöhnischer Verdacht nagt? — Das sagst du
falsch, daß ich dir den Waffenstillstand ab=
schlug, deinem Bassa schlug ich ihn ab, weil
der ihn schon so oft gemißbraucht und treu=
los gebrochen hat, und wenn du willst, dir
schlug ich ihn ab, weil ich nicht Stillstand

sondern Friede mit dir machen wollte. Kenne den Masud erst, und kannst du ihn dann falsch nennen, so hast du nie die Wahrheit reden gelernt.

Emanuel Comnenus. Du mißdeutest meine Worte, edler Masud, wie kann ein vorübergehender Zweifel, der Schatten eines Zweifels nur, dich so erhitzen? Jede Bedenklichkeit ist verschwunden, da ich dich nun verstehe. Das Gerücht hatte einen lügenden Nebel um dich gezogen. Du allein konntest mich dich kennen lehren. Weigerst du dich nun noch, meine Hand anzunehmen?

Masud. Nicht einen Augenblick. (sie geben sich die Hände) Alles, was wir von einander erobert haben, geben wir zurück. Mehr wirst du nicht verlangen, da wir beyde mit ziemlich gleichem Glück gefochten haben.

Emanuel Comnenus. Nur die Gefangenen, die du mehr haben möchtest, gib mir ohne Lösegeld.

Masud. Die werde ich dir nicht verweigern. Jeden Groll und jede Erbitterung, die in dem Gefolge unsers Krieges gingen, verschleiern wir mit dem Gewand des Friedens —

Emanuel Comnenus. Und der Vergessenheit. (sie reichen sich noch ein Mahl die Hände) Das sey fürs erste der Grund, worauf wir unfern Vertrag bauen. Was noch hier und da zu ordnen, was noch hin und wieder zwischen uns fest zu setzen ist. —

Masud. Dabey sey die Freundschaft unser Richtmaß. Denn Freundschaft möge hinfort zwischen uns walten; Freundschaft muß zwischen uns seyn, wenn wir nicht beyde zu Grunde gehen wollen.

Emanuel Comnenus. Wie verstehst du das?

Masud. Du wirst doch schon Nachricht haben, daß die Abendländer mit mächtigen Heeren nach unsern Gegenden ziehen?

Emanuel Comnenus. Wohl hab ich das vernommen.

Masud. (bedeutend) Manuel, eine Welle thürmt sich empor, die uns überschütten wird. Dieser Strom der fränkischen Macht, der seinen Lauf nach Syrien richtet, wird unsere Länder überschwemmen. (er schweigt) Wirst du noch nicht aufmerksam? Sollen wir die Gefahr mitten in unsre Gebiethe einziehen lassen?

Emanuel Comnenus. Es ist damit nicht auf uns gemeint, Masud.

Masud. Gar wohl weiß ich es, daß das große Heer dem Sultan Nureddin nur das kleine Ländchen zu entreißen kommt, wo euer Prophet einst geherrscht hat. Aber sage mir doch; ist die Gefahr nicht am größten, wenn

die nächste Wand brennt? Was will diese
fremde Macht ihr Panier hart hinter un=
serm Rücken pflanzen? Laß ihren Eroberungs=
geist einen Funken in unsere Nachbarschaft
werfen, und das Feuer wird so schnell um
sich greifen, wie eine Meuterey. (er ergreift
seine Hand) Wenn ich auf dich rechnen könn=
te? — Weißt du wohl, daß Aussöhnung der
erste Schritt zur Freundschaft ist, und daß
nach dem Ende der Zwietracht die Morgen=
röthe der Eintracht anbricht? — Manuel,
wir müssen Freunde seyn, wir müssen uns
gegen diese trotzigen Gäste verbinden.

Emanuel Comnenus. Ich bin ein Christ.

Masud. Und ich Moslem. Beyde sind
wir Nachbarn; beyde Selbstherrscher unsrer
Völker. Ob dein Prophet Christus heißt, oder
mein Prophet Muhamed, können wir darum
nicht Freunde heißen?

Emanuel Comnenus. Und auch seyn, Ma=
sud. Aber der Christ ist mir näher, und das
Kreuz, das die fränkischen Heere nach Syrien
und Palästina tragen, verehr auch ich.

Masud. Wenn aber der Christ dein Feind
ist, und der Moslem dein Freund, welchen
möchtest du wohl näher haben? (Emanuel
Comnenus zuckt die Achseln) Du hast wohl
vergessen, daß christliche Heere schon vor dei=
ner Hauptstadt gestanden und ihr mit Sturm
gedrohet haben? Du kannst dich wohl nicht

besinnen, daß die Franken schon ehemahls in deinem Lande das Plündern lerntenu? Bald wirst du den Kaiser Conrad, und den König Ludwig in deinen Grenzen sehen, und du weißt noch nicht was du thun willst?

Emanuel Comnenus. Ich weiß was ich beschließe, nur kein Bündniß wider meine Brüder.

Masud. (ergrimmend) So sey unser Bund wieder zerrissen, so sey unser Handschlag ewig vernichtet, so herrsche unerbittlich Zwietracht zwischen uns. Auch ich habe Brüder meines Glaubens, und ich werde sie zu unterstützen wissen; ich und die Sultane von Syrien und Ägypten können sie auch auf Freundschaft versehen.

Emanuel Comnenus. Bey Gott, Masud, ich bitte dich, halt ein, deine Drohungen sind übereilt.

Masud. (verächtlich) Vielleicht weil ich in deiner Gewalt bin.

Emanuel Comnenus. Dein Verdacht kränkt mich mehr als deine Drohungen. Du kannst mich für niederträchtig halten, Masud, und willst mein Freund werden?

Masud. (sieht ihn starr an) Ich begreife dich nicht. Du willst mir meinen Argwohn ausreden, ich soll nicht ahnden, daß du dich heimlich mit den Franken verstehst, um den Masud desto sichrer zu Boden zu werfen?—

Du verschmähst mein Bündniß, um desto freyer
ein andres einzugehen.

Emanuel Comnenus. Sieh, Masud, du
wolltest mich einer Niedrigkeit zeihen; könnte ich dich jetzt nicht des Eigennutzes über-
führen? Also willst du nur darum Friede machen, damit du dich meiner Hülfe bedienen
könnest? Kann unser Bündniß nicht bestehen,
ohne daß du mich zum Feind deiner Feinde
machen willst.

Masud. Nein, es kann nicht bestehen. Ich
will lieber einen Feind, als einen zweyfel-
haften Freund. Sollte ich mich aufs Ohr legen und schlafen, indeß du dich mit meinen
Feinden wider mich beredetest? Sollte ich
durch einen leichtsinnigen Vertrag eine Schirm-
wand zwischen uns aufrichten, hinter welcher du deine Anschläge gegen mich verbergen
könntest? Wähle (er hält beyde Zipfel seines
Gewands empor) entweder sey mein Feind
oder mein Bundsgenoß.

Emanuel Comnenus. (ergreift den einen
Zipfel) Dein Bundsgenoß. Nur nicht öf-
fentlich, ich bin des römischen Kaisers
Schwager.

Masud. Das gilt mir gleich, ob du öffentlich oder im Geheim dich mit mir einverstehen willst. Ich verlange keine ausdrückli-
che Hülfe von dir. Das kann dir zum Beweis dienen, daß ich nicht aus losen Eigen-

nuß um deine Freundschaft buhle. Laß dich
nur mit den Franken in keine Gemeinschaft
ein und unterstüße meine Unternehmungen,
indem du sie nicht hinderst. In diesen beyden Bedingungen hängt unsre ganze Vereinigung.

Emanuel Comnenus. Das versprach ich
dir. Nun, mein ich, sollten wir einander
verstehen. Setze dein Land unter Waffen,
daß du zu einem gehörigen Empfang bereit
seyst. Ich will indessen den Kreuzheeren den
Durchzug durch mein Land gestatten; aber sie
sollen siech werden, ehe sie dich angreifen.
Ich will listig ihre Macht knicken, daß du sie
dann nur brechen darfst.

Masud. (bedeutend) Du wirst ihnen ein
ärgerer Freund seyn, als ich ihr Feind. —
Wie du es für gut befindest — Thue, was
du willst, nur nichts zu meinem Schaden.

EmanuelComnenus. Mehr nich', als was
zu deinem Besten ist. Laß mich nur machen.
Ich werde diese häufigen Gäste ganz freundschaftlich mit einer Brühe bewirthen, nach
der sie die Lust zum Wiederkommen verlieren
sollen.

Masud. Jetzt kehr ich ruhiger heim, da
ich mich auf deine Freundschaft verlassen
kann.

Emanuel Comnenus. Eile nur nicht zu
sehr mit deinem Rückweg, Masud. Eher

darfst du nicht von hinnen, bis ich deine Gegenwart mit Glanz und Pracht gefeiert habe, damit du dann mit Ehren wieder heim ziehen mögest.

Masud. (lächelnd) Ich möchte mich bey dir verwöhnen. Du weißt daß die Erde mein Lager, der Himmel mein Dach und Waffen mein Spiel sind.

Emanuel Comnenus. Nur meinen Hof kennen zu lernen, bleibe.

Masud. Das möchte sich denn doch in die Länge verziehn und ein Krieger z rinnt so schnell im Vergnügen, als Eis am Feuer.

Emanuel Comnenus. Nur auf drey Tage ergib dich meinem Willen.

Masud. (lächelnd) Ich muß wohl dein Ge-fangener seyn, sobald du willst. So sey es denn, damit ich das Gastrecht ehre.

Großer Platz vor dem kaiserlichen Pallast.

(Kampffpiel)

Emanuel Comnenus. Masud. Kampfrich-ter. Kämpfer. Herolde. Volk.

(Emanuel Comnenus und Masud treten auf den Altan heraus. Trompeten begrüs-sen sie.

Volk. Heil, Heil unserm glorwürdigen

Kaiser! Heil dem tapfern Masud, unserm
Freund.

Emanuel Comnenus. (zu Masud) Mein
Volk weiß dich zu schätzen; es nennt dich bey
deinem rechten Nahmen.

Masud. (gleichgültig) Es will sich heute
einen guten Tag machen.

Emanuel Comnenus. Ich hoffe, das
Schauspiel soll nach deinem Geschmack seyn.
Du liebst den Kampf.

Masud. Schwerlich würdest du mich so
lange bey dir erhalten haben, wenn du das
nicht bis jetzt aufgespart hättest. Aber das soll
auch meinen Abschied feyern. Es bleibt dabey. Morgen des frühesten will ich aufbrechen.

Emanuel Comnenus. Ich darf dich wohl
nicht länger halten, wenn ich nicht will, daß
du mit Mißvergnügen von mir scheiden sollst.
Darum hab ich auch schon alles zu deiner
Geleitschaft zubereitet. —

(Trompeten.)

Ha, sie mahnen mich, ob das Kampfspiel beginnen soll. (er winkt)

Herolde. Die Schranken werden geöffnet
zum rüstigen Kampfspiel. Wer einen Strauß
bestehen mag, es sey nun mit der Faust, oder
im Wettrennen, oder mit Lanze und Schwert
nach stattlicher Ritterweise, der trete ein mit
Muth und Kraft, daß er des Dankes wür-

Eleonore II. Thl.   B

dig werde. Die Schranken sind geöffnet. Das
Kampfspiel beginne.

(Trompeten und Jauchzen des Volks. Die
Faustkämpfer treten ein, sie legen ihre
Oberkleider ab, und stellen sich paarweise
zum Kampf. Sie kämpfen.)

Masud. Das Spiel gefällt mir. Die Leute werden stark auf der Faust, und gewandt
in biegsamen Bewegungen.

Emanuel Comnenus. Sieh dort ein Paar
hitzige Kämpfer. Keiner will nachgeben. Der
Eine packt tüchtig an. Der windet sich doch
wieder los. Jetzt wieder. Ha, der fällt.

Masud. Sie waren die letzten auf dem
Platz. Der hartnäckige Sieger fordert schon
wieder einen andern auf. Ein widerstämmi-
ger Mann, der ein Funfzig auf seinen Theil
zusammen schlägt. Wie er stolz und fest umher schaut, ob sich noch jemand mit ihm messen mag.

Emanuel Comnenus. Der Kampf beginnt
von neuem. — Ha, den warf er schon nieder. — Den wieder. — Der konnt ihm auch
nicht lange Stand halten.

Masud. Er wirft sie alle nieder zusammen, wie der Sturmwind die Waldstämme.

Emanuel Comnenus. Jetzt steht ihm einer lange. Dem kann er nichts anhaben.
Wie er ihn jetzt schwenkt! — Nieder. Das
war der letzte, den er warf.

Der Faustsieger. (zu den Kampfrichtern.) Hab ich gekämpft nach Landesart und Sitte, und wie es sich ziemt nach Recht und Regel?

Der oberste Kampfrichter. Wohl hast du nach Landesart und Sitte gekämpft, und nach Recht und Regel des Faustkampfs, und wir erkennen dich würdig des Preises, den du aus schöner Hand empfängst. — Sag an deinen Nahmen, daß dich die Herolde dem Volk als Sieger verkündigen.

Der Faustsieger. Meinen Nahmen trägt meine Rüstung. Ich bin der blaue Ritter; bekannt, wo man meine Faust kennt, unbekannt in meinem eignen Vaterland.

Volk. (durcheinander) Was ist das für eine Antwort? — Ein Ritter? — Ein Ritter? — Er muß ein Fremdling seyn.

Der oberste Kampfrichter. Verschmähst du so unsern Dank, daß du uns in Räthseln antwortest?

Der Faustsieger. Ich verschmähe euern Dank nicht. Wenn ihr den blauen Ritter heute noch ein Mahl für Sieger erkennt, so will ich euch mehrere Kunde geben.

(Murmeln des Volks. Trompeten. Die Kämpfer treten ab, und die Wettrenner reiten in die Schranken. Das Rennen beginnt. Sie reiten im Ringel nach einem Kranz, der in der Mitte auf einer Säule hängt, und den sie mit klei-

nen Lanzen herunter zu stechen sich be-
mühen.)

Masud. Ihr Griechen seyd feine Leute.
Ihr könnt auf mannigfaltige Art die Sinne belustigen. Da ich dein goldenes Ta-
felgedeck sah, Manuel, und das viele Geschmeide, die Tische mit Perlen besetzt, und
alles mit kostbaren Edelsteinen prangend,
dacht ich: das wäre schon genug, um dein
ganzes Kaiserthum wieder einzulösen, wenn
du es verloren hättest, und ich hielt dich
drum für reich. Doch nun weiß ich, daß
du nicht nur prangen, daß du auch ergetzen
kannst.

Emanuel Comnenus. Du willst deine
Verdienste nicht loben lassen, und mich suchst
du mit glatten Worten zu berauschen? Du
führst mich auf eine gefährliche Probe.

Masud. Masud müßte undankbar seyn,
wenn er anders reden wollte, als was ihm
seine Empfindungen sagen, die du in ihm erweckt hast.

Emanuel Comnenus. Ist doch indeß ein
Zwist entstanden auf dem Kampfplatz. (zum
Edelknaben) Bube, eile hinunter, daß du
dich erkundigst, was es wohl unten geben
mag. (der Edelknabe ab) Haltet ihr solche
Spiele nicht, Masud?

Masud. Waffen sind immer unser Spiel;
aber es geht nicht so festlich bey uns zu.

Emanuel Comnenus. Wir haben sie von unsern ältesten Vorfahren beybehalten.

Der Edelknabe. (der zurück kommt) Der Streit ist wegen des Danks, glorwürdiger Herr. Zwey Ritter haben gleiche Rechte; der eine langte den Kranz mit seiner Lanze, und stürzt zugleich; indeß der andere hart hinter ihm das Siegeszeichen hebt, und es mit einem Satze über jenen weg an seiner Lanze davon trägt.

Emanuel Comnenus. Der erste soll den Preis behalten. Man muß ihm wieder geben, was ihm ein Zufall rauben wollte. Geh, sag ihnen diesen Bescheid.

Masud. Du bist gerecht, Manuel; doch jenen mußt du auch bedenken.

Emanuel Comnenus. Er soll nicht vergessen werden.

(Trompeten. Die Wettrenner reiten aus den Schranken, und die Kampfritter reiten ein. Der Kampf beginnt.)

Masud. Meine Augen werden stumpf an dem Glanz dieser vergüldeten Waffen. Die Sonne triumphirt auf den schimmernden Schilden und Panzern; ich bin an Eisen gewöhnt.

Emanuel Comnenus. Sieh, da ist der blaue Ritter. Bey allen Heiligen, ein sonderbarer Einfall. Himmelblau die ganze Rüstung; so gar der Helmbusch ist blau, der auf seinen Rücken herunter weht.

Masud. Er hält sich wacker; schon vier hat er in den Sand gestreckt; seine Tapferkeit unterscheidet ihn mehr, als seine Farbe.

(Der Kampf wird indessen matter. Der blaue Ritter hat viele in den Sand geworfen.)

Der blaue Ritter. Wer wagt noch eins mit mir zu Scherz und Schimpf!

(Keiner meldet sich.)

Masud. So will ich einen Gang mit ihm thun. Schafft mir eine Rüstung. Die Herolde mögen ihm meinen Nahmen nennen.

(Ein Edelknabe meldet es den Herolden.)

Der älteste Kampfrichter. Ist keiner weiter, der die Lanze gegen dich senken will; so erkennen wir dich, blauer Ritter, zum zweyten Mahl des Dankes werth.

Der Herold. Halt, eh ihr euer Urtheil vollzieht; Sultan Masud hat sich genannt.

(Große Stille. Sultan Masud reitet in die Schranken. Jauchzen des Volks. Beyde treffen auf einander ohne zu wanken.)

Der blaue Ritter. Wollen wir noch einen Gang halten?

Masud. Einer muß fallen.

(Sie treffen noch ein Mahl auf einander, ohne zu wanken. Beym dritten Rennen stürzt Masud, indem er eben einen ge=

waltigen Stoß auf den blauen Ritter verführt. Dieser hält den Stoß ohne zu wanken aus, und sprengt über Masud weg.)

Masud. (der sich aufrafft) Du hast gesiegt, blauer Ritter.

Der blaue Ritter. (springt vom Pferde) Nicht ich; der Zufall hat entschieden.

Masud. Kampfrichter, gebt mir den Preis. (zu dem Ritter) Du sollst ihn von meinen Händen empfangen.

(Man bringt einen silbernen Zweig mit goldenen Äpfeln, den Masud dem blauen Ritter überreicht.)

Der blaue Ritter. Wir wollen theilen, wie unser Kampf getheilt war.

(er bricht den Zweig entzwey, und gibt dem Masud die andere Hälfte. Trompeten.)

Volk. Wir grüßen euch als Sieger, edler Ritter, edler Masud.

Der älteste Kampfrichter. Nun sag an deinen Nahmen, Ritter, daß wir dich erkennen; denn einen tapfern Mann zu kennen, ist Freude.

Der blaue Ritter. Ich bin ein Deutscher, mein Nahme ist Ernst von der Blau, und diene in Kaiser Conrads Heere.

Masud. Ein Deutscher, und also bald mein Feind? — (lächelnd) So wollen wir

denn bis dahin noch warme Freunde seyn.
(er reicht ihm die Hand.)

Emanuel. Comnenus. (ruft vom Altan)
Man führe ihn sogleich zu mir.

Herolde. Das Kampfspiel ist aufgehoben,
die Schranken werden geschlossen. Ruhe mit
Kampf und Fehde. Ruhe, Ruhe, Ruhe.

Kaiserlicher Pallast.

Zimmer.

Emanuel Comnenus. Der blaue Ritter.

Emanuel Comnenus. Ritter, ihr seyd
mir räthselhaft.

Der blaue Ritter. Das hätt' ich nicht gemeint, Sire, nachdem ich mich erklärt habe.
Mein Stand darf nicht das Licht scheuen.
Mein Thun sucht das Verborgene nicht. Ich
bin ein Ritter. Ich trage die Farbe meiner
Dame, und die Farbe meinen Nahmen. Ist
euch hierin etwas unerklärbar, oder macht
euch noch eine andere Vermuthung irre?

Emanuel Comnenus. (ihn betrachtend)
Es kann nicht seyn; ihr sprecht so frey, so
offenmüthig; es kann nicht seyn.

Der blaue Ritter. Und was kann nicht
seyn?

Emanuel Comnenus. Wie seyd ihr in diese Stadt gekommen?

Der blaue Ritter. Mit einer Karawane venetianischer Kaufleute.

Emanuel Comnenus. Und man hat euch nicht ausgeforscht, nicht eures Nahmens, nicht eures Zuges sich erkundiget?

Der blaue Ritter. Nein, und wozu? — Hier ist mein Geleitsbrief von römischkaiserlicher Majestät. (er zieht einen Brief aus dem Harnisch hervor, und überreicht ihn dem Kaiser)

Emanuel Comnenus. (übersieht den Brief) Man wacht sehr schlecht für meine Stadt; ich werde ein Mahl furchtbar über meine schläfrigen Diener erwachen.

Der blaue Ritter. Sire, wo soll das hinaus? Könnt ihr die blaue Farbe nicht vertragen?

Emanuel Comnenus. Ritter, ihr redet frey und unerschrocken, und so will ich euch auch meines Herzens Gedanken nicht verbergen. (er tritt ihm näher, und sieht ihn starr an) Seyd ihr auf Kundschaft gekommen, um die Lage dieser Stadt, ihre Stärke und ihre Schwäche, und dieses und jenes auszuspähen? Seyd ihr abgeschickt, und habt ihr gewisse Aufträge? oder was schafft ihr hier?

Der blaue Ritter. (tritt etwas zurück, und legt die Hand ans Schwert) Bey Gott und allen Heiligen! Wär euer Verdacht ernstlich gemeint, Sire! und ihr sprächt das im

Angesicht eures ganzen Heeres; ich würde
Genugthuung fordern. Eher wollt ich meine
Wapen an einen Schandpfahl hängen, und
mich nackend durch die Stadt stäupen lassen,
als Verrätherey treiben, und wenn es selbst
für meinen Freund wär'. — Doch ihr seyd
offenherzig gewesen, und das verdient Er-
wiederung. — Es ist nun bald ein Jahr
verlaufen, seit ich von Jerusalem hier durch
nach meiner Heimath zog. Ich hatte mein
Gelübde erfüllt, und meine Knie am heiligen Grab gebeugt. Die Wunder dieser präch-
tigen Stadt, von der die ganze Welt beredt ist, lenkten meinen Rückweg hierher. Ich
rastete hier drey Tage lang in der Herberge;
wie es bey Rast und Pflege wohl geschieht;
man legt sich hier und dort hin, man dreht
den Kopf bald so, bald so. So müßig la-
gerte ich mich denn ans Fenster, und plötzlich fiel mir gegen über eine Mädchengestalt
in die Augen. Ich sprang auf, als hätte ich
Trompetenruf gehört; ich starrte sie an, ihr
Blick begegnete dem meinigen, und sie schien
zu lächeln. Beschreiben kann ich sie euch nicht,
Sire! dient auch nicht zur Sache, nur so
viel weiß ich, daß sie schön war, und daß
ein blauseidenes Gewand um ihren Busen
wallte. Zwey Mahl sah ich sie noch, und
mein Herz war von zärtlicher Minne ent-
brannt. Ich forschte nicht nach näherer Kun-

de von ihr; denn Neugier steht einem Kriegs-
mann schlecht an; aber zufällig hört' ich, sie
heiße Sophia, und sey von edler Geburt.
Ich zog drauf meines Weges; aber ihre Gestalt hüpfte mir immer vor Augen. Ich schwur
bey mir, die Farbe ihres Gewands zu tragen, und damit sollte es gut seyn; aber daheim hatte ich keine Rast; es zog mich, wie
mit unsichtbaren Händen hierher; ich nahm
das Kreuz unter Kaiser Conrads Heer, aber
der Zug ging mir zu langsam; ich eilte voraus, um die Schöne noch ein Mahl ansich-
tig zu werden. (bricht auf ein Mahl ab) Das
ist mein Gewerbe, Sire, in dieser Stadt.

Emanuel Comnenus. Und ihr habt sie
noch nicht wieder gesehen?

Der blaue Ritter. Nein; erst seit zwey
Tagen bin ich hier. Aus ihrer vorigen Wohnung ist sie weg; wie ich von fern gehört
habe, so ist sie am Hofe.

Emanuel Comnenus. (aufmerksam) An
meinem Hofe, und heißt?

Der blaue Ritter. Sophia. — Auf allen öffentlichen Plätzen hab' ich schon umher
gespäht, und mein Auge hat sie nicht gesehn.
Ich hörte, daß kaiserliche Majestät ein Kampfspiel zu Sultan Masuds Ehren hielt, und
mein Herz schwoll hoch von Hoffnung. Mit
Freuden trat ich in die Schranken, in dem
frommen Wahn, ich könnte wohl vielleicht

vor ihren Augen kämpfen. — Umsonst, ich werde sie nie wieder erschauen. ·

Emanuel Comnenus. Ihr gebt eure Hoffnung zu früh auf, guter Ritter; ihr sollt sie finden; ich selbst will euch behülflich seyn. Ihr sollt meinen ganzen Hof kennen lernen; und ist sie hier, so kann sie dann euerm Forschen nicht entgehn.

Der blaue Ritter. Ihr seyd sehr gnädig, Sire, und ich erkenne dankbarlich die kaiserliche Gnade. — Aber was wird es mir auch frommen, wenn ich sie wieder sehe? man sagt, sie sey fürstlichen Geblüts. Würde ich wohl meine Augen mit minnlicher Begehr zu ihr aufheben dürfen? würde wohl eine Prinzessinn von ihrem hohen Stand herunter steigen zu einem gemeinen Ritter? Sollt' ich mich mit trüglicher Hoffnung nähren? Sollt' ich ihre Schönheit noch ein Mahl schauen, daß ihr Blick noch mehr des Feuers in mir anfachte, welches mich dann hülflos verzehrte? Lieber will ich zum Heer zurück kehren und vergessen, daß mein Herz einstmahls einen Wunsch hatte.

Emanuel Comnenus. (hißig) Und erzählen, was ihr hier gesehen habt, daß ich mit dem Sultan Masud in gutem Vernehmen stehe, und daß — Ha, ich merke nun, wo das hinaus will; aber ich will eure Verrätherey in der Geburt ersticken. (er klingelt)

Ihr sollt mir nicht von hinnen kommen. (Ein Edelknabe tritt ein) Meine Wachen. (Edelknabe eilig ab.)

Der blaue Ritter. (legt die Hand ans Schwert.) Sire, ich erstaune; was hat euern Sinn so schnell verändert? Wohl, so lerne ich jetzt, daß ihr unser Feind seyd. (Die Wachen treten ein.)

Emanuel Comnenus. Führt diesen Ritter in Verhaft. (die Wachen rücken an)

Der blaue Ritter. (zieht sein Schwert) Lebendig sollt ihr mich nicht weg bringen. (sie weichen zurück)

Emanuel Comnenus. Greift zu, ihr Memmen. (sie rücken wieder an)

Der blaue Ritter. (haut nach dem nächsten) Ihr seyd des Todes. (Sie ziehen sich zurück. Er geht härter auf sie hinein, sie fliehen zur Thür hinaus. Er wendet sich zu Emanuel Comnenus) Ihr seyd schlecht bedient, Sire, sie lassen euch in der Hand eines einzigen Mannes. Jetzt könnt' ich mein Leben mit dem eurigen bezahlt machen, und einen Feind meines Kaisers und Herrn in seinem Aufgang ersticken; aber (er wirft sein Schwert zu seinen Füßen) ich bin in eurer Gewalt.

Emanuel Comnenus. (sieht lange stumm zur Erde, endlich ermannt er sich) Ich habe euch verkannt, edler, junger Mann. Ist dieses Bekenntniß genug, oder verlangt ihr mehr?

Der blaue Ritter. Ich habe nichts verlangt.

Emanuel Comnenus. So müßt ihr mir antworten. Ändert diesen Ton; denn ich möchte euch nicht gern beleidigt sehen. — Ich kann es euch nicht verdenken, daß ihr übellaunisch wurdet ob meinem ungerechten Verdacht; ihr werdet es mir aber auch nicht für einen Arg halten können, daß ich erst bey euch fußte, eh ich festes Land gewann. Ich kann nicht wissen, worauf es mit euerm Zug durch meine Länder gemeint sey, und ihr werdet mir darüber nicht Auskunft geben wollen.

Der blaue Ritter. Ich bin nicht der Vertraute des Kaisers meines Herrn, aber so viel ich weiß, geht unser Zug gegen Syrien und Palästina.

Emanuel Comnenus. Ihr glaubt etwa, daß ich mich in ein Bündniß mit dem Sultan eingelassen habe?

Der blaue Ritter. Ich glaube nichts.

Emanuel Comnenus. Ihr wollt mir trotzen.

Der blaue Ritter. Ich wollt' euch nicht so antworten; verzeiht mir; meine Art ist unfreundlich worden; ihr habt eine Saite berührt, die lauter Mißtöne in mir erweckt hat.

Emanuel Comnenus. Laßt das und hört jetzt auf das, was ich euch sage, daß ihr nicht in dem falschen Wahn beharren mögt, als habe ich mich wider euern Herrn verbunden. Das denket ja nicht. Nur ein Waffenstillstand ist es, was zwischen mir und dem Sultan geschlossen worden ist. Das ist der ganze Inhalt unsrer Freundschaft, und was ihr sonst noch etwa vermuthet. —

Der blaue Ritter. Noch ein Mahl bey Gott und allen Heiligen, ich würde nichts vermuthet haben, wenn ihr mich nicht selbst darauf gebracht hättet.

(Es wird Lärm vor dem Pallast gehört.

Es erschallt ein Rufen des Volks: rettet, rettet unsern Kaiser. Sie dringen in den Pallast)

Emanuel Comnenus. Ha, man glaubt mich in Gefahr. (er ruft zum Fenster hinaus) Seyd ruhig, es ist alles abgethan. — Kehrt zurück — (zum Ritter) Unsere Mißverständnisse sind aufgehoben, und zum Beweis, daß ihr nichts unlauteres gegen mich in euerm Herzen hegt; so herbergt noch einige Tage an meinem Hof, eh ihr von hinnen zieht.

Der blaue Ritter. Es wäre eitel, diese Ehre zu verschmähen.

(der kaiserliche Kämmerling tritt ein.)

Emanuel Comnenus. Schon gut; man

beruhige das Volk. — Diesen Ritter empfehl'
ich euch, weist ihn in das schönste Zimmer,
und ich gebieth' euch, daß ihr ihn stattlich
haltet.

(Der Ritter geht mit einer Verbeugung
nebst dem Kämmerling ab.)

Emanuel Comnenus. (allein) Ich begreife den Menschen nicht; er ist geraden Gemüths; mehr, als er selbst, scheint ihn nicht
zu kümmern; vielleicht hätt' er nichts geahndet in meiner Freundschaft mit dem Masud.
— Ich war zu voreilig; das war ich. —
Wie nun die Sachen stehen, darf ich ihn
nicht von hinnen lassen; er würde mit einer
gefährlichen Neuigkeit ins Lager zurück kehren; aber wie? — Ihn kurz und gut in
Verhaft zu nehmen, das geht nicht, und ihm
so ganz seine Freyheit zu lassen, das geht
auch nicht. (sinnend) Er liebt. — Mit den
unsichtbaren Banden der Liebe müßte man
ihn halten. — Wenn man das Mädchen
wüßte, die könnte jetzt den Faden meiner
ganzen Politik regieren. — Sophia hieß sie,
alle Umstände lassen mich vermuthen — es
muß beynahe meine Tochter seyn. — Freylich nur meine heimliche. — Das heutige
Gastmahl wird mich gewiß machen; sie ist
dabey, und er wird sie sehen.

Kaiserlicher Pallast.

Zimmer.

Der blaue Ritter. (allein von einem Ruhebette sich erhebend)

Nein, nein Manuel, ich bin noch nicht
eingewiegt auf diesen weichen Küssen. —
Hier hältst du mich nicht; ich gewahre deine
List; die Freundschaft mit dem Sultan bedeutet nichts Gutes. — Mag er doch immer
dieß neue Verständniß beschönigen; es ist
doch nicht, wie es seyn sollte. Wäre er sonst
so argwöhnisch gegen mich gewesen? Er fürchtete verrathen zu werden — Sie haben einen Plan zusammen über unser Heer. Der
eine hier lockt, und jener stellt die Schlinge.
Doch von jenem wissen wir, daß er unser
Feind ist, dieser aber ist unser Glaubensge-
noß, und will unser Freund seyn. — Ha,
es ist schändlich, die heiligsten Rechte der
Freundschaft so zu mißbrauchen; aber ich
will Lärm machen, da es noch Zeit ist; ich
will fort, und müßt ich mich in Bettlers-
kleidern davon stehlen; ich will das verruch-
te Geheimniß von Boßheit und Trug licht
machen. Die schönen Augen an diesem Hof
sollen mich nicht halten; ich wär nicht werth,
daß ein freyer Ritter eine Lanze mit mir
bräch, wenn ich mich mit eitelm Minnesold
bestechen ließ; wenn ich meine Augen mit den

Reizen einer Buhlen blendete, um die Gefahr nicht zu sehen, der meine Brüder in die Arme ziehen. Gott hat mir das Schicksal meines Herrn in die Hand gegeben, und das ist gar eine sonderliche Gnade, der will ich mich nicht unwerth machen. (Trompeten) Was ist das? (er klingelt, ein Edelknabe erscheint) Was bedeutet der Trompetenruf?

Der Edelknabe. Sultan Masud zieht ab.

Der blaue Ritter. Ha, von diesem muß ich mich verabschieden; er ist ein tapfrer Mann, (vor sich) ob gleich dem heiligen Kreuz nicht hold.

Kaiserliches Gemach.

Emanuel Comnenus. Der Patriarch von Constantinopel; hernach der Kämmerling des Kaisers.

Der Patriarch. Möcht euch aber wohl vorsehen, mein Monarch, daß man das Bündniß mit dem Sultan euch nicht zum öffentlichen Vorwurf macht.

Emanuel Comnenus. Ihr nennt es falsch ein Bündniß; wenn ihr mich recht begriffen habt, ist es doch nur ein heimliches Verständniß.

Der Patriarch. Ist aber wider die Ehre unsrer Kirche.

Emanuel Comnenus. Man braucht nur

die Sache anders zu nennen; was Bünd=
niß scheint, heiße Friede; der Begriff ändert
sich mit dem Nahmen.

Der Patriarch. Ihr unterscheidet fein,
aber der Schleyer ist durchsichtig, den ihr
darüber werft. Wenn es die Abendländer
gewahren, wie ihr mit dem Sultan steht,
so wird das ferne Brausen sich nicht so schnell
in Sturm verkehren, als sie aus Freunden
in Feinde.

Emanuel Comnenus. Seyd darum außer
Sorgen; ich werde mich zu verstellen wissen.

Der Patriarch. Wollt' euch verstellen,
edler Kaiser?

Emanuel Comnenus. (klopft ihm auf die
Schulter) Ich verstehe, was ihr sagen wollt,
ehrwürdiger Vater; es ist nicht nach euerm
Sinn; wollte Gott, es wäre anders. Es
gibt gewisse Tugenden, zu welchen den Be=
herrschern ihre Krone im Wege liegt; ich muß
mich nach dem Winkel meines Schicksals
schmiegen. Bin ich nicht in der unglücklich=
sten Lage? Hängt mein Wohl nicht wie ein
Schiff zwischen zwey Wellen? Wessen habe
ich mich zu meinen Glaubensgenossen zu ver=
sehen? Weiß ich, mit welchen Gesinnungen
sie durch mein Land ziehen? Ist die Eifer=
sucht des lateinischen Kaiserthums erloschen?
der vorige Kreuzzug hat uns eine schlimme
Lehre gegeben; ihre Freundschaft ist unserm

C 2

Vätern theuer zu stehen gekommen; ihre Mißgunst und Raubsucht haben uns noch traurige Andenken zurück gelassen. Halt ich es mit den Franken, so bleibt Masud mein unversöhnlichster Feind; so hängt mein Reich an dem morschen Band einer habgierigen Macht, indeß es Masuds Wuth auf der andern Seite mürbe reibt. Nein, eine so ungewisse Freundschaft geb ich mit bessern Vortheil für den Frieden mit Masud, und für seine sichere Nachbarschaft auf; aber darum kann ich nicht offenbar mit den Franken brechen, sonst hab ich den Feind schon in meinem Lande. Jetzt wär es sehr zur Unzeit, ihnen zu trotzen, da ihre Macht zwischen meinen Grenzen haust. Ich muß mein Verständniß mit dem Sultan wie ein Geheimniß halten.

Der Patriarch. Habt ihr denn aber schon Zeugniß, mein Monarch, daß die Abendländer auch dieß Mahl heimtückischen Sinn gegen euch hegen? Wenn sie nun im Vertrauen auf euern Schutz kämen, wollt ihr sie hinterlistig täuschen? Wenn sie auf eure Treue rechnen, wollt ihr sie mit Falschheit bezahlen? Sie haben eine fromme, hochgelobte Absicht, sie wollen die Ehre des Kreuzes retten, und das Wort vom Heil an seiner Stätte wieder gründen. Wie soll ich aber eure Absicht nennen, da ihr dieses heilige Werk verhindern und vernichten, und das Panier des Gottesfohns ins Verderben führen wollt?

Emanuel Comnenus. Vater, ihr erschüttert mich.

Der Patriarch. Das müßt ihr mir versprechen, daß ihr erst zusehen wollt, ob sie arglistig gegen euch handeln werden, ehe ihr ihnen ihre Tücke auf ihren Kopf vergelten wollt.

Emanuel Comnenus. Gut, das versprech' ich euch, und es ist billig und gerecht, so zu thun; aber, habt Acht — es werden Dinge geschehen, von denen sich eure biedere Redlichkeit jetzt nichts ahnden läßt.

(Des Kaisers Kämmerling tritt ein.)

Der Kämmerling. Glorreicher Herr, der fränkische Ritter ist fort, auf den ihr uns ein wachsames Auge zu haben befahlt.

Emanuel Comnenus. Ist fort? und meine Befehle? —

Der Kämmerling. Unsere Wachsamkeit hat sie befolgt; aber List läßt sich nicht bewachen. — Er hat mit seinem Knappen die Rüstung getauscht, und so die Wachen hintergangen, indeß dieser die Person des Ritters spielt.

Emanuel Comnenus. (nachdenkend) Dieß ändert alles. (zum Patriarchen) Dieser Ritter hat meine Freundschaft mit dem Masud gewahrt. Ein Zufall hat mir diesen schlim-

men Streich gespielt. Er kömmt hierher,
um einem Mädchengesicht nachzuspüren, das
ihm ein Mahl lieblich in die Augen gelacht
hat, und gerade kommt er zu den Festen, die
ich dem Sultan Masud gab; mehr noch verrieth ich mich selbst. Kurz ich durft ihn nicht
von hinnen lassen. In Verhaft ihn zu werfen, war nicht edel; sein Thun war unsträf-
lich, und seine Absicht schuldlos. Ich befahl,
ihn von Fern zu beobachten, und nun ist er
fort.

Der Kämmerling. Heut Morgens ist
man den Betrug erst inne worden.

Emanuel Comnenus. Ich werde sogleich
meine Minister zu Rathe ziehen.

Gegend bey Silistria.
Lager der Deutschen.

Ritter (haben sich ins Gras gelagert, und
zechen.) Ein Meistersänger (sitzt unter
ihnen mit der Harfe.)

Einer von den Rittern.

Nun Meister, stimm an dein Lied; wir
wollen heute frohes Muthes seyn; erst trinken wir noch ein Mahl herum, dann singst
du uns vor zum Saitenspiel, und wir singen nach.
(Sie trinken)

Der Meistersänger. (singt zur Harfe).

Es lebe unser Vaterland!
Hoch töne es von unserm Munde.
Wer brav ist, leg ans Schwert die Hand
Und reich sie dann zum Waffenbunde
    Für unser Vaterland.

Trinkt 'rum den süßen weichen Wein,
Er schleicht so leicht und so geschwinde,
Wie glatte Schmeicheley hinein;
Er wärmt, er duftet so gelinde:
    Es ist kein deutscher Wein.

Wild schäumt, er schäumt in dem Pokal
Der deutsche Wein, an Felsenwänden
Des Rheins erzogen und beym Mahl
Daheim gereicht von lieben Händen
    In unserer Väter Saal.

Fern, fern sind wir vom Vaterland,
Wo unsere Liebchen einsam hausen
Wir trinken nicht von ihrer Hand:
Sie trauern wohl daheim und draußen
    Sind wir in fernem Land.

Macht Brüder euch das Herz nicht weich,
Frischt auf mit frohem Muth die Sinnen,
Auch fremdes Land ist voll und reich
An zarten Dirnen hold zu minnen,
    Sinds keine deutschen gleich.

Einige Ritter. Ihr seyd ein lockerer Gesell, Meister. Worauf meint ihrs mit eurem Lied? — Unsere Feinsliebchen zu Haus werden es euch keinen Dank wissen, wenn ihr uns ihnen untreu macht.

Meistersänger. Sie haben euch doch wieder, wenn ihr dereinst wieder heimkehrt; und sehen sie euch nicht wieder, so gebt diese kleine Einbuße eurer Liebe mit. (singt):

Was nah ist, liebt man wärmer;
　　Das Herz wird drum nicht ärmer.
Und ob ihr die eine liebt,
　　Verliert ihr die andere nicht.

　　Nur merkt, was der Kluge spricht,
Der euch diese Lehre gibt:
　　Wollt ihr die Nahe wohl küssen
　　Muß es die Ferne nicht wissen.

Andere Ritter. (unterbrechen ihn lärmend) „Wo guter Wein wächst, ist gut lieben;" hat jener lustige Pfaff geschrieben.
(Ein Zug Ritter kommt mit Beute vom Plündern).
Ritter. Ha wohl bekomms, Brüder. Wir bringen wieder etwas für Küch' und Keller.
Wir haben eben keine guten Freunde hier. Sie würden uns, traun! verhungern lassen, wenn wir wie die barmherzigen Brüder kämen. Aber wir haben ihnen das Geben erspart und haben genommen. —
(Zwey bringen ein griechisches Mädchen geführt.)
Seht — und hier ist liebliche Weide. Solcher Paradiesfrüchte bringen wir noch einen ganzen Zug, die nicht viel geringer sind,

als diese. Unsere Knappen führen sie. Wir haben ein ganzes Kloster ausgeräumt.

Die Griechinn. (jammernd) O ihr schändlichen Barbaren! Ist alles Mitleid unter euch verloschen? Ach ich Unglückselige! Gott sey's geklagt, wenn ihr meiner nicht schont.

Einige Ritter. Ist Schade, daß wir sie nicht verstehen. — Sie treibts jämmerlich.

Ein Ritter. (sich an sie anschmeichelnd) Geberde dein nicht so übel, mein Trautel; wir thun dir kein Leids, darfst dich nicht fürchten. (er will sie küssen).

Die Griechinn. (stößt ihn von sich) Weg, Abscheulicher! Eh' will ich mein Leben hingeben. —

Einer von den Rittern. (lachend) Haha, ihr versteht einander nicht.

Ein anderer. Sie hat ihren Leib der Kirche verpfändet.

Andre. So wollen wir die Pfaffen um die Zinsen prellen. — Bringt sie her mit in unsern Kreis.

Die Griechinn. (sich sträubend) Ist denn bey euch kein Erbarmen? Wollt ihr eure Gewalt gegen ein wehrloses Weib brauchen?

Ein Ritter. Halt. Hört ihr nicht den Hufschlag von Pferden. Jetzt werden die andern kommen. Dann wollen wir sie vertheilen.

Ein anderer Ritter. Pfuj, daß ihr eure Macht gegen ohnmächtige Dirnen ausüben wollt. Tragt ihr etwa dazu Lanze und Schwert, um gegen die Unschuld zu kriegen? Berauscht euch zu Kampf und Sieg, nicht zu Schandthaten, die eure Ritterehre beflecken.

(Der Zug kommt hinter dem Gebüsch hervor).

Die Ritter. So wahr Gott ist, das sind ja Griechen. — Sind sie als Freunde, oder als Feinde? (Sie greifen nach den Waffen. Ein Knapp kömmt gelaufen). Knapp, von wannen ist der Zug?

Der Knapp. Es ist der griechische Abgesandte, der Bothschaft von seinem Herrn an unsern Kaiser bringt.

Die Griechinn. (ist unterdeß den Rittern entflohen und wirft sich vor dem griechischen Gesandten nieder) Nehmt mich in euern Schutz, edler Herr, vor diesen Niederträchtigen. Mich und meine Schwestern haben sie aus einem Kloster geraubt. Kaum bin ich jetzt ihren Händen entflohen.

Der griechische Gesandte. Welche Gräul hör ich! Die ganze Gegend ist ein Echo von Jammer und Klagen. Du sollst gesichert seyn, meine Tochter. Ich werde noch genauere Kunde einziehen und dann selbst vom römischen Kaiser Genugthuung fordern; es soll diesen ruchlosen Räubern nicht ungenossen hinaus gehen.

Gezelt des Kaisers.

Kaiser Conrad. Der griechische Gesandte. Mehrere deutsche Fürsten und Herren.

Conrad. Ich bin höchlich erfreut, daß der Kaiser, euer Herr, mir seine Freundschaft bezeugt und mich durch eure Gesandtschaft beehrt. Was den ersten Theil eurer Bothschaft betrifft, so dient euch und eurem Herrn zur freundlichen Nachricht, daß ich in keiner arglistigen, noch feindseligen Absicht in eure Grenzen bin gekommen, sondern lediglich um das Vaterland unsers Herrn und Heilandes, den auch ihr verehrt, und die heiligen Stätten seines Leidens und Sterbens aus den Händen der Ungläubigen zu reißen. Zu diesem Ziel zieht uns auch unser treuer Nachbar, König Ludwig von Frankreich, mit der Kraft seines Heers nach. Wir sind demnach keines Weges gewilliget in den Ländern und Städten unserer Freunde hin und her unsere Macht zum Schaden zu gebrauchen, noch Unfug zu treiben, und wir bitten bloß um erlaubten Durchzug und, freundliche Dienstfertigkeit. Was aber eure Klagen betrifft, als wenn von meinem Heer allerhand Raub und Unrecht in euren Grenzen begangen würde, so ist mir nie deß etwas zu Ohren gekommen, auch sollt' es nicht mit meinem Willen geschehen seyn.

Der griechische Gesandte. Aber wie verträgt sich eure Rede, Herr Kaiser, mit dem Betragen eurer Dienstmannen. Sie rauben ungescheut, treiben das Vieh von unsern Weiden und führen Weiber und Jungfrauen gefangen weg. Die heiligsten Örter verschonen sie nicht. Sie haben in der Nähe ein Kloster geplündert und die Schwestern weggeführt. Vor meinen Augen fleht mich eine dieser Unglücklichen in diesem Lager um Schutz, da ich des Wegs nach eurem Gezelt zog, die den Händen dieser Unbändigen entronnen war.

Conrad. Bey allen Heiligen! davon ist mir nichts bewußt. Auch sollen diese ehrlosen Gesellen streng gezüchtiget werden.

Der griechische Gesandte. Dieß begehr ich auch von kaiserlicher Majestät und verlange im Nahmen meines Herrn scharfe Genugthuung. Aber wer bürgt uns für die Zukunft? Euer Heersvolk ist unbändig und wird des heiligsten Vertrags nicht achten. Zu dem ist es uns noch in frischem Andenken, wie treulos und gewaltthätig eure Vorfahren bey dem ersten Kreuzzug mit unserm Volk verfahren haben. Auch sey dieses nicht zu kaiserlicher Majestät Beschuldigung gesagt. Mein Kaiser und Herr ist vollkommen überzeugt, daß ihr die besten Gesinnungen gegen ihn und sein Reich hegen möcht. Aber vieles Unrecht wird nicht zu euern Ohren kommen, und das Heer ist zu groß, als daß es euer Blick überall beherrschen könnte. Nur um des Reichs Sicherheit und besserer Ordnung willen habe ich Vollmacht von dem Kaiser meinem Herrn zu erklären, daß er den Durchzug durch die griechischen Provinzen unter keiner andern Bedingung gestatten werde, als daß römischkaiserliche Majestät und die Häupter dieses Heers sich vereidigen und verpflichten, keine Unbilligkeit oder Unfug, es sey von welcher Art es wolle, in den Städten und Gegenden unsers Landes umher von ihrem Kriegshaufen und Dienstmannen geschehen, noch ausüben zu lassen. Dieses erklär' ich im Nahmen meines Herrn.

Conrad. Euer Kaiser und Herr scheint Mißtrauen gegen uns zu hegen, und unser Wort und Versprechen nicht für vollgültig zu achten. Doch bin ich weit entfernt das Verlangen eures Herrn übel zu deuten, und ob ich mich des schmerzenden Argwohns halber entrüsten könnte, so mag es aber doch vergessen seyn, wie sehr ihr uns beleidigt, wenn ihr deutsches Wort und Betragen nicht ehrt; und um euch zu beweisen, wie aufrichtig und arglos meine Gesinnungen sind, so wollen wir euch euer Verlangen durch einen Eid gewähren und bestätigen: nicht allein ich, sondern auch meine Fürsten, daß die Wachsamkeit über jeden Theil des Heers von je-

dem Haupte desselben strenge gehandhabt werde, und ihr keineswegs Klage zu führen Ursach haben mögt. (zu den Fürsten) Seyd ihr
eben des Sinnes, edle Fürsten, so schwört
mir den Eid nach, so wie ich ihn zu Gott
dem Allmächtigen schwöre.

Die Fürsten. Wohl wollen wir schwören
den Eid, wie ihr ihn schwört, Herr Kaiser.
Aber dagegen möge auch dieser Abgeordnete
griechischkaiserlicher Majestät in eure Hände
schwören, daß die Griechen nicht treulos gegen uns verfahren, noch uns in irgend eine
arglistige Schlinge verführen wollen, wie sie
es unsern Landesleuten vorläugst gethan haben, da der tapfre Herzog Gottfried das
Kreuzheer hierdurch führte.

Conrad. Ihr mahnt mich trefflich an diese
Vorsicht, edle Fürsten. (zu dem Gesandten)
Ich billige und verlange das auf euern Eid,
was meine Fürsten sich einbedungen haben,
und setze noch hinzu, wie ihr mir auch das
schwören und geloben möcht, daß ihr kein
Bündniß noch irgend ein Verständniß mit unsern Feinden beginnen und unterhalten sollt.

Der griechische Gesandte. (legt die Hand
auf die Brust) Das schwör ich euch bey Gott
und seinem heiligen Wort.

Conrad. (die Finger erhebend) So schwör
auch ich, daß ich weder eurem Herrn, noch irgend einem Einwohner seines Reichs ein Leid,

noch irgend ein Unrecht oder Gewalt geschehen laffen wolle. So wahr mir Gott helfe und
seine Heiligen.

Die Fürsten. (die Finger ebenfalls erhebend) Das schwören und geloben auch wir.

Conrad. Ist euch dieses genug?

Der griechische Gesandte. Vollkommen,
und ich erkläre hiermit im Nahmen meines Herren eurem Heer die Erlaubniß frey und unge-
hindert durch alle griechische Provinzen zu
ziehen. Ich werde mich nun wieder verabschieden von kaiserlicher Majestät, nachdem ich mich
meines Auftrags entledigt habe. Denn ich
mag wohl eilen, damit ich dem Kaiser, meinem Herrn, getreuen Bericht des ehesten er-
statte.

Conrad. So gehabt euch denn wohl. Gott
geleite euch. Versichert eurem Herrn mein Zutrauen und meine Freundschaft, damit nicht
Zwiespalt unter denen herrsche, welche die
Bande der Verwandtschaft mit einander verbunden hat.

Einige Tage darauf.
Gezelt des Kaisers.

Kaiser Conrad. Herzog Friedrich. Ein
Herold.

Conrad. Geht aus, Herold, und macht
es durch das ganze Lager kund, daß kaiserl.

Majeſtät jeden auf das ſtrengſte verwarnen
laſſe, es ſey Ritter oder Knapp, Knecht oder
Bube, keinen Raub noch Gewaltthat zu be=
gehen, auf griechiſchem Boden bey Andro=
hung harter Strafen.

(der Herold geht ab)

Friedrich. Aber warum willſt du, mein
Bruder, die Griechen ſo fein behandeln, da
du doch weißt, wie der griechiſche Hof mit
unſerm Feind zuſammenhält? Oder achteſt du
der Nachricht nicht, die dir der Ritter ge=
bracht hat?

Conrad. Ich achte deß gar wohl. Dieſe
Treuloſigkeit meines Schwagers hat mein
Blut empört. Aber noch muß ich meinen
Grimm verbergen; unſer Heer ſteht gar ge=
fährlich zwiſchen dieſen Gebirgen, die uns
überall umgeben und uns hier und da die
Wege verengen. Hier könnten uns die Grie=
chen als Feinde wie wehrloſe Männer auf=
reiben. Darum muß ich ſie ja jetzt bey gutem
Sinn erhalten. Sind wir einmahl durch dieſe
engen Päſſe, und haben dann das offene Land
vor uns, dann will ich ihnen ihre Trugliſt
ſchon vergelten.

Friedrich. Ich habe ſchlimme Ahndungen.
Möchte dir beynahe nicht rathen, dich in das
Land tiefer hinein zu wagen. Wie leicht iſt
es möglich, daß uns dieſes trügriſche Volk

überfällt oder schon irgendwo eine Grube ge-
graben hat.

Conrad. Du denkst dir die Sache gar zu
schlimm, lieber Bruder. Womit will denn
dieses ohnmächtige Volk trotzen? Unser Heer
soll es, traun, im Zaun halten, und dann deckt
uns auch vom Rücken das französische Heer.

Friedrich. Aber das ist noch gar weit von
uns entfernt, und wird uns auch nicht so
bald folgen; denn es zieht in gar langsamen
Zügen fort. Auch weiß man nicht, was dieses Zögern bedeuten soll.

Conrad. Sie stehen ja schon an den un-
garischen Grenzen, und wollen sich noch in
Europa mit uns vereinigen. Ich habe heut
Morgens noch Eilbothen aus ihrem Lager erhalten. Der König wird um desto mehr eilen,
da ich ihm durch die letzte Bothschaft seinen
Zug zu beschleunigen rieth.

Friedrich. Aber werden wir nicht auch
bald förder ziehen? Der Mangel fängt so eben
an unser Heer zu drängen.

Conrad. Ich warte nur auf die Rückkunft
der Kundschafter, die ich ausgesandt habe, um
einen guten Lagerplatz zu ersehen.

(Ein Knapp tritt ein.)

Knapp. Die Bothen sind zurück, gnädiger Herr, die ihr ausgesandt habt.

Conrad. So will ich sie sogleich sprechen.

Eleonore II. Thl.   D

Gegend an der Donau in Ungarn

Lager der Franzosen.

Gezelt der Königinn.

Königinn Eleonore. Abt Montpellier.

Königinn Eleonore.

Nun, Herr Abt, was hat der König für eine Entschließung gefaßt?

Abt Montpellier. Keine, meine Königinn. Immer schwebt er noch zwischen Bedenklichkeiten. Es scheint ihm gefährlich sich einen neuen Feind zu machen, da wir in Asien genug finden.

Königinn Eleonore. Aber wie lang will er denn zögern? Das deutsche Heer ist weit voraus, und wir werden uns nun nicht mit demselben vereinigen können.

Abt Montpellier. Das Werk muß wohl stocken, meine Königinn, wenn die Triebräder nicht mehr gehen. Die Quellen fließen nicht mehr, die sie treiben. Es ist kein Geld mehr da. Ich habe drum auch königlicher Majestät so einen Wink gegeben, lieber einen Vertrag mit dem griechischen Kaiser einzugehen, als ihn zu seinem Feind zu machen.

Königinn Eleonore. Das habt ihr ihm gerathen, Herr Abt? Vortrefflicher Rath! Also sollte er sich demüthigen, wie Kaiser Conrad sich gedemüthiget hat? Ein mächtiger König

sollte sich unter dem Willen eines ohnmächtigen Schattenkaisers schmiegen? Man merkt,
daß die Ehre in geistlichen Händen nicht eben
sicher ist.

Abt Montpellier. Ihr deutet meinen Sinn
zu weit hinaus, gnädigste Königinn. Der
Vertrag müßte eben nicht mit Schimpf geschlossen werden. In geschickten Händen könnte man ihn so spielen, daß das Übergewicht
immer auf unserer Seite blieb.

Königinn Eleonore. Das ist eben der
Schein, der euch irre führt. Emanuel ist kein
schlechter Spieler, er weiß die Umstände klug
zu mischen. So lange er euch nicht in seiner
Gewalt hat wird er freylich euer Spiel verderben. Aber wagt euch nur tiefer in sein Land
hinein, laßt euch nur im Vertrauen auf eure
Klugheit unter die Netze seiner List locken,
dann wird sein Trotz eben so schnell steigen,
als er ihn erst langsam verborgen hat. Kaiser Conrad hat uns ja mit seinem unglücklichen Beyspiel den Weg vorgeleuchtet. Wir
können die Gruben und Fallen sehen, in die
ihn die griechische Arglist geführt hat. Haben
sie nicht einen Theil seines Heers überfallen,
haben sie nicht das Mehl für sein Heersgefolge
vergiftet, haben sie ihm nicht falsche Münzen für gute gegeben? Oder wenn wir ihr
schändliches Verfahren noch deutlicher darstel-
len wollen; haben sie die Deutschen nicht ge-

D 2

schlagen, gemordet und arm gemacht? Nein
ich werde nimmermehr zugeben, daß wir mit
einem arglistigen Volk uns in freundschaftlichen Vertrag einlassen. Der König muß sich
entschließen, den griechischen Kaiser als Feind
anzugreifen. Was glaubt ihr von ihm durch
Güte zu erwarten? Kaiser Conrad schwur ihm
wohl auch erst Freundschaft und verließ sich
auf sein Versprechen und doch muß er jetzt die
Freundschaft in Feindschaft verwandeln.
Glaubt nur, daß die Griechen aus Furcht und
Demuth unsern Absichten dienen werden, wenn
wir ihnen unsere Macht gleich bey der ersten
Bekanntschaft fühlen lassen. Jetzt steht Conrad vor Constantinopel und wir müssen eilen,
um unsern Angriff mit dem seinigen zu verbinden.

Abt Montpellier. Ich ehre in tiefer Demuth die Rathschläge meiner Königinn; nur
möcht ihr auch bedenken, daß es unserm Heersgefolge gewaltig an Lebensmitteln gebricht,
und daß wir in dieser Bedrängniß keine Münze haben, Vorräthe aufzukaufen, bis nicht
unsere Bothschafter aus Frankreich mit den
Steuern zurück kommen.

Königinn Eleonore. Eben darum gilt
mein Rath desto mehr. Kommen wir als Feinde, so brauchen wir kein Geld; Gewalt schafft
dann mehr als jenes.

Abt Montpellier. Aber wir haben noch

zwey ſtarke Tagereiſen, ehe wir in fremdes
Gebieth kommen, und dann werden die Griechen auch nicht vollen Überfluß für uns aufgehoben haben. Es möchte dann traun, großes Mißvergnügen unter den Kämpen entſte-
hen, wenn ſie jeden Imbiß und jeden Labetrunk mit der Fauſt erkämpfen ſollten.

Königinn Eleonore. Wohlan, ſo will ich
dieſen Mangel erſetzen. Mein Gemahl ſoll
nicht umſonſt die reiche Prinzeſſinn von Guienne zur Königinn erhoben haben. Die Summen die man zum Ankauf der Vorräthe braucht,
könnt ihr von meinem Schatzmeiſter zahlen
laſſen, doch — ſeyd verſchwiegen. Niemand
darf es wiſſen, von wannen das Geld kommt,
ſelbſt der König nicht.

Abt Montpellier. Ich werde euren Be-
fehlen gehorchen, meine gnädige Königinn.
Ihr macht den edelſten Gebrauch von euren
Reichthümern.

Königinn Eleonore. Ich würde ſie noch
edler brauchen können, wenn ich Freunde
hätte, denen ſie nutzten.

Abt Montpellier. O ihr habt viele Freunde, meine Königinn. Ich wünſchte, daß wir
ganz unter eurer Regentſchaft ſtänden.

Königinn Eleonore. Meint ihr das? Ihr
habt ja einen König.

Abt Montpellier. Ja einen König, der
es uns vergeſſen läßt, daß er König iſt.

Trann, ihr würdet eure Freunde besser belohnen.

Königinn Eleonore. Ich wünschte, daß
ihr mein Freund wärt, Herr Abt.

Abt Montpellier. O dieser Wunsch, gnädigste Königinn, erfüllt meine kühnsten Hoffnungen. Ja ich konnte mich zu dem stolzen
Gedanken erheben, daß ich einst Gnade vor
euren Augen finden möchte, daß eure Gunst
meine treuen Gesinnungen gegen euch aufhel-
len würde. Eure Huld, die ihr in diesem Augenblick durch eure Blicke über mich aus-
strömt, löst das Band der Furcht und öffnet
meinen Empfindungen, die ich bisher in meiner Brust verschlossen hatte, ihren Lauf. O
daß ich alles sagen dürfte, was ich doch verschweigen muß! Daß ich mehr fühle, als ich
reden darf! — Kehrt eure minnereichen Augen von mir. — Mit diesen Blicken könntet
ihr mich zu einem Verbrechen überreden. —
Ich würde glücklich seyn, wenn ihr mich würdig fändet, eure Befehle auszurichten.

Königinn Eleonore. (lächelnd) Mann,
ihr vergeßt, daß ihr meinem Geschlecht keine
Schmeicheley schuldig seyd. — Meine Freundschaft, Herr Abt, ist nicht so zweydeutig, daß
ihr sie mit glatten Worten bestechen solltet,
um sie zu gewinnen.

Abt Montpellier. Bey Gott! das strengste
Gelübde muß vor eurem Anblick schmelzen,

wie Schnee am Feuer. Abgeschworne Empfindungen erweckt eure Schönheit, wie der Früh-
ling die verschlossenen Blüthen. Bey allen
Heiligen! Nur ihr selbst könnt den einen
Schmeichler schelten, der eure königlichen Reize lobt, und doch würde man lieber eure
Huld, selbst alle Heiligkeit verlieren wollen,
als die süße Empfindung eurer Lieblichkeit.
Ihr habt alle hohe Eigenschaften einer Regen-
tinn und wenn ihr eure Bescheidenheit mit
der Regierungsgewalt bekleiden wolltet, so
würden unsere Sachen weit besser stehen und
Frankreichs Ehre würde ihren Mittag erreichen.

Königinn Eleonore. Es war eine Zeit,
Herr Abt, da ich den Wunsch nährte, die
Zügel der Regierung in meiner Hand zu haben, da ich wähnte über manchen Kopf bessere Tage aufgehen zu lassen, über welchem
jetzt Unzufriedenheit ein trübes Schicksal verhängt; aber meine Wünsche sind seitdem älter geworden, sie haben ihre Kräfte verloren
und ihre Zeit ist vorüber. Ich habe überlegen
gelernt, daß der männliche Starrsinn sich
nicht unter den Zepter eines Weibes beugen
würde.

Abt Montpellier. Könnte ich doch diesen
unglücklichen Wahn zerstreuen, wenn ich euch
sage, meine Königinn, daß Frankreichs edelste
Männer ihre Hoffnung auf eure Klugheit

gründeten, daß sie viel von dem Zeitpunct
erwarteten, wo der Faden ihres Glücks von
schöner Hand gesponnen würde, wo ihr Ge=
horsam sich in Liebe gegen eine holde Gebie=
therinn verwandelte, wo euer Nahme sie zu
großen Thaten begeisterte und ihr Ruhm un=
ter dem Lächeln einer reizenden Dame reifte.
Verschmäht meinen Rath nicht, und nehmt
euch der Sorge des Reichs zu einer Zeit an,
da Männer dem König die Gewalt aus den
Händen winden wollen, denen ihr nicht den
Rang lassen solltet. Sie suchen sich des Wil=
lens des Königs zu bemächtigen und andere
zu verdrängen, die es redlich meinen.

Königinn Eleonore. Ihr wollt mich zu ei=
nem Unternehmen bereden, das für meine
Kräfte zu schwer ist. Wie könnte ich den wei=
ten Plan der Regentschaft allein übergehen?
wie könnte ich täglich aus eigner Kraft alles
entwerfen und erschaffen, um das große Werk
im Gange zu erhalten? Ich habe niemand
auf den ich mich verlassen könnte, als euch;
und würdet ihr mir wohl mit eurem Rathe
beystehen? würdet ihr wohl die Last der Re=
gierungssorgen mit mir theilen?

Abt Montpellier. (wirft sich der Königinn
zu Füßen und küßt ihr die Hand) So habe
ich das Glück zuerst, eurem Willen zu hul=
digen. Das Vertrauen, das ihr auf euren
treusten Diener setzt, soll nicht getäuscht wer=

den. Jeder Pulsschlag, jeder Gedanke, die leiseste Empfindung soll eurer Verehrung und eurem Dienst heilig seyn.

Königinn Eleonore. Steht auf. Ich weiß nicht, ihr seyd unwiderstehlich. Ich danke euch für euren heißen Eifer für mich. Es soll mich freuen, wenn meine Gunst euch in etwas belohnen kann.

Abt Montpellier. O meine Königinn, mein größter Lohn wird seyn, mein jetziges Glück zu genießen.

Königinn Eleonore. Schmeichler! Ihr habt mich in gar verwickelte Plane geführt; so rathet mir denn auch, wie wir den rechten Weg zur Ausführung treffen, und gebt mir den Faden einer guten Leitung in die Hände. Ihr wißt, Herr Abt, wie argwöhnisch mein Gemahl ist, und wie weit er mich von der Einmischung in Regierungsgeschäfte entfernt. Die leiseste Vermuthung erweckt ihm Bedacht und ich habe es schon erfahren, daß der schwächste Schein ihn auf die Gedanken verführen kann, als wollte ich mir irgend eine Gewalt über ihn geben. Er will lieber von ränkevollen ehrgeizigen Männern sich beherrschen lassen, als seine Macht mit seiner Gemahlinn theilen, mit der er sein Herz getheilt hat. Würde er also nur von Fern merken, daß ich mich der Regentschaft anmaßen wolle, so wäre unser Entwurf vereitelt.

Abt Montpellier. Wohl habt ihr recht gesprochen, daß er eher ränkevollen, herrschsüchtigen Männern seinen Willen unterwirft, als euch, edle Königinn. Jetzt hat sich wieder der Bischof Gottfried in seine Vertraulichkeit eingeschlichen, der beynahe schon alles bey ihm gilt. Aber ganz hat er ihn noch nicht in seiner Gewalt. Ich bin noch Herr über das Gewissen des Königs und diese Herrschaft will ich ganz zu eurem Vortheil gebrauchen. Seine Ruhe und Unruhe habe ich in meinen Händen. Wenn ich in seinem Herzen einen Aufruhr mache, wenn ich seine Sünden wider ihn empöre, so soll er genug auf dieser Seite zu thun haben, um nicht an Thron und Regierung zu denken. Er soll mir in Gebeth und Büßungen seine Zeit zubringen müssen und durch himmlische Geschäfte weit genug von Weltgeschäften getrennt werden. Aber um die Macht des Königs nicht in andere Hände zu verspielen und die List unserer Mitbuhler zu vereiteln, brauche ich euren Beystand. Ihr seyd reich und es mangelt gar sehr an Geld unter dem Heer. Ihr dürfet nicht sobald eure Schätze aufthun, so würdet ihr euch flugs eine starke Partey machen. Ich werde es zu betreiben wissen, daß die Steuern aus Frankreich nicht so bald einlaufen, die der König und seine Günstlinge erwarten und dann wird alles nach eurem goldenen Köder ziehen.

Königinn Eleonore. Vortrefflich. Ich bin euch vielen Dank für eure Rathschläge schuldig. Ihr habt von nun an über meine Summen zu gebiethen. Fordert so viel ihr braucht, und spart nichts, wo es zu unserm Vortheil ist. Ich werde eure Dienste mit meiner höchsten Gunst erwiedern.

Abt Montpellier. O meine Königinn, mein Glück berauscht mich. Kaum kann ich es fassen. Die Hälfte eurer Gunst könnte mich meinem Gelübde untreu machen.

Königinn Eleonore. (reicht ihm lächelnd die Hand zum Abschiedskuß) Kommt bald wieder. Ihr habt freyen Zutritt zu mir.

Gezelt des Königs.

König Ludwig. Abt Montpellier. Hernach Graf Robert. Ein deutscher Ritter.

Abt Montpellier. Wenn ihr meinen Rath verlangt, Sire, so mahne ich euch von allen Feindseligkeiten gegen die Griechen ab. Es ist wider euer Gewissen. Ihr würdet die Ehre des Heilandes verletzen, wenn ihr eure Mitchristen den Ungläubigen gleich setzen und sie als Feinde angreifen wolltet. Bedenket, ob Gott euch Sieg verleihen würde, wenn ihr die Kreuzfahne wider die Verehrer des Kreuzes führen wolltet.

König Ludwig. Bey Gott! ihr redet wahr. Ich habe auch darum nicht einwilligen wollen in den Rath meines Bruders und des Herrn Bischofs Gottfried, daß ich meine Waffen gegen den griechischen Kaiser kehren möchte. Ich werde auch nie einwilligen. Ich will kein Übel vor Gott mit Wissen und Willen thun.

Abt Montpellier. Euer Entschluß ist sehr löblich, Sire. Ihr werdet euch vor manchem Fehltritt bewahren, wenn ihr bisweilen eure Blicke nach dem Himmel richtet und euch nach dem Wohlgefallen des Allerhöchsten umseht. Es ist ein trauriges Loos der Regenten, daß sie in weit größerer Gefahr zu Verirrungen schweben, als andere Sterbliche, die sich ganz von der Welt abziehen, und zu einer vollkommenern Heiligkeit empor steigen können. Weltliche Sorgen entfernen die Könige von den Gedanken an ihr geistliches Heil. Sie gehen auf den schlüpfrigen Wegen des Ehrgeizes, der Eitelkeit und der Habsucht, wo ihr Fuß leicht zu einer Sünde ausgleitet.

König Ludwig. Ihr macht mich traurig, ehrwürdiger Mann. Leider fühl ich meine Unvollkommenheit. O ich habe schon oft gewünscht, mich allem Irdischen zu entreißen um mich ganz den Büßungen zur Heiligkeit zu widmen, und ich werde es noch ausführen.

Abt Montpellier. Das wollt ihr doch ja nicht thun, Sire. Es ist euch einmahl das königliche Schicksal vom Himmel aufgelegt

dem hohen Beruf der Heiligung entsagen zu
müssen. Freylich sind eure Gesinnungen edel,
und es muß euch schmerzen, daß ihr euer
Streben nach höherer Tugend unter dem Ge-
pränge dieses Erdengetümmels ersticken müßt;
aber seyd getrost; Gott wird sich auch eurer
Seele erbarmen.

Ein Edelknabe. (tritt ein) Der Graf Robert und ein deutscher Ritter, bitten um Gehör vor königlicher Majestät.

König Ludwig. Führe sie herein.

(Der Edelknabe ab. Graf Robert und ein
deutscher Ritter treten ein.)

Graf Robert. Meine Weissagung ist ein-
getroffen, lieber Bruder! Die Griechen halten weder Wort noch Vertrag.

König Ludwig. Wie? Was ist denn vorgefallen? (zu dem deutschen Ritter) Ich will
nicht fürchten, daß euerm Heere ein Unfall
zugestoßen ist.

Der deutsche Ritter. Wohl möchten königliche Majestät mit Recht fürchten; denn
unser Herr hat ein großes Unglück ausgestan-
den. Wir waren nicht sobald vor Constantinopel weggezogen, als wir auf beyden Seiten griechische Heere vor uns sahen. Wir
mußten auf beyden Flügeln einen Angriff erwarten, und waren gleichsam wie zwischen
zwey Schwertern. Voll Rache über diese treulose Tücke, und um ihrem Angriff zuvor zu

kommen, ließ unser Kaiser selbst zum Angriff
blasen. Allein wir waren übermannt, und es
ist ein großer Theil unsers Heers gefallen.

Graf Robert. So siehst du denn, Bruder. wie schön du dich auf die Griechen verlassen kannst.

Der deutsche Ritter. (beißend) O, ihre
Treue ist bodenlos.

König Ludwig. Aber ihr Deutschen habt
sie auch sehr gereizt; ist euer Kaiser nicht feind-
lich gegen Constantinopel angezogen? War
er nicht des Sinnes diese Stadt zu stürmen?

Der deutsche Ritter. Doch mögt ihr auch
bedenken, Sire wie schändlich die Griechen
uns vorher begegnet haben. Sie haben uns
oft die nöthige Mundung zum Kauf verweigert, oder wohl auch vergiftetes Mehl ge-
liefert, daß viele unsrer Brüder dahin star-
ben. Ich will nicht einmahl des boßhaften
Streichs gedenken, den sie uns bey Adria-
nopel spielten; aber ich weiß wohl, wo das
alles hin will. Der griechische Kaiser steht
mit dem Sultan in einem heimlichen Bündniß; er hat den Eid schlecht gehalten, den
er uns durch seine Abgesandten schwören ließ,
daß er mit keinem unsrer Feinde zusammen-
halten wolle. Nicht minder hat unser Kaiser und Herr die Hand von Feindseligkeiten
abziehen wollen. Er zog friedlich von Constantinopel weg, und both dem griechischen

Kaiser in einem Schreiben Freundschaft wieder an. Nun mögt ihr sehen, Sire, wer wohl die meiste Schuld habe.

Graf Robert. Ist dir mein Rath nun noch nicht wichtig genug? Kannst du wohl noch bedenklich seyn, dich mit Gewalt vor ihrer Arglist zu verwahren?

Der deutsche Ritter. Wohl habt ihr viel zu befahren, Sire; ihr zieht den nähmlichen Weg; auch habe ich in dieser Absicht geheime Aufträge von dem Kaiser, meinem Herrn; er läßt königliche Majestät mit freundlichem Gruß warnen und bitten, daß ihr doch ja mit eurem Heersgefolge eilen möchtet, sich mit ihm zu vereinigen; er will den Schimpf, den er von den Griechen erlitten hat, an ihnen rächen, und noch ein Mahl auf Constantinopel los gehen. Dazu möchtet ihr ihm doch ja hülfreiche Hand leisten, damit wir ihre Treulosigkeit wacker vergelten.

(Der König schweigt in unruhiger Unentschlossenheit.)

Abt Montpellier. (forschend) Ihr werdet vor der Hand noch keinen sichern Entschluß fassen können, Sire.

König Ludwig. Auf wie viel Tage hat unser Heer noch Mundvorrath?

Graf Robert. Er geht schon zu Ende.

König Ludwig. Und für die letzte Lieferung habe ich den Ungarn euch die letzte Zahlung geleistet.

Graf Robert. Wenn man das Geld aus Frankreich bald erwarten dürfte. Der Herr Abt Sugger kümmert sich traun, unsrer wenig.

Abt Montpellier. Ihr mögt aber auch bedenken, Herr Graf, daß die ersten Steuern das Land schon sehr erschöpft haben. Es wird nicht leicht seyn, solche große Summen wieder aufzubringen.

König Ludwig. Bey meinem Eid! die ersten Gelder sind doch schnell geschmolzen; ich weiß nicht, wie wir für die Zukunft werden sorgen.

Abt Montpellier. Man wird einen Theil des Heers müssen wieder heimkehren lassen.

Graf Robert. Ihr gebt einen guten Rath, Herr Abt. Was nützt uns der viele Troß von Weibern und weibischen Männern, deren viele kaum eine Wehr tragen können.

König Ludwig. Aber die Unglücklichen würden umkommen müssen, wenn wir sie von uns stießen.

Graf Robert. Laß dich das nicht kümmern, lieber Bruder; sie mögen als Pilgrimme wandern und von Allmosen leben, und die Edlern haben noch Geschmeides genug zur Wegzehrung. So langt unsere Mundung noch einige Tage länger für das übrige Heer aus, wenn wir diese verabschieden. Unter-

deß gelangen wir auf griechischen Boden,
wo wir uns dann schon helfen können; denn
bey meinem Eid, behalten wir das Heer voll-
zählig, so ist morgen kein Imbiß mehr im
ganzen Lager zu bekommen.

König Ludwig. Die Umstände sind miß-
lich; Wahl und Mittel noch durch einander
verworren. (zu dem deutschen Ritter) Morgen werde ich euch meinen Entschluß kund
thun.

Lagerplatz.

Ritter. Fußknechte. Reisige. Knechte.
Weiber.
(Tumult.)

Ein Troß. (schreyt durch einander) Wir
sind betrogen, schändlich betrogen. — Man
hat uns in ein wildfremdes Land geführt,
und uns große Verheißungen gethan — und
nun wollen sie uns verstoßen — wir sollen
umkommen. — Um uns kümmert man sich
nicht, wir sind nicht vornehme Ritter.

Ein Fußknecht. Hört nur an, merkt ihrs
denn nicht; es ist wieder ein Pfaffenstreich;
die haben es dem König eingegeben; sie werden das Geld in ihren Säckel gestrichen haben; nun ist es für uns nichts mehr da.

Andre. Ey so wollen wir ihnen über die
Köpfe fahren.

Eleonore. II. Thl.   E

Weiber. Ach, wir sind verlassen; Die kö=
niglichen Wärtel wollen uns keine Mundung
mehr geben. — Ihr Männer könnt' euch
wohl helfen, aber wir — Gott sey's geklagt.

Einer von dem Troß. Kommt wir wol=
len zum König; er muß uns helfen.

(ziehen lärmend fort.)

Ritter. (in einem Kreis) Alle Ritter, die
sich und ihre Pferde nicht aus eignem Ver=
mögen verpflegen können, sollen sich von dem
Heere trennen. Ist das edel? Nein, das
kann nicht edel seyn.

Einer von den Rittern. Aber ist es denn
gewiß? —

Andere. Die Herolde haben es ja laut
umher gerufen — drey Mahl, wie es Sit=
te ist zu rufen.

Jener. Ich war just eben drüben in je=
nem Forst; wollt' mir ein Stück Wildpret
auf meine Faust jagen; bin so erst zurück;
drum habe ich der Herolde nicht gewahrt.

Andere Ritter. Wollt ihr denn aber den
Schimpf so geduldig hinnehmen, daß man
euch gleichsam mit dem gemeinen Troß fort=
jagt? — Unsre Wapen gelten auch in den
Turnieren — und wir tragen unser Schwert
mit Ehren. — Ist es unsere Pflicht, den Kö=
nig zu schützen, so ist es auch für den König
Pflicht uns zu verpflegen — und so ist es
von je her Sitte und Gewohnheit gewesen.

Andere. Ihr habt Recht; eh' sollen unsre Waffen pappenweich geschlagen werden, eh' wir so beschimpft fortziehen. — Kommt, wir wollen's den geistlichen Wänsten zusetzen, die haben den König verführt.

Ein Troß. (in der Ferne ziehend) Wir wollen das Dorf da drüben plündern, da finden wir noch genug.

(Geschrey und Lärm.)

Eine Klausnerhütte.

Königinn Eleonore. Graf Theobald. Mehrere Ritter (zu Pferde auf der Flucht). Der Klausner, hernach Abt Montpellier mit einigen Reisigen.

Graf Theobald.

Hier seyd ihr sicher, meine Königinn; verweilt so lange hier, bis der Tumult vorüber ist.

Königinn Eleonore. Und ihr wollt mich wieder verlassen?

Graf Theobald. Eh' sollte mich mein Leben verlassen, meine Königinn. (Er springt vom Pferde und hilft der Königinn absteigen.) Kein Schutzengel kann seliger seyn, als ich, da ich euch glücklich hierher gerettet habe.

Der Klausner. (tritt aus der Hütte) Gott segne euch, meine Freunde.

Graf Theobald. (zu dem Klausner) Guter Alter, wollt ihr dieser Dame auf einige Frist ein Obdach gönnen?

Der Klausner. Seyd mir herzlich willkommen. Mein Hüttchen hat ein sicheres Dach, mein Tisch soll euch darbiethen, was ich habe. Hat meine Klause Raum für euch, so solls an einem freundlichen Wirth nicht fehlen.

Königinn Eleonore. Dank euch ehrlicher Klausner; wir wollen euch nicht lange beschwerlich fallen.

Der Klausner. Die Pferde könnt ihr derweilen in dem Gebüsch anbinden. Ich will sogleich einen Becher frischen Wassers zum Labetrunk hohlen; die Quelle springt lebendig und klar; auch soll euch mein Obst schmecken, und hier am Felsen hab' ich köstliche Melonen erbaut. (Er eilt geschäftig fort. Die Ritter führen ihre Pferde ab.)

Königinn Eleonore. O lieber Theobald, welche Besorgnisse quälen mich! Wenn es nur mit dem Aufruhr nicht gefährlich wird.

Graf Theobald. Peinigt eure liebe Seele nicht mit banger Furcht; es wird nicht gefährlich werden; es ist meist zaghaftes Gesindel, das seine Tollheit schon anfängt wieder zu verlieren, wenn sie am höchsten gestiegen ist; nur um ihrem ersten Schwindel zu entgehen, wird dieser Ort für euch sicher seyn.

Königinn Eleonore. Der Klausner hat schauerliche Nachbarn. Diese hohen waldichten Berge scheinen dieß Thal mit Gewalt von der ganzen Welt zu scheiden.

Graf Theobald. Man könnte es das Thal der Ruhe nennen.

Königinn Eleonore. Wohl. Es ist alles hier so vergessen. Hier kann man nichts mehr lieb haben, als sich selbst.

Graf Theobald. (küßt sie schwärmerisch) So würde ich auch wohnen, wenn ich euch nicht mehr umarmen, nicht mehr mit trunkener Lippe an euch hangen dürfte; so wäre auch die ganze Welt für mich verloren.

Königinn Eleonore. (schlingt ihren Arm um ihn) Jetzt hat die Erde noch kein solches Plätzchen für euch. (Sie fährt plötzlich auf und horcht). Um Gottes Willen, ich höre Pferde. Ich will geschwind in diese Hütte mich verbergen.

(Indem sie nach der Klause eilt, erscheint Abt Montpellier mit Reisigen zu Pferde.)

Abt Montpellier. (der die Königinn erblickt) Gütige Vorsicht! Hier ist unsere Königinn.

Ritter. (brechen hinterm Gebüsch hervor) Es ist Lärm. — Wer seyd ihr?

Abt Montpellier. Freunde der Königinn. (Er springt vom Pferde und eilt auf die Königinn zu) Verzeiht meine Königinn, daß

ich euch so dreiß überrasche. Ich bin glücklich, daß ich euch wieder gefunden habe.

Königinn Eleonore. Ich bin erstaunt, euch
in diesem ritterlichen Aufzug zu sehen. Nur
an eurer Stimme hab ich euch erkannt,
Herr Abt. Aber ist es Zufall, oder was hat
euch auf die Spuren meiner Flucht geführt?

Abt Montpellier. Ein Pilger, der des
Wegs kam, zeigte mir die Gegend eurer
Flucht; ich folgte seiner Deutung und ein
günstiger Zufall hat mich dann weiter bis
zu euch geführt. Nun vernehmt aber auch,
was mich euch so hastig zu verfolgen trieb.
Der Aufstand darf euch nicht so gefährlich
dünken meine Königinn. Ich sehe wohl, daß
ihr aus Furcht entflohen seyd; aber eure Gegenwart ist jetzt nöthiger, als jemahls. Drum
erschrak ich, da ich eure Flucht erfuhr und
ich beschloß euch sogleich nach zu eilen. Unsere Sachen stehen jetzt günstig. Das Heer ist
mißvergnügt, kein Geld ist da, der König
im Gedränge. — Jetzt thut eure Hand auf
und alle Herzen fliegen euch zu. Selbst die
Günstlinge des Königs werden dieser Lock-
speise nicht entgehen.

Königinn Eleonore. Aber wo ist der König?

Abt Montpellier. Er ist eben auf der
Flucht, wie ihr. Man sagt: er wolle das
Heer ganz verlassen, und allein nach Jeru=

salem wallfahrten. Meine Königinn , die
Frucht ist reif bis zum Abpflücken. Kehrt zurück
ins Lager. Laßt vor euch her verkünden, daß
ihr euch des Heers annehmen wollt, daß es
euer Gold vor Mangel schützen werde, und der
Nahme : Wohlthäterinn wird überall Gehorsam für eure Befehle anwerben.

Königinn Eleonore. Wohlan, Graf Theobald mag gleich voraus reiten, und meine
Verheißung unter dem Heer ausbreiten.

Abt Montpellier. Und ich darf euch doch
zurück begleiten?

Königinn Eleonore. (lächelnd) Ihr würdet eure Königinn doch nicht ohne Geleitschaft
zurück kehren lassen?

Ein Kloster im Freyen.
Zimmer des Abts.

König Ludwig.   Der Abt.   Hernach ein
Knapp.

König Ludwig. (vor sich)

Mein Entschluß wankt. Ich fühle es, daß
ich mein Heer nicht verlassen kann. Sie harren auf mich als Vater , sie greifen nach mir
als nach einer Stütze — (laut zu dem Abt)
Das ist doch der Weg vom Lager her, auf
den man hier hinsehen kann?

Der Abt. Ja er ists.

König Ludwig. Der Knapp will auch nicht endlich zurück kehren.

Der Abt. Ihr scheint sehr unruhig, guter König.

König Ludwig. (zerstreut) Ihr nanntet mich gut? Wenn man gut seyn könnte, frommer Mann. Die besten Gesinnungen verderben böse Rathschläge. Glaubt mir, der Fürsten größtes Verderben ist es, wenn sie alzuleicht der Stimme ihrer Rathgeber folget. — (Er geht unruhig vom Fenster weg und einige Schritte schweigend im Zimmer unher) Lauter Unruhen zerreißen die Kette maner Tage. Qualen! nichts als Qualen? Immer wird man in dem Gewühl von Vergehungen, von Reue und Sorgen umher getrieben. (zu dem Abt) Ihr seyd glücklich in eurer Abgeschiedenheit. Könnte ich euer Glück mit euch theilen!

Der Abt. Zu diesem Wunsch habt ihr nicht weiter als einen Schritt. Zwischen dem Thron und der Zelle liegt mehr nicht als eine Spanne breit irdischer Tand und der ganze Unterschied wäre der, daß ihr einige Augenblicke früher das ablegt, was ihr bey eurem Tode ohne dem zurück lassen müßt.

König Ludwig. Ihr bedenkt nicht, daß ein König sich nicht so leicht von der Welt los reißen kann, als einer, der nur eine Handvoll Hoffnungen vergessen darf. Mehr

als ein Band feſſelt ihn an ſein Schickſal,
das ihn mit hundert Armen hält. Aber be-
dauert ſein Loos. Der ewige Friede mit ſeinem Schickſal, der ungeſtörte Umgang mit
göttlichen Gedanken, die unbewölfte Sphäre
höherer Heiligfeit wird ihm nicht zum Theil.
Das Irdiſche hängt ſich bleyſchwer au jedes
Aufſtreben des Geiſtes zum Himmel und
lähmt ſeine Kraft.

Der Abt. Seht ihr aber auch dieſe Stille,
dieſes todtenähnliche Schweigen um uns her?
So iſt es nicht um euern Thron, wo Leben
und Lebensgenuß aus hundert Qellen ſpringt,
wo Tauſende in den Strahlen einer einzigen
guten königlichen That ſich freuen. Wenn mein
Gebeth einſam zu dem Himmel ſteigt, begleiten tauſend Segenswünſche eure Seufzer.

(Der Knapp tritt ein.)

König Ludwig. Was bringſt du für Nachricht, Knapp?

Der Knapp. Es iſt alles wieder ruhig
im Lager. Die Königinn war eben zurück
gekommen und ich hörte nichts als ihren Nahmen rufen und Freudengeſchrey.

König Ludwig. Und haſt du nicht nach
weiterer Kunde geſpäht, wie ſich dieſer Aufruhr ſo ſchnell in Freude verkehrt hat? Erwartet man mich nicht zurück?

Der Knapp. Ich ſputete mich, euch Nachricht zu bringen, da ich ſah, daß alles eine

ganz andere Gestalt gewonnen hatte, und so hab ich in der Eil keine weitere Kunde eingezogen.

König Ludwig. Genug, schon das ist mehr, als ich erwartete. Ich will nun sogleich zurück. Mein Gefolg mag sich zum Aufbruch fertig machen.

Ein Landhaus in der Nähe des Lagers.

Zimmer.

König Ludwig. Königinn Eleonore.

König Ludwig. (tritt ein und eilt auf die Königinn zu) O meine Eleonore! (er küßt sie) Welchen Dank bin ich dir schuldig!

Königinn Eleonore. (erstaunt und seine Umarmung erwiedernd) Mein Ludwig.

König Ludwig. Nimm wenigstens das zum Lohn deiner Großmuth an, daß ich sie erkenne und bewundre.

Königinn Eleonore. Ich verstehe deine Rede nicht. Was sprichst du von Dank und von Großmuth?

König Ludwig. Und du solltest wirklich selbst nicht fühlen, wie viel du gethan hast? Nein, meine Eleonore, verstelle dich nicht. Das Selbstgefühl ist oft der einzige Gewinn edler Thaten. Oder hat dich der laute Freudendank im Lager nicht gerührt? Oder willst

du das Geständniß deines Gemahls verschmähen, daß du ihn, daß du sein Heer
gerettet hast?

Königinn Eleonore. Da sey Gott vor,
daß ich diesen lautern Ausdruck deiner Empfindung mit Kaltsinn schmähen sollte. Nennst
du es eine edle That, so bin ich dir Dank
schuldig, daß du sie nicht verhüthet hast.

König Ludwig. Ich erstaune. Wie magst
du das meinen? — Du willst traun, auf eine feine Art meinen Dank von dir ablehnen.

Königinn Eleonore. So nicht. Ich will
deinen Dank voll und bar annehmen. Er
soll mir eine süße Rache seyn für deine Ungerechtigkeit, die du an mir begangen hast.
Hättest du dich mir vertraut, hättest du mir
den Mangel entdeckt, so brauchte es nicht
dieses öffentlichen Beweises, daß meine Schätze auch helfen können. Bedenke in welche
Zerrüttung dein übereilter Entschluß unsern
ganzen Zug hätte stürzen können und rechne
die Gefahr für die Strafe deines Mißtrauens
gegen mich.

König Ludwig. (küßt sie) Halt ein. Ich
fühle, daß ich unglücklich bin.

Königinn Eleonore. (zärtlich) Du warst
deines heiligen Versprechens nicht eingedenk,
daß du an meinem Herz deine Entschlüsse
sammlen wolltest. Du schwurst mir, ehe wir
unsere Heimath verließen, da ich mit dir zu

ziehen gelobte, da ich alle Gefahren der Kreuzfahrt mit dir zu theilen versprach; da schwurst du mir unter dem Panier der Liebe, daß forthin unsere Seelen in ewiger Vertraulichkeit sich mit einander vemählen sollten, da spanntest du meine Hoffnungen, daß meine. Tage heiterer beginnen würden, daß ich dich einzig haben würde. Aber du wolltest es anders. Mein Herz wurde dir wieder fremd. Du glaubtest bey deinen Günstlingen zu finden, was du bey deiner Gemahlinn verließest, und vergaßest daß sie mit süßer Theilnehmung deiner harre.

König Ludwig. O wahr! Bey Gott, es ist wahr. Klage mich an. Rufe alle Beleidigungen hervor, womit ich dein zärtliches Gefühl verletzt habe. Richte streng über mich; ich bin deiner unwerth. Ich bin es, der den schönsten Zweig deines Lebens knickte. Ich machte dich unglücklich, indem ich deine Erwartungen betrog. — Laß mich. Vergib mir oder verachte mich. Beym Himmel ich kann deine Liebe nicht erwiedern. Warum verstimmte auch die Natur den Ton meiner Seele, daß er sich nicht in das sanfte Beben deiner Empfindungen mischen kann? Warum muß ich daß ewige Widerspiel meines Schicksals seyn. Ich bin elend. Eine unstete Laune widerstrebt dem sanften Anschlagen des innern ſtrebenden Gefühls und in dieſem unglücklichen Kampf verlier ich meine ſchönſten Tage. Du wirſt mich haſſen lernen, ich kann das für dich nicht ſeyn, was mein Herz will. Stimmungen machen meine Liebe unſtet, und wenn du auf einen vollen heitern Tag gefaßt warſt, ſo haſt du nur Sonnen⸗ blicke.

Königinn Eleonore. (ihn küſſend) Nein, mein Ludwig, haſſen werde ich dich nie. Du konnteſt meine Liebe kränken, aber nicht aus⸗ tilgen. O warum mußt ich dich ſo lange miß⸗ verſtehen! So haſt du noch nie mit mir ge⸗ redet. Jetzt erſt begreif ich dich, und wenn du mir nimmer Liebe zuſagteſt, dieſes laute⸗ re Ergießen deines Herzens wäre Liebe.

(Sie umarmen ſchweigend einander)

König Ludwig. Treffliches Weib, ich bin deiner nicht werth.

Königinn Eleonore. O Gott deine Weh⸗ muth ergreift mich.

König Ludwig. Deine Güte ringt meine Sinnen nieder. — O Gott! — Laß mich. — Nur einen Augenblick in freyer Luft, daß ich wieder athmen kann.

Königinn Eleonore. (allein) Träume ich oder wache ich? Dieß war mein Gemahl? Dieß war er, der mich Jahre lang vergeſſen konnte? der wie ein Feind gegen mich auf der Huth war? der konnte mich rühren? der

konnte Empfindungen in mir erwecken, die
für ihn nicht mehr da seyn sollten? Unbegreiflicher Wechsel! Ewige Widersprüche! So
tief lag also der Funken der Liebe in ihm
verborgen? unter solchen Verzerrungen bildet sich endlich das Bild seines wahren Cha-
rakters aus? — Nein, ich bin nicht Schuld,
wenn ich ihn verkannt habe. In diesen uner-
gründlichen Gängen konnte ich seinen Werth
nicht aufspüren. Er liebt mich und ich konnte es nicht ahnden! Schrecklicher Irrthum,
wozu hast du mich gebracht! Wie strafbar ist
meine Liebe! Es ist zu spät, Ludwig. Ich
bin für dich verloren. — Ich war von dir
verlassen, ein andrer ergriff das mit heißer
fassender Liebe, was du verwarfst. (Sie sinkt
auf einen Stuhl) Ich unglückliches Weib!

Voriger Ort.

Königinn Eleonore. Cäcilie. Hernach
Graf Theobald.

Cäcilie. (stürzt zur Thür herein und der
Königinn zu Füßen) Meine Königinn.

Königinn Eleonore. O Himmel meine
Cäcilie? Wo kommst du so plötzlich her? Ich
war sehr besorgt um dich, ob dir nicht ein
Unfall bey diesen Unruhen zugestoßen wäre.

Cäcilie. Nein, meine Königinn, es ist mir
nichts schlimmes begegnet, und ich bin sehr

wohl behalten gewesen. Nur quälte mich die Besorguiß, wohin ihr wohl möchtet geflohen seyn.

Königinn Eleonore. So erzähle mir doch, wie du aus meinem Gefolg weggekommen und wo du verborgen gewesen bist.

Cäcilie. Ich konnte euch so schnell nicht nachfolgen, denn ich bin des schnellen Rittes nicht gewohnt. Ich blieb aus eurem Gefolg zurück, stieg ab und warf mich hin auf einen freyen Platz im Wald, indeß mein Pferd im Grase weidete. Plötzlich rief mich eine Stimme an, ich drehte mich nach dem Schall und ein großer fürchterlicher Mann brach aus dem Dickicht hervor. Eine lange graue Kutte hing über seinen Leib herunter, ein wilder Bart bedeckte seine Brust. In seinem Gürtel staken einige Dolche. Ich that einen lauten Schrey, Angst und Furcht umnebelten meine Sinnen und ich würde ohnmächtig liegen geblieben seyn, wenn er sich mir nicht mit der größten Behuthsamkeit und Demuth genähert hätte. Mitten unter seiner Wildheit blickte eine Treuherzigkeit hervor, die mich wieder stärkte. Er winkte mir deutend ihm zu folgen, und da ich mich zitternd aufmachte mit ihm zu gehen, so ergriff er mein Pferd, und so kamen wir durch dickverwachsene Gänge endlich zu einer Höhle, wo noch drey solche Gesellen hausten. Ich wußte nun, daß ich unter Räubern war; ich erschrak und erblaßte. Aber einer von ihnen, der ein wenig französisch sprach, tröstete mich und versicherte mich, daß ich bey ihnen sicher wäre. Sie wären zwar Räuber und paßten den reichen Pilgrimmen auf, aber gegen wehrlose Personen streckten sie ihre Hände nicht aus. Ich ward etwas ruhiger; aber ich erklärte ihnen meine Flucht und bath mich wieder zurück zu bringen. Man sagte mir aber, daß der Tumult noch nicht vorüber wäre und daß auch die Nacht bald einbrechen würde. Ich sollte bey ihnen bleiben und sichern Schutz und Obdach haben. So bald es wieder ruhig würde, wollten sie mich dann zum Lager zurück geleiten. Sie bewirtheten mich und bereiteten mir ein Lager von dürrem Laub und einer wollenen Decke. Vielleicht machte es die Müdigkeit, daß ich diese Nacht ganz ruhig unter Räubern schlief. Heute brachen sie mit mir auf und geleiteten mich bis in die Nähe unsers Lagers, und ich habe gelernt, daß Großmuth und Gastfreundschaft auch bey wilden Menschen wohnen kann.

Königinn Eleonore. Deine Abenteuer lassen sich gut hören. Aber wie froh bin ich, daß ich dich wieder habe. Du bist in großer Gefahr gewesen. Wie konntest du aber, liebes, furchtsames Mädchen, dich so sicher unter den wilden Männern dünken. So wahr ich dich liede, dein Muth wird dich berühmt machen, und dein lieber Minstrel soll mir eine Ballade von deinem Abenteuer singen.

Cäcilie. (küßt der Königinn die Hand) Aber wie kommt es, daß ihr euer Gezelt mit dieser unsichern Wohnung vertauscht habt. Die Entfernung vom Lager setzt euch den Anfällen der Räuber aus.

Königinn Eleonore. Der Regen und das ungünstige Wetter haben mir traun das Gezelt unsichrer gemacht, als dieß Haus die Räuber. Aber ich will doch nicht hoffen, daß eine solche Heldinn, die unter Räubern ruhig geschlafen hat, sich unsicher bey mir dünken wird. Wachen nicht männliche Ritter über mein Leben? Spiegelt sich nicht am Mittag der Sonnenstrahl und zur Mitternacht der Mondesglanz in ihren hellstählernen Rüstungen?

Cäcilie. Und Graf Theobald würde Tod und Verderben von seinem Schwert auf den blitzen, der nur einen Morgentraum von eurem Lager zur Unzeit scheuchen wollte.

Königinn Eleonore. Ha du Schlange, willst unter diesen Rosen stehen! Aber nimm dich in Acht, daß ich dir nicht den Stachel nehme. Wenn ich dir deinen zärtlichen Falkonet rauben wollte, du würdest dich traun krümmen und in einen Schlupfwinkel verkriechen. Sieh, deine Miene wird schon bit-

Eleonore II. Thl.   F

tend. Nein, nein, fürchte nur nichts. Wer einem Mädchen die Liebe raubt, zerstört ein Paradies. Geh' hohle deine Harfe und —

(Graf Theobald tritt ein.)

Cäcilie. (im Abgehen halb laut) Und komme nicht wieder.

Graf Theobald. (wirft sich vor der Königinn nieder und küßt ihr die Hand) Wie lang hab ich auf eine Stunde gerechnet meine Königinn, wo ich wieder ein Mahl meine Empfindungen ohne Zeugen in euren Busen ausgießen könnte. Jetzt ist sie da, und ich weiß nicht was ich sagen soll.

Königinn Eleonore. (launicht) Und was habt ihr mir denn so viel zu sagen, lieber Graf? Euer Herz schlägt laut, eure Lippe zittert. Ihr seyd ja so ängstlich, als wenn ihr ein Geheimniß verrathen wolltet.

Graf Theobald. O meine Königinn, kann es euch noch ein Geheimniß seyn, daß ich euch liebe?

Königinn Eleonore. Nun bey meinem Eid, das habt ihr mir so oft gesagt, daß ich es bis jetzt noch nicht vergessen habe.

Graf Theobald. (steht auf) Und könntet ihr es auch vergessen? Bey Gott! sprecht es nicht aus, daß ihr es vergessen könntet.

Königinn Eleonore. Wunderbare Grillen! Hab ich denn euch schon etwa fürchten lassen, daß ich das vergessen würde? Aber was versprecht ihr euch wohl davon, wenn ich nun weiß und immer weiß, daß ihr mich liebt?

Graf Theobald. (umarmt sie mit feuriger Innbrunst). O Liebe, Liebe versprech ich mir. So lange ihr auf meine Liebe merkt, so lange glimmt die Hoffnung in meiner Seele, daß ich wieder geliebt werde. Die angeschlagene Saite, meine Königinn, bleibt ihren Laut nicht schuldig.

Königinn Eleonore. (ernst) Ritter ihr seyd ungestüm. (ernster) Was ich euch ehemahls war, kann ich euch förder nicht mehr seyn.

Graf Theobald. Wenn ihr mir eure Liebe raubt, so raubt ihr mir alles, was mir theuer ist.

Königinn Eleonore. Ist euch meine Gunst, ist euch meine Freundschaft nichts?

Graf Theobald. Gunst, Freundschaft — füllen sie die Lücke aus, wo einst die Liebe war? Wie viel umfassend ist dieß Wort! Gunst, Freundschaft haben ihre Grenzen; aber Liebe herrscht mit weiter Macht über ein unendliches Gebieth.

Königinn Eleonore. In welchem doch Freundschaft die fruchtbarsten Bezirke besitzt.

Graf Theobald. Dahin verbannt eure Hofdiener und Schmeichler, die gern auf ergiebigem Boden ihren Eigennutz anbauen. — Ach Gott ich fühle, wovon ich mich entwöh-

nen muß. Eure Liebe war mein Paradies,
da pflanzt ich meine schönsten Gedanken, da
erzog ich meine fröhlichsten Wünsche, da
pflegte ich meine blühenden Hoffnungen. Ich
freute mich des schönen Gartens, ich schwärm-
te unter diesem Himmel, ich vergaß meine
Sterblichkeit. Ach es war ein Traum. Ihr
habt mich nie geliebt.

Königinn Eleonore. (schmiegt sich an ihn)
Quält mich nicht mit diesem Argwohn. Ihr
wißt nicht, wie viel ich leide. (Er küßt ihr
die Hand). Diese Hand ist vermählt.

Graf Theobald. (feurig) Aber doch nicht
euer Herz.

Königinn Eleonore. Ha! woran mahnst
du mich? Fürchterlich war diese Erinnerung.
(ihn sanft von sich stoßend) Ich gehöre nicht
hierher.

Graf Theobald. (wirft sich nieder und
umfaßt ihre Knie). Eleonore hast du mich je
geliebt?

Königinn Eleonore. (heftig) Laßt mich.
(sich losmachend) Entfernt euch, ihr habt mich
meinem Gemahl geraubt.

Graf Theobald. (aufspringend) So brich
du Blüthe meiner Jugend. Wirf die Freu-
denschale weg, mein Schutzgeist, und lösche
deine Fakel. Kummer und Gram sammle ihr
Gift in mein Herz und du, Verzweifelung, sey

mir willkommen. Ich bin unglücklich. (Er will forteilen).

Königinn Eleonore. (wirft sich ihm weinend in die Arme) Theobald, verbirg mich.

Graf Theobald. (in stummer Rührung bricht endlich aus) Nicht diese Thränen, meine Königinn (er küßt sie). Ich bitte dich, Eleonore, du bist außer dich. — Ha nun begreif ich mich. Es muß etwas vorgefallen seyn. Gewiß hat ein verruchter Mund das Gift der Zwietracht zwischen uns gehaucht.

Königinn Eleonore. O Theobald, hüthe mich vor meinem Gemahl. (sich wieder ermannend). Oder kann meine Liebe ein Verbrechen seyn? Du schweigst, Theobald? Du antwortest mir nicht? (sie sinkt wieder in seine Arme).

Graf Theobald. (umschlingt sie) O welche traurige Gedanken sind in deine liebe Seele gekommen! Laß mich sie wegküssen, diese finstern Zweifel. Laß die Liebe deine bange Furcht verwehen. O dieser Einklang unserer Herzen! Dieses innige Verschmelzen zweyer Wesen! Kann die Liebe ein Verbrechen seyn? Ha so wäre der Mensch nicht zur Seligkeit geschaffen.

Königinn Eleonore. O lieber, lieber Theobald! — Du weißt es schon, daß ich dich nicht verlassen kann.

Graf Theobald. (innig) Verlassen! Trennung! Schon die Ahndung davon erschüttert meine Seele. — Diese Reize und sie verlaffen müssen! — Ewige Liebe schwör ich dir.

Königinn Eleonore. (feurig) Ewige Liebe geb ich dir.

Graf Theobald. (entzückt) Und an diesem Busen — in deinen Armen — Gott das Leben hat nur wenig solche Minuten.

Voriger Ort.

Nacht.

Königinn Eleonore (allein, spielt auf der Mandoline und singt dazu).

Romanze.

Es zog einst eine Pilgerinn
Mit Hut und Stab und Reisetasche
From zu der Ruhstätt heilger Asche
Nach einem nahen Kloster hin.

Sie wankte krank und kleingemuth
Und kniete an die Grabesstelle,
Wo still in düsterer Kapelle
Der fromme Wunderheilge ruht.

Da trat ein junger Rittersmann
Zu ihr mit freundlicher Geberde:
„O sag mir, Liebchen, die Beschwerde,”
„Die dich wohl hierher führen kann.”

„Zwar hältst du schöne Pilgerinn,”
„Die Frage wohl für unbescheiden;”
„Doch ich nehm Theil an Andrer Leiden,”
„Vertrau dich mir nur immerhin.”

Was frommt es euch, daß ihr mich fragt,
(Erwiedert sie mit schwachem Tone),
Bald flicht man mir die Todtenkrone,
Mein Leben hat der Gram zernagt.

Mein Jugendfeuer ist verraucht,
Die schönsten Tage längst vergangen,
Der Tod hat über meine Wangen
Die kalte Blässe hingehaucht.

Bey dessen Asche, der hier ruht,
Hoff ich vielleicht noch zu genesen:
Er ist ein Heiliger gewesen,
Der noch im Grabe Wunder thut.

„Warum hat, Mädchen, abgenagt,"
„Der Kummer deiner Schönheit Blüthe?"
„Was schlug verwundend dein Gemüthe?"
„Was hat die Freude dir verjagt?"

Ach, guter Ritter, hin ist hin.
Mich liebt' ein Kämpe gut und bieder,
Und darum lieb' ich ihn auch wieder
Voll Hoffnung und mit treuem Sinn.

Lang harrt' ich seiner Wiederkehr,
Er ist zu Fehde ausgezogen;
Doch meine Hoffnung ist betrogen,
Ich harte seiner nun nicht mehr.

„Was hör ich? Mädchen, du bist mein."
„Die Hoffnung hat dich nicht betrogen,"
„Herzliebchen, du bist nicht belogen,
„Sieh her, ich bin der Ritter dein."

Wie? du, mein Robert? — Gott er ist's. —
Ich hör's an deiner Stimme Klange,
Ich kenne deine braune Wange —
O Freude meiner Brust! — Du bist's.

„Ich kam von weiten Streifrey'n"
„Nach mancher wohlbestandner Fehde"
„Und kehrte dankbar zum Gebethe"
„In dieses Gotteshäuslein ein."

„Und Liebchen sieh, so find ich dich"
„Hat wohl mein Bild vom Gram verblichen"
„Nun die Vergessenheit verstrichen?"
„Wie oder liebt dein Herz noch mich?"

Ach treu hab ichs mit dir gemeint,
Am Fenster oft auf dich gelauert,
Verlassen manchen Tag vertrauert
Und manche Nacht um dich verweint.

Der Ritter drückte an die Brust
Das Mädchen seiner Minne
Und rief mit freudetrunknem Sinne:
„O Wiedersehn ist Wonnelust."

Zur Stunde rosicht blüht und lacht
Des Mädchens bleiche Wange wieder. —
Und man erzählte auf und nieder
Des todten Heilgen Wundermacht.

(Die Königinn steht auf und geht verdrießlich
nach dem Fenster zu).

Seh ich denn noch keinen Schimmer der
Morgendämmerung? Es ist schon weit über
Mitternacht und noch ist kein Schlaf in meine Augen gekommen. — Ich Thörinn! ich
quäle mich selbst, ängstige mich unruhig vor
einem Gespenst meiner Einbildung, vor einer fieberhaften Tugend. — Könnte ich doch
ein Mahl dieser kindischen Furcht los werden!

Könnte ich doch mein Herz vor dieser zweifelnden Wankelmuth sichern! — Königinn und Gemahlinn — und immer soll sich nur mein Leben in diesen beyden Schranken drehen? — Ich fand einen Geliebten, und hatte einen Gemahl. — Gott, bin ich strafbar, so verdamme mich mein Schicksal. —

Liebe kann nicht die ewige Bedingung der Ehe seyn. Die ungeliebte treue Gemahlinn theilt ihr Loos mit einer Sclavinn. Und ich zittere vor dem, was ich that? Ich zage vor mir selbst? O weibliche Schwäche, du verräthst immer dein Geschlecht! — Herrschen! lieben! — stark will ich werden in diesen Gedanken. — Abwerfen will ich das Gespinnst schwacher Zweifel. — O Theobald! Theobald! dein geliebtes Bild schwebt mir vor. Du winkst mir Muth zu. Du liebst mich. — Ich bin ein Weib.

Konstantinopel.
Kaiserlicher Pallast.
Audienzzimmer.

Emanuel Comnenus. Der Patriarch von Konstantinopel. Prosuch.

Emanuel Comnenus. Jetzt gilts, meine Freunde. Ein Entschluß kann uns glücklich an der Gefahr vorüber leiten, oder auch an ihren

Felsen zertrümmern. Steht mir bey mit eurem Rath. Mein Kopf ist verwüstet von den Stürmen unserer jetzigen Bedrängniß. Eben bringt man mir die Nachricht, daß die Franzosen feindselig gegen unsere Grenzen rücken, und noch weiß ich nicht, was ich von dem deutschen Kreuzheer zu erwarten habe. Es gleicht einer schwankenden drohenden Welle. Überlegt die Gefahr genau. Ein gefährliches Heer ist in der Nähe unserer Hauptstadt, ein feindliches bricht in unsre Grenzen. Mein Reich schwebt auf der Spitze zwischen Seyn und Nichtseyn.

Prosuch. Und wenn es dem so wäre —

Emanuel Comnenus. Das sagt ihr so kalt? Das dünkt euch nichts, ob der Ruhm meiner Vorfahren vor meinen Augen untergehen soll? ob mein Nahme die Grabschrift unsers glorreichen Reichs wird, das dünkt euch nichts? Ha, muß mein Thron stürzen, so sollen seine Trümmer mich bedecken.

Der Patriarch. Glorwürdiger Herr, laßt diese unglücklichen Gedanken fahren. Euer Gemüth ist erschüttert. Die Verzweiflung will euch schon die Hand biethen. Diese Stimmung kann euch gefährlich werden. Die Gefahr dünkt euch näher und im Schatten der Verwirrung erscheint die Gestalt der Dinge schrecklicher, als im Licht der Überlegung. Noch ist es, Gott sey Dank! nicht so weit, daß wir nur auf das trügliche Spiel der Waffen den Preis unsrer Rettung setzen sollten.

Prosuch. Laßt es immer so seyn, ehrwürdiger Vater; laßt es auch bis zu dieser Entscheidung kommen, mein Monarch. Unsere Waffen haben die Deutschen gezüchtigt und ich habe noch Muth genug, diese Züchtigung an euren andern Feinden zu wiederhohlen.

Der Patriarch. Ihr seyd ein Krieger, und sprecht wie ihr sollt. Aber der festere Weg der Klugheit ist immer sicherer als die Willkür des trüglichen Zufalls. Die Güte besiegt wehrlos eher noch den Feind, als bewaffnete Gewalt. Wenn wir durch Unterhandlungen die Deutschen an uns ziehen könnten, dann wäre die drohende Gefahr gespalten und das Gewitter seiner Kraft durch diesen Riß entladen.

Emanuel Comnenus. Es scheint eurem Rathe günstig zu seyn, daß mich Kaiser Conrad jetzt zu einer freundschaftlichen Vereinigung einladen läßt. Die Frage ist nur, ob ich der Einladung meines Schwagers folge. Ich traue diesem Irrschein nicht. — Er läßt mich in sein Lager bitten, er schützt eine hochwichtige Verhandlung vor, und doch kann unter dieser Blume List verborgen liegen, hinter dieser Maske Betrug lauern.

Prosuch. Hüthet euch mein Monarch. Traut der deutschen Rache nicht. Schon seit drey Tagen ängstigt mich ein gerechter Verdacht. —

Ein gefangener deutscher Ritter hat sich verlauten lassen: Wir Griechen sollten nur nicht
trotzen. Es würde bald etwas geschehen, was
die Sache sehr verändern würde.

Emanuel Commenus. O meine Ahndung!
(zum Patriarchen) Es wird sich in schreckliche
Wahrheit endigen, was ich euch sagte, da
ihr der deutschen Treue das Wort redetet und
mein Mißtrauen ungerecht schaltet. —

Aber man muß dem Ritter das Geheimniß
entreißen, und ist es ein Bubenstück meines
Schwagers, so will ichs ihm bitter vergelten.

Ein unterirdisches Gefängniß.

(durch eine Lampe erhellt)

Ritter von der Blau (in Ketten) Man
wird es schrecklich mit mir endigen. Hier
schmachte ich ohne Labsal unter den Qualen
des Hungers und des Durstes in Ketten. Die
Blüthe meiner Jugend verdumpft in diesen
moderichen Gemäuern, und seh ich je das Licht
des Tages wieder, zu welchem Tode werde
ichs erblicken? Rache und Wuth werden mein
Leben grausam endigen. Man wird es nicht
vergessen haben, daß ich das Bündniß des treulosen Emanuels mit dem Sultan entdeckte. —
O weh! nur einen Imbiß Brots, daß ich
mein armseliges Leben stärke! — Verdammen
mögt ich meine übereilte Hitze, daß ich mich

thöricht verrieth. Nun will man das Geheimniß schändlich von mir erpreßen. Aber es soll
ihnen nicht gelingen. — Ermanne dich. — Eh'
soll man mein Leben von jeder Faser langsam
trennen. — Ja, ja es ist gewiß, wenn ich
nicht ein Verräther werden will, muß ich als
Verräther sterben. — Hu, den Tod eines Ver=
brechers! — Deutschland, mein Vaterland!
Als Knabe verließ ich dich und sehe dich als
Mann nicht wieder. Das ahndete ich nicht,
da die Liebe mich nach dieser Stadt zurück=
trieb. Ich eilte dem holden Anblick eines Lieb-
chens entgegen und stürze in eine Grube des
Elends, wenn ich sie noch ein Mahl wieder sehen sollte, die mein ganzes Wesen erschüttert.
Ihre Gestalt schwebt mir noch vor, so voll und
hold, wie sie war. Auch in diesen unglücklichen
Stunden erquickt mich ihr Andenken. (Indem
wird die Thür aufgeschloßen.) Wer kommt zu
einem Unglücklichen? (Sophia tritt herein mit
einem Körbchen am Arm, ein Licht in der Hand,
im weißen Nachtgewand und verschleyert.) Jesus! — welche Gestalt? — (vor sich) Ist sie's
oder äfft mich ein Gespenst?

Sophia. Erschreckt nicht vor mir, guter
Ritter. Meine Gestalt verkündigt euch nichts
Böses. Es ist nicht der luftige Körper einer
trüglichen Erscheinung, was ihr sehet. Ein
warmes Herz schlägt hier, ein Herz voll Mitleid gegen euch — und ein gutmüthiges Mäd-

chen wird euch doch nicht furchtbar seyn?
Euer Schicksal dauert mich. Ihr werdet schon
viel gelitten haben in diesem elenden Zustan=
de. Vielleicht kann euch das Wenige erquicken,
was ich euch hier bringe. (Sie öffnet das
Körbchen und langt Früchte, Brot und Wein
heraus.) Die kleinste Spende thut von mil=
der Hand im Elend wohl.

Ritter von der Blau. Engel des Lichts!
Wie soll ich dir danken! — Wer du auch
bist, du bist mir ein Engel, himmlische Ge=
stalt. Laß mich dein Antlitz sehen, Unbegreif=
liche. Ich saß es nicht, welche gute Seele
für einen unglücklichen Fremdling hier solche
heimische Freundschaft nährt.

Sophia. Einst war euch die Gestalt eines
gewissen Mädchens etwas werth: vielleicht
ist es euch auch ihre Freundschaft. (Sie ent=
schleyert sich.) Ist euch dieser Anblick bekannt?

Ritter von der Blau. O Himmel! Daß
mich diese Ketten hemmen! Daß ich mich
nicht vor euch niederwerfen kann! Ihr seyd
ein Wesen höherer Art.

Sophia. Ich freue mich, wenn euch mein
Daseyn euer Elend auf einige Minuten ver=
gessen lassen kann. Könnte ich doch eure
Retterinn seyn. Ich weiß nicht, ob es ein
Verbrechen ist, warum man euch ritterliche Ge=
fangenschaft verweigert; aber ihr dauert mich.

Ritter von der Blau. O unglückliches Schicksal!

Sophia. Ich fürchte, daß ihr euer Leben hier traurig endigen müßt. Man beschuldigt euch einer trotzigen Hartnäckigkeit.

Ritter von der Blau. Ein unglückseliger Verdacht ist die Ursache meines Elends. Man vermuthet, daß ich um einen geheimen Anschlag wisse.

Sophia. So ist euer Schicksal doppelt traurig. So könnt ihr auch nicht durch Mittheilung eure Last erleichtern. Durch Vertraulichkeit leitet der Elende oft seinen Kummer ab, und in freundschaftlicher Herzensergießung entladet er sich der Schwermuth. Doch euch binden Vaterlandliebe und Rittertreue die Zunge. Ihr müßt vielleicht ein Verbrechen verschweigen, um edel zu seyn. So drückt euch eure biedere Tugend durch ihre eigne Last zu Boden.

Ritter von der Blau. Holdeste deines Geschlechts, du redest in meine Seele. Deinem absichtlosen sanften Blick kann kein Herz verschlossen bleiben. Deine zauberische Stimme verräth deine engelreine Seele. In deinem Busen ist ein Heiligthum verborgen. Wie könnte ich deine Freundschaft von mir stoßen, die mir so wohl thut? Es ist wahr, ein Geheimniß drückt meine Seele. Die Deutschen haben einen Anschlag gemacht, euren

Kaiser in ihr Lager zu locken, ihn gefangen
zu nehmen und dann unter der Bestürzung
Konstantinopel zu überfallen. Durch Übereilung
gab ich Verdacht, daß ich etwas wisse,
und darum will man mich durch Qualen
zwingen zu bekennen. Doch alles Elend, alle
Grausamkeit soll mir nichts entreißen. Ich
bin ein Deutscher, und kann kein Verräther
seyn.

Sophia. O Gott eure Entdeckung hat mich
erschreckt, Ritter.

Ritter von der Blau. Ihr werdet zu bewahren
wissen, was ich euch vertraute, holdes
Fräulein, und das Gastrecht eines Geheimnisses
in eurem Busen ehren.

Sophia. Ritter, diese Stadt ist meine
Vaterstadt und Emanuel mein Vater.

Ritter von der Blau. Ha fühlt ihr es
schon? Wer ein Geheimniß weiß, hat in sich
einen Feind. Ihr seht voraus, daß ihr nicht
schweigen könnt, und möchtet es mich doch
nicht fürchten lassen. Doch darum quält nur
eure liebe Seele nicht. Ich weiß, daß man
mich tödten wird, wenn ich nichts bekenne,
und ich bin fest entschlossen zu sterben. Ich
weiß auch, daß ihr nicht verschweigen könnt,
was ich euch offenbarte. Das Vaterland verlangt
mehr von euch, als der Freund. Doch
reuet es mich nicht, mein Herz euch geöffnet
zu haben. Was ich nicht verrathen werde,

das leg ich als ein Unterpfand der Freundschaft in eure Seele nieder. Bewahrt es, bis
ich nicht mehr seyn werde. Bald wird man
mein Schweigen mit dem Tod bestrafen, und
dann seyd ihr eurer Pflicht ledig. Nur bis
dahin gelobt mir, nichts davon zu entdecken.

Sophia. O Gott! ihr seyd ein edler Mann.

Ritter von der Blau. Ihr sollt die Retterinn eures Hauses werden, schönstes Fräulein. In eure Gewalt leg ich die Befreyung
eures Vaters von seiner Gefahr.

Sophia. Unglücklicher Ritter, ihr dürft
nicht sterben.

Ritter von der Blau. Laßt das, gute
Seele. Ich opfere mein Leben für meine Treue,
und freue mich, daß ich mit euch meine Seele
theile. — Es wird euch hart werden, nur
über Sonnen Auf- und Untergang das Geheimniß zu bewahren. Die Liebe des Vaterlandes gebiethet, euch mit gleicher Macht es
zu entdecken, so wie mir es zu verschweigen.
Doch ehe das Verderben aufgeht, werde ich
gebüßt haben und ihr des Gelübdes los seyn.
So lange nur versprecht mir Verschwiegenheit.

Sophia. Weh, weh! Könnte ich euch denn
nicht retten?

Ritter von der Blau. Ihr seyd gütig,
Fräulein. Könnte ich doch mein Leben als
Wahrheit von euren Händen nehmen! Wi-
driges, unvermeidliches Verhängniß! Es ist

Eleonore II. Thl.　　　　　G

die einzige Bedingung eurer Huld, daß ihr
mich meinem Schicksal überlaßt. Um kein
Verbrecher zu seyn, muß ich sterben. — Versprecht, erfüllt mir meine Bitte.

Sophia. (Mit abgewandtem Gesicht reicht
ihm die Hand.) Ich gelob und verspreche es
euch.

Ritter von der Blau. (küßt ihr die Hand)
O Dank! innigen, herzlichen Dank! Nun will
ich freudig sterben. Wenn mich dann der
Schooß der Erde birgt, dann werdet ihr eine Thräne auf mein Grab weinen, und sie
wird das schönste Denkmahl für mich seyn.

Sophia. Ritter, ihr macht mich weich.

Ritter von der Blau. Wunderbare Fü-
gung! Indem ihr den Feind eures Hauses
in euren Schutz und Gunst nehmt, rettet
ihr die Erhaltung eures Hauses.

Sophia. Und indem ich mein Vaterland
erhalte, muß mein Freund unglücklich werden. Es ist schmerzlich. — Ich muß, ich muß
euch retten.

Ritter von der Blau. Es ist unmöglich.

Sophia. Stärkt vor jetzt euren Körper mit
diesen Erfrischungen und beruhigt euch. Die
Hoffnung kann euch wohl noch erhalten. Eure Rettung ist noch nicht unmöglich. Vielleicht
steht mein Vater ab mit Grausamkeit in euch
zu stürmen. Vielleicht hemmt auch die weise
Vorsicht den ganzen Plan. Hofft das Beste.

Der unauflöslichste Knoten unsrer Schicksale ist für die höhere Macht leicht zu entwickeln. Lebt jetzt wohl. Ich muß euch verlassen. Man möchte mich vermissen. Bald komme ich wieder zu euch. Euer Kerkerhüther ist mein Freund. Lebt wohl, und hofft das Beste.

Ritter von der Blau. Es ist unmöglich. — Lebt wohl, mein Schutzengel.

Kaiserlicher Pallast.
Gemach des Kaisers.

Emanuel Comnenus. Sophia,

(die eben herein tritt)

Emanuel Comnenus. Wie ist dir's gelungen, Beste.

Sophia. Vortrefflich.

Emanuel Comnenus. Du hast lang auf dich warten lassen. Erzähle mir geschwind. Wie? was hast du heraus gebracht? Ich zähle die Bewegungen deines Mundes vor Erwartung.

Sophia. Vor allen Dingen muß ich euch sagen, mein Vater, daß dieser unglückliche Ritter viel leidet. Ihr seyd grausam gegen ihn.

Emanuel Comnenus. Sophia, ich glaube, du willst deinem Vater Vorwürfe machen.

Sophia. Seine Gestalt war blaß und verfallen, wie man den Kummer mahlt. Die

Fesseln drücken seine Glieder wund und an seinem Leben nagt der Hunger, und die Erwartung schlimmerer Dinge.

Emanuel Comnenus. Das verstehst du nicht. Die Staatskunst braucht oft Menschenopfer.

Sophia. Er ist ein edler Mann. Bey Gott! er hat mich herzlich gedauert, wie er so leidend dortlag und seine braunen Locken sinkend von dem sorgenvollen Haupt herunter wallten.

Emanuel Comnenus. Bey meiner Krone! nun habe ich deines Plauderns überdrüßig. Ich glaube du bist in ihn verliebt. Ich kenne längst seine Person, ehe du mir ihn beschreibst. Sage, was hast du ausgerichtet?

Sophia. Es ist mir ganz nach meinem Wunsch gelungen, mein Vater. Ich habe es zur Gewißheit gebracht, daß er unschuldig ist. Er weiß von keinem geheimen Anschlag.

Emanuel Comnenus. Schlange, willst du meine Neugier necken, oder hat die Liebe deine Zunge gestochen?

Sophia. (gefaßt) Er ist unschuldig. Ich habe in dem Innern seiner Seele gelesen. Er weiß von nichts und euer Verdacht ist ungegründet. Seine Drohung, worauf ihr muthmaßt, ist bloß ein vorübergehender Troß gewesen.

Emanuel Comnenus. (ergrimmt) Zittre vor meinem Zorn. Ich seh es an dem Wech-

selb einer Farbe, an deiner schwebenden Mie-
ne, daß du Unwahrheit sagst. Hüthe dich.
Ich kann meine Liebe gegen dich verläugnen.
Entweder sey offenherzig, oder du sollst deine
Verläugnung ohne Schonung büßen. Faß
dich kurz. Ich gebe dir nur einige Minuten
Frist.

(Er geht in ein Seitenzimmer)

Sophia. (vor sich) Gott! was beginn ich
nun? Worein bin ich nun verstrickt? Soll ich
Zusag und Treue entweihen? soll ich mein
Versprechen verletzen? O daß ich mich zum
Werkzeug brauchen ließ, ihn auszuforschen!
Doch ich bin unschuldig. Ich that es nur, um
ihn vielleicht vom Verderben zu befreyen.
Mein Herz hat keinen Antheil an dem, was
Böses daraus entspringt. — Wenn doch ein
guter Geist mir einen Rath eingäbe! Soll
ich es verrathen? Über eine Spanne Zeit muß
es doch an Tag kommen. — Wenn ich es recht
bedenke, so ist sein Beginnen doch nur eine
Grille, vielleicht nur ein eitler Eigensinn. —
Ich kann ihn dann retten, wenn ich es geste-
he. — Himmel! da kommt mein Vater wieder. (Sie eilt auf ihn zu und fällt ihm zu Füßen). Ich weiß nicht was ich thue, mein Vater. — Seyd barmherzig mit ihm. Wißt ihr
was Vaterlandsliebe ist und Bundestreue?
Sie binden seine Zunge und verschließen sein
Geheimniß in sein Herz.

Emanuel Comnenus. (hebt sie auf) Ich
bitte dich, Sophia, hat er dir etwas vertraut? Sag es, was du mehr weißt. Es gilt
einem Reich, das dein Vaterland ist, und eine
Krone steht auf dem Spiel, die dein Vater
trägt. Oder ist es dir gleichgültig, ob mein
Thron steht oder stürzt? und willst du um
einer Buhlerey deinen Vater dem Verderben
Preis geben, schwache Seele?

Sophia. Schont mich. Ich bin erschüttert. — Ich will ja alles sagen. Versprecht
mir nur, ihn zu befreyen und ihm keine Rache zu vergelten.

Emanuel Comnenus. Das sey dir gewäh-
ter, rede.

Sophia. Die Deutschen haben einen Anschlag gemacht, gestand er mir, euch in ihr
Lager zu locken und indeß Konstantinopel zu
überfallen.

Emanuel Comnenus. (bestürzt) Himmel!
so nahe war der Schlag, der mich treffen
sollte. Schrecklich, schrecklich!

Sophia. O Gott! — Laßt mich gehen.
Meine Sinnen sind zerrüttet. (geht ab).

Emanuel Comnenus. (allein) Ha, so hab
ich doch richtig geahndet. Sie haben einen
teuflischen Tück gehabt. Barmherziger Heiland! Wenn es ihnen gelungen wäre! Was
ist nun zu thun? Daß ich auf meiner Huth
seyn werde, und nun nicht in ihre Schlinge

gehe, das ist gewiß. Aber wie ich mich rächen will, wie ich ihnen das böse Stück vergelten will, darüber muß ich erst noch sinnen. Vorerst muß ich mich freundschaftlich gegen sie stellen. Für das übrige wird mein Kopf schon weiter sorgen. —

Gegend bey Ikonien in Kleinasien.

Feldlager der Türken.

Gezelt des Sultans.

Sultan Masud. Emir Pamplan.

Sultan Masud.

Wie hast du meine Befehle ausgerichtet, Pamplan? Sind die Pässe alle wohl besetzt? Hast du die Eingänge ins Land wohl gedeckt?

Emir Pamplan Alles ist geschehen, wie du es deinem Knecht befohlen hast, Licht der Gläubigen. Wenn uns nur die Griechen zeitig Nachricht geben, welches Weges wohl die Franken kommen mögen. Die Falle ist gestellt. Nur müssen wir wissen, wo wir aufpassen sollen.

Sultan Masud. Meinst du, daß man sich auf die Griechen verlassen könne?

Emir Pamplan. Deine Weisheit würde ihnen nicht dein Vertrauen geschenkt haben, wenn du etwas anderes befürchtetest.

Sultan Masud. Ich habe einen Brief von

dem griechischen Kaiser erhalten, worin er mir schreibt, daß er das deutsche Heer durch gedungene Wegweiser in die Grenzgebirge von Galatien und Phrygien hinein führen lassen wolle, wo wir es leicht aufreiben könnten.

Emir Pamplan. Allah, sey gepriesen, wenn es so kömmt.

Sultan Masud. Ich übergebe dir das Heer. Benutze die Gelegenheit gegen die Feinde. Du wirst es so veranstalten, daß ihrer nicht viel davon kommen. Wir wollen es den stolzen Franken lernen lassen, daß die Saracenen den Eingang in ihr Land gefährlich machen.

Emir Pamplan. Verlaß dich auf mich, glorreicher Beherrscher. Rache spornt meine Begier ihr Blut in Strömen zu vergießen. Um meine einzige Tochter hat mich dieß schändliche Volk gebracht. Vielleicht schmachtet sie noch in ihrer Gefangenschaft, oder sie haben sie grausam getödtet. — Dafür sollen sie mir schrecklich büßen.

(Man hört Musik in der Ferne).

Sultan Masud. Was bedeutet das?

Emir Pamplan. Es ist Verstärkung deines Heers, die eben jetzt anzieht.

Sultan Masud. Von wannen kommt mir diese?

Emir Pamplan. Wir brauchen jetzt Krieger. So warb ich einen Haufen flüchtiger Perser an für dein Panier. Die sind es. —

Sultan Masud. Für dein Geld? (Pamplan schweigt mit niedergeschlagenen Augen. Masud gnädig). Ich werde mich daran erinnern.

Emir Pamplan. Du hast mich reich gemacht, erhabener Wohlthäter. Dir dankt dein Sclave alles. Was er vermag, vermag er durch dich.

Sultan Masud. Du weißt jetzt meine Befehle. Die Ausführung ist nun deine Sorge. Ich breche nach Pisidien auf, um den Aufruhr zu stillen, der wieder ausbricht. Laß mich dich als Sieger wieder sehen.

Sophia.

Königliches Quartier.

Königinn Eleonore. Bischof Gottfried. Abt Montpellier. Graf Robert. Graf Theobald. Mehrere Prälaten und Herren.

Graf Robert. Es sind doch ein acht tausend Kämpen, die wir in den Gefechten mit den Bulgaren schon verloren haben.

Bischof Gottfried. Sie sind ein wildes räuberisches Volk, die Bulgaren, die man demüthigen sollte.

Graf Theobald. An die letzte Züchtigung werden sie gedenken. Wir hatten sie so recht zwischen zwey Haufen, daß wir sie wie Most zusammen kelterten.

Einige von der Versammlung. Wir sind euch vielen Dank schuldig, gnädigste Königinn, daß ihr euch des Heers so wohl angenommen habt. Wir hätten in diesem unwegsamen unwirthbaren Lande für Hunger umkommen müssen, wenn ihr nicht für hinlänglichen Mundvorrath gesorgt hättet.

Königinn Eleonore. Ich bin höchlich erfreuet, daß ihr meinen Eifer für die gemeine Sache erkennt, edle Herren. Wollte Gott! daß ich alles thun könnte, was die hochgelobte Absicht unsers Zuges befördert. Es ist ein schweres Werk. Man hat uns schon viele Schwierigkeiten in den Weg geworfen; und welche Hindernisse werden uns wohl noch weiterhin den Fortgang sperren? Freunde und Feinde sind uns zuwider. Selbst der König der Ungarn, mit dem wir doch in großer Freundschaft standen, verweigerte standhaft den letzten Aufkauf des Mundvorraths, der unser Heer jetzt erhalten hat. Nach langer Unterhandlung und im hohen Preise ließ er es endlich geschehen. Jetzt stehen wir wieder an dem Eingang einer großen Gefahr. Wir sind am Fuß des hämonischen Gebirgs? Muth und Klugheit können uns allein glücklich hinüber geleiten. Aber mehr als alles bedarf jetzt unserer Rathschlagung der Entschluß gegen die Griechen. Bald rücken wir in ihre Grenzen ein. Kommen wir freundschaftlichen oder feindlichen Gemüths? (Sie schweigen) Ich meine, wir müssen uns ihnen sogleich als Feinde ankündigen, damit wir ihnen furchtbar werden.

Bischof Gottfried. Es wird auf eure Befehle ankommen, edle Königinn.

K. Eleon. Nein, ich verlange euer Gutachten.

Viele aus der Versammlung. Wir stimmen euch bey, große Königinn.

Abt Montpellier. (zum Bischof Gottfried) Wenn mich eure Miene nicht triegt, Herr Bischof, so haltet ihr etwas zurück, was eine Bedenklichkeit zu seyn scheint.

Bischof Gottfried. So rathet doch auch, welche Bedenklichkeit, wenn ihr so gut versteht, Mienen zu erklären. — (zur Königinn) Ich habe keine Bedenklichkeit gegen die Meinung meiner gnädigsten Königinn. Was auf meiner Zunge lag, war nur eine Frage: ob der König auch deß Willens sey?

Abt Montpellier. (betroffen) Der König? — Ihr werdet doch selbst des Königs Willen wissen? Der König wird dem Günstling seines Herzens nichts verschwiegen haben, Herr Bischof?

Bischof Gottfried. (geschmeichelt) Ja ich darf es sagen, daß er mir in geheimen Unterredungen so manches vertraut hat, woraus ich muthmaßen kann, daß er nicht für eure Meinung gestimmt sey.

K. Eleon. Es ist aber schimpflich, für Frankreichs Ehre ewig schimpflich, wenn wir in kriechenden Verträgen uns diesem griechischen Bastard unterwerfen sollten, der an Macht weit unter unsrer Krone steht und zwischen Christ und Heiden nur ein verworfenes Mittelding ist. Herr Bischof, ihr seyd ein Pair von Frankreich, auch auf euch haftet Frankreichs Ehre. Euch übergeb ich sie, euch übergeb ich meinen Rath.

Bischof Gottfried. Ich bin zu schwach, huldreiche Königinn, diese Gnade in ihrer Größe zu fassen. Wenn ihr aber das Vertrauen in meine Redlichkeit setzt, daß ich keinen schädlichen Rath geben werde, so geht meine Meinung dahin, daß wir erst erwarten, ob Emanuel etwas Schimpfliches bedinge, wenn er uns friedlichen und freundschaftlichen Durchzug gestattet.

K. Eleon. Ihr habt noch zu viel Vertrauen. Gewiß wird er Muth haben uns Gesetze vorzuschreiben, da es ihm gelungen ist, seinen Trotz gegen die Deutschen zu behaupten. Doch ich will eurem Rathe folgen. Ihr seyd ein kluger Mann. Ich werde eine Gesandtschaft nach Konstantinopel schicken. Ist er übermüthig, dann gelte meine Meinung.

Bischof Gottfried. Ich ehre in Demuth eure Entschlüsse, gnädigste Königinn.

Abt Montpellier. Der König, mein ich,

wird nichts dawider haben. Er will seinen Geist einstweilen von dem Irdischen abziehen und zur Andacht sammeln. Seine Stelle ist jetzt gleichsam leer und die Königinn die Nächste nach ihm.

K. Eleon. (schmeichelnd, besonders gegen den Bischof Gottfried.) Ich hoffe, meine Räthe werden mir beystehen. (zum Grafen Robert) Das Heersvolk mag bis übermorgen in dieser Gegend Lager schlagen. Morgen will ich das Heer mustern und den Zug verordnen.

Graf Robert. Habt ihr noch mehr Befehle für uns, gnädigste Königin?

K. Eleon. Ihr seyd entlassen, edle Herren.

Gegend bey Sophia.

Lager der Franzosen.

(Das Heer ordnet sich zur Musterung.)

Die Königinn zu Pferde hält auf einer Anhöhe mit dem Abt Montpellier und den vornehmsten Kriegsobersten.

Abt Montpellier. Er ist gewonnen, der Herr Bischof Gottfried. Er ist gewonnen, sag ich euch. Ihr habt ihn auf der schwächsten Seite gefaßt. Diesem Angriff kann sein Ehrgeiz nicht widerstehen.

Ein Kriegsoberster. (der die letzten Worte

des Abts gehört hat, vor sich) Und dein Geiz
keinem Gelde.

Königinn Eleonore. Wir werden ihm
aber doch in manchem Stücke folgen müssen;
er gilt viel beym Heer. — Doch, mein ich, soll
alles gut gehen. Macht mir nur den König sicher
und erhaltet ihn an eurem Gängelband.

Abt Montpellier. Kümmert darum euer
Herz nicht, gnädigste Königinn. — Ich laß
ihn bethen.

Königinn Eleonore. (wendet sich zu den
Kriegsobersten) Sind die Kundschafter noch
nicht zurück?

Ein Kriegsoberster. Nur vor einer kurzen
Frist, gnädigste Königinn. Drey Wege haben
sie durch das Gebirg gefunden und nirgends
einen Feind gespürt.

(Trompeten.)

K. Eleon. Ha, man trompetet. Das Heersvolk wird in Ordnung seyn.

Sophia.

Königliches Quartier.

Gemach der Königinn.

Königinn Eleonore. Graf Robert.

Königinn Eleonore. Gefahrvoll bleibt es
immer. Das Gebirg ist unwegsam. Unser

Heer wird ein großes Hinderniß überwunden
haben, wenn es glücklich hinüber gelangt.

Graf Robert. Sicher werden wir wenig=
stens nicht vor den Feinden seyn. Die Bul=
garen kennen gewiß alle Schleichwege und
werden uns belauern, oder mit einem schnel=
len Angriff uns überraschen. Denn ihr Haufe
fährt schnell hin und her wie ein Weberschiff;
und wenn man in dieser Stunde wähnt, sie
seyen weit entfernt, so sind sie in der näch=
sten auf allen Seiten da.

Königinn Eleonore. Ich hoffe das Beste
und erwarte standhaft das Schlimmere. Der
Muth meiner Franzosen und ihrer wackern
Anführer stärkt meine Furcht, und ihr wenig=
stens, Herr Graf, werdet mich bey diesem
Vertrauen erhalten. Endlich müssen wir es
doch wagen, wenn unser Heer nicht wie ein
stillstehendes Gewässer versiegen soll. Ich ha=
be mir alles überdacht, was ihr und und ande=
re erfahrne Krieger in der gestrigen Versamm=
lung gerathen haben, und ich übergebe euch
nun meine Befehle. Das Heer muß morgen
aufbrechen und in drey abgesonderten Haufen
ziehen auf den drey verschiedenen Wegen, die
wir durch das Gebirg gefunden haben. Den
einen übergeb' ich eurer Führung, an der
Spitze des zweyten will ich und mein Gefolge
seyn, und den dritten führe Graf Heinrich.
Mein Geschmeide und meine Schätze und das

übrige Gepäck soll meine Schar bedecken.
Darum sorget dafür, daß mein Krigshaufe
der stärkste sey und aus den männlichsten Rittern und Kämpen bestehe.

Graf Robert. Ich werde eure Befehle erfüllen, meine Königinn, als ein Mann, der
die Ehre einer solchen Pflicht fühlt. Die Vorsicht kröne eure Entschlüsse mit dem glücklichsten Erfolg.

(Er küßt der Königinn die Hand.)

Königinn Eleonore. Gehabt euch wohl,
trefflicher Mann. Ich kenne eure Klugheit und
gertraue eurer Tapferkeit. Wenn das Schicksal nicht ungerecht ist, so sehen wir uns jenseit des Gebirgs glücklich wieder.

Gegend im hämonischen Gebirge.

Zwey Reisige

(halten am Eingange eines Thals.)

Der eine Reisige. (schiebt das Visier auf.)
Das ist ein heißer Tag.

Der Andere. Und ein unglücklicher Tag.
Ob die Königinn mag gerettet seyn?

Der Erste. Was weiß ichs. Weiß ich
doch nicht, wie ich hierher gekommen bin.
Wie ich mich da links und rechts durchhieb
durch das Räubergesindel; da schwirrte und
flirrte es vor meinen Sinnen, daß ich nicht
wußte, ob ich drüber oder drunter war, und

auch da ich freyes Feld gewann, sah und hör=
te ich nicht. Ich mein, daß ich in dem Schwin=
del bis nach Konstantinopel hinein geritten
wär, wenn du mich nicht angerufen hättest.

Der Andere. Ich mußte hier halten,
denn ich hab eins weg. Hat mich ein Kolben
auf die Schulter getroffen, daß ichs Zeichen
werde Lebenslang behalten.

Der Erste. Man hört hier auch gar nichts,
wie es gehen mag. Es fällt kein Schall von
dem Lärm her. Wir wollen nur absteigen.
Die Gäule mögen ein wenig verschnauben,
sie fallen uns sonst unter den Sätteln zu=
sammen.

(Ein Reiter sprengt vorbey.)

Der eine Reisige. (ruft ihn an) Wie
steht's?

Der Reiter. Schlimm. Helf, wer hel=
fen kann. (Sprengt fort; indem kommt ein
ganzer Haufe.)

Einige aus dem Haufen. Was steht ihr
hier müssig? — Sie haben den Theobald
mit seiner Schar in der Mitte und setzen ihm
zu, wie die Hunde. — Ein Schurke, wer
sich nicht rührt. (Sprengen vorüber.)

Die Reisigen. (besteigen ihre Pferde) Nun
so wollen wir auch wieder dran. — Kommen
wir nicht ganz davon, so können wir mit den
Stücken auch noch leben. (Jagen nach.)

Eleonore II. Thl.   H

Gegend bey Philippopolis.

Eine Bauernhütte.

Königinn Eleonore und ihr Gefolge.

Bischof Gottfried. Ihr seyd einer großen Gefahr entgangen, gnädigste Königinn. Gott sey gepriesen, daß wir in Sicherheit sind.

Königinn Eleonore. Ich zittre vor dem, was noch kommen wird.

Bischof Gottfried. Aengstigt euch nicht, meine Gebietherinn. Unsere Franzosen haben das Schwert führen gelernt und streiten für ihre Königinn.

Königinn Eleonore. Aus der Verwirrung, in die alles gerieth, muß ich mir das Schlimm-ste weissagen.

Bischof Gottfried. Der Lärm und das Getöse des Kampfs hat euch erschüttert. Mäßigt eure Angst, bis wir sichere Nachrichten haben. Ich habe einen Knappen auf Bothschaft ausge-sandt.

K. Eleon. Ich sehne mich nach Nachricht, und scheue mich sie zu hören. O Gott! ich höre Pferde.

Bischof Gottfried. Mein Bothe kommt mit einem Ritter zurück.

K. Eleon. Was werd ich erfahren?

Ein Ritter. (hastig eintretend) Glück auf, gnädigste Königinn.

K. Eleon. Dank euch, edler Ritter. Brächte

doch eure Bothschaft das Glück, das mir euer Gruß wünscht.

Der Ritter. Meine Bothschaft ist nicht schlimmer, als die Sache selbst.

K. Eleon. Nun so schütze mich die allwaltende Vorsicht.

Der Ritter. Faßt euch, gnädigste Königinn, und seyd guten Muths. Das Heer ist außer Gefahr und lagert sich eine halbe Stunde zurück in den Ebnen. Aber das Gepäck und eure Schätze — sind verloren.

K. Eleon. Ist das das Schlimmste, was ihr noch zu sagen habt?

Der Ritter. (zuckt die Achseln) Wir haben viele edle und tapfre Männer nicht mehr.

K. Eleon. (erblickt Theobalds Schärpe an dem Ritter) Weh! diese Schärpe erzählt mir mehr, als ihr. (Heftig) Wo habt ihr ihn? Wer gab sie euch? (Reißt sie los. Der Ritter schweigt.) Wie? auch dieser? Redet.

Der Ritter. Wir waren mitten im Getümmel, er warf mir diese Schärpe zu. Er verlor sich und ich hieb mich durch.

K. Eleon. (mit Schmerz) So wärt ihr damit nur auch nicht wieder zurückgekommen. (Sinkt ohnmächtig zurück. Cäcilie steht ihr bey.)

Bischof Gottfried. (beißend) Hm! Das galt dem Theobald! (zu dem Ritter) der Dank für eure Bothschaft wird euch eben nicht erfreuen.

Der Ritter. Unglückliche Bothschaft verdient keinen Dank.

Bischof Gottfried. (vor sich) Das Spiel der Königinn ist verloren. Wir müssen nun den König aus dem Schach bringen. (laut) Ist er denn wirklich gefallen, Ritter?

Der Ritter. Wir waren rings von Feinden eingeschlossen, ehrwürdiger Herr. Er riß seine Schärpe los und gab sie mir. „Bringt das der Königinn, sprach er, ich seh sie nicht wieder," und so sprengte er unter den Haufen hinein. Wer sich durchschlagen konnte, schlug sich durch, und er ist geblieben.

Bischof Gottfried. (zweydeutig) Wir haben einen großen Mann verloren. Um seinen Verlust verzweifelt eine Königinn. — Sobald sie sich erhohlt, müssen wir sie nach der Stadt bringen.

Philippopolis.
Königliches Quartier.

König Ludwig. Graf Robert.

König Ludwig. Das sind harte Schläge, die wir schon erlitten haben. Diese unglücklichen Vorbedeutungen scheinen keinen glücklichen Erfolg unserm Unternehmen zu weissagen. Aber noch ist nicht alles verloren. Ich habe noch Muth. Wir müssen thätig seyn.

Graf Robert. (mit Unmuth) Wollte Gott!

du wäreſt es vorher geweſen. Wir hätten weniger gelitten. Wahrlich dein Gemüth iſt wie
ſchlaftrunken, nur gewaltſame Erſchütterungen
können es ermuntern.

K. Ludw. Wir wollen der Vorſicht danken,
daß das Verderben noch vorüber gegangen iſt.
Unſer letztes Unglück hätte können größer
werden.

Graf Robert. Wohl. Wir haben eine große Gefahr überwunden. Unſer Heer iſt noch
unternehmend und groß. Aber ſey ein Mann
und wirf die andächtige Weichlichkeit von dir.
Gleich einem eingebildeten Kranken hüllſt du
dich furchtſam ein. Dein Muth verzärtelt in
dem Schooße der Andacht und an der Glorie
der Heiligkeit verſengen ſich die Flügel deiner
Entwürfe.

K. Ludw. (ſtolz) Graf Robert, dieſe Sprache erwartete ich nicht.

Graf Robert. Was ich dir jetzt ſage, wirſt
du nie wieder von mir hören. Ich bin dein Bruder und was in meinem Herz glüht, iſt brüder-
liche Liebe. Ich ſtehe nah an deinem Thron.
Auch mir hinterließ unſer Vater Liebe für dein
Reich, dir eine Krone und ein Land, reich
an Kraft und Menſchen. Ein großes Gebieth
breitete ſich vor deiner Macht aus. Eine große Schöpfung erwartete dich. (Abgebrochen)
Wie du die große Königspflicht erfüllteſt, darüber ſey die Nachwelt Richter.

K. Ludw. Und wenn denn nun die Nachwelt Mitleid mit meinen Leiden hätte, wenn sie mich in den Händen eines widrigen Verhängnisses dächte und unter dem Druck eines düstern Unmuths und mich den Bedauernswürdigen nennte?

Graf Robert. Laß dich von dieser Ahndung nicht täuschen. Für die, die nach uns kommen, ist unsere Geschichte ein todtes Bild. Mit der furchtbaren Regel in den Augen betrachtet sie der Enkel, wie sie ist. Das Gemählde ist vollendet, jeder Zug steht fest, und keine That schwankt in veränderlichem Licht und führt sein Urtheil irre. Mit der alterndern Zeit verbleicht jede Täuschung, die das Herz zur Parteylichkeit gewinnt. Du suchst dich durch gehoffte Schonung zu beruhigen. Also scheuest du den Spruch der Nachwelt und möchtest diesen Richter gern durch Mitleid bestechen? Ludwig, du verräthst dich. Der Schwache sucht nur Schatten, der große Mann tritt vor ins helle Licht. Mußtest du es dahin kommen lassen, daß ein schwaches Weib das Ruder ergriff, das du sorglos verließest? Sie unterlag dem schweren Unternehmen. Ein harter Schlag schlug ihr Beginnen nieder. Aber sieh dich vor. Die Schuld bleibt dein. Zu ihrem Ruhme fehlt ihr nichts als Glück.

K. Ludw. Du klagst mich an und bist scharfsichtig genug für meine Fehler; wohlan, so verurtheile auch mich. (Leidenschaftlich) Nimm meine Krone hin, nimm die Rechte meiner Geburt, nimm alles, alles, was königliches an mir ist, und sey ein beßrer König.

Graf Robert. (gerührt) Nein das ahndete ich nicht, daß du mich so mißverstehen würdest. Da sey Gott vor, daß ich je meine Hand nach deinem Kleinod ausstreckte, daß einer meiner Wünsche sich an diesem Frevel hing. Bey meinem Eid! Ludwig, das war nicht brüderlich, mich dieses gehässigen Gedankens zu zeihen. (Er schlägt mit Heftigkeit an seine Brust) Lieber will ich dein Gefangener seyn, als diesen Verdacht ertragen.

K. Ludw. Mit offenen Armen) Bruder, Bruder, verzeih einem Irrenden.

Graf Robert. (Nach zärtlicher Umarmung) Ich bin ganz der Deine. Befiehl mir und ich thue es. Befiehl deinen Lehnsmannen, und sie bluten für dich. (Er ergreift seine Hand) Du weißt, wie wir unser Vaterland verlassen haben, es ist erschöpft für diesen heiligen Krieg, der Schweiß des Bürgers hängt an unserm Unternehmen. O verspiele nicht leichtsinnig deinen Plan. Verschwende nicht die Kräfte deines Volks in fremden Gegenden. Spanne die Macht deines Heers und reize den Muth deiner Kämpen. In dir vereinigt sich ihre Stärke und von dir verbreitet sich dein Beyspiel über sie alle.

K. Ludw. Ja ich fühle es, daß ich anders hätte handeln sollen. O wäre die Vorsicht nicht allweise, bald möchte ich sagen, sie hätte sich vergriffen, da sie mich zum König wählte. In einer Hütte hätte mein Thron seyn sollen und der enge Kreis einer Bethstelle mein Gebieth. Dieses weiche Herz haben die Stürme der Regierung verschlagen.

Graf Robert. Das ist eben die unselige Krankheit deines Gemüths, das ist der Wurm, der an der Früchten deines Geistes nagt. – O vertilge diese Nebel einer andächtigen Schwermuth. Schlag an dein Schwert, dieß ist jetzt das Werkzeug der Ehre Gottes und dein Heerszug ist dein Gottesdienst.

K. Ludw. (Wehmüthig) und das vergossene Blut, die erschlagenen Menschen und das Elend, das hinter dem Krieg herzieht, welches schreckliche Bild!

Graf Robert. Unglücklicher, du gehst noch unter in diesem zweifelhaften Kampf. Ein Mörder hat ein ruhigeres Gewissen, als du. O sage mir, hast du ganz vergessen, in welcher Absicht du diesen Zug unternahmst?

K. Ludw. Nein, wahrlich das vergeß ich nie. Um meiner Ruhe willen zieh ich hin, am Grabe des Erlösers will ich mich stärker, an der heilgen Stätte will ich Tröstung athmen, und gereiniget von der himmlischen Luft des gelobten Landes werde ich glücklicher zurück kehren.

Graf Robert. Nun bey Gott, so hätte es dieser Begleitung nicht bedurft. Ein Stab, die Pilgertasche und der Bischofssegen hätte dich zu dieser Wallfahrt hinlänglich ausgerüstet. So wenig Wurzel hat also der große Gedanke in deinem Herzen gefaßt, das Vaterland des Heilands den Ungläubigen zu entreißen? Du wagst es alsdann noch, vor Europas Fürsten dich zu zeigen, wenn dieser vielversprechende Kreuzzug gleich einer Prahlerey ohne Wirkung verschwindet? du willst alsdann noch von der Nachwelt genennt seyn? O so wollen wir lieber jetzt dem Heer die Befehle zum Rückzug geben, ehe uns die Schande heim jagt. (Er will fort)

K. Ludw. (Hält ihn zurück) Unbesonne-ner, wie hast du mich verstanden? (Fest) Ich habe auch Muth.

Graf Robert. (Enthusiastisch) O sey ein Mann.

K. Ludw. Ich werde mich als Frankreichs König zeigen.

Graf Robert. Topp, so wollte ich dich. Ein König muß ein Held seyn, eisern in seinen Entschlüssen.

K. Ludw. Und weich in den Stunden des Gefühls.

Zimmer der Königinn.

Königinn Eleonore. Cäcilie. Hernach König Ludwig.

(Die Königinn weinend auf einem Sofa, ihr Gesicht auf ein Küssen gelehnt. Cäcilie vor ihr knieend.)

Cäcilie. O hemmt doch einmahl diese Fluth der Thränen, die euch verzehren, meine Gebietherinn, schont doch eures kostbaren Lebens. Ach, dieser unglückliche Harm raubt mir meine gnädigste Königinn.

Königinn Eleonore. Gute Seele, laß mir meinen Schmerz. Cäcilien, so viel habe ich noch nie verloren.

Cäcilie. Er wird nicht todt seyn, meine Gebietherinn, man hat ja keine gewisse Nachricht davon.

K. Eleon. So ist er in den Händen der Barbaren. Lebendig und gefangen! — Schreckliches Leben! schlimmer als der Tod! Bey harter Arbeit wird er schmachten, in grausenden Gebirgen wird er seufzen. Der Geliebte meines Herzens ist ein Sclav. — Hätte ich wohl je gedacht, daß er mir so theuer wäre?

Cäcilie. O wenn er lebt, so ist er nicht verloren. Ich sehe die Möglichkeit — er wird zurück kehren. Ihr könnt ihn selbst zurück bringen. Barbaren sind gegen Gold nicht unempfindlich.

K. Eleon. Ich würde ihn lösen können, meinst du? Ach täusche mich nicht mit dieser trüglichen Hoffnung. Mitten unter ihren wüthenden Streichen hat die Menschlichkeit ihn nicht beschützen können. Sie können nicht ein so theures Leben schätzen. Sie kennen kein Erbarmen. Ich fühle es, es ist nicht möglich. — Er ist nicht mehr.

Cäcilie. Wäre doch meine Ahndung wahr! Mir stehts so lebhaft vor der Seele, daß er noch lebt. Weissagte mir doch ein guter Engel Wahrheit und wäre die Erfüllung nicht weit!

K. Eleon. Verlaß dich nicht auf Ahndungen, gute Cäcilie. Ich sage dir, Ahndungen täuschen. Beweine mit mir den Verlornen. Laß uns sein Bild wieder sammeln. Wir wollen jeden Zug, jede Miene, jede Bewegung seiner Gestalt wieder hervor rufen, daß wir uns seiner erinnern und ihn beklagen. (Sie sieht auf und geht im Zimmer umher) Daß ich ihn so liebte! So hat sich kein Mann in alle meine Empfindungen eingeschlungen. Und meine Liebe war schuldlos, bey Gott! das war sie. (Sie sinkt vor einem Crucifix nieder) Ich kann mich ohne Zittern vor dir niederwerfen. Kein Verbrechen hat dieß heilige Bündniß geschändet. Du hast mich gesehen, heiliger Gekreuzigter, meine Liebe war schuldlos. Vergib mir, daß ich ihn liebte, du bist ja selbst die Liebe.

Wenn alles mich anklagt, vor dir bin ich rein. (Sie verstummt im Schmerz und Gebeth. Der König tritt ihr in Rücken ins Zimmer).

Cäcilie. (zum König) O gnädigster Herr, trösten sie meine Gebietherinn. Sie versinkt in Kummer.

K. Ludw. Ich habe davon gehört und begreife nicht die Ursache dieser Leiden.

Cäcilie. (Verstellt) Das weiß niemand, Seit dem letzten Unglück treibt sie es so. Vermuthlich hat der Schreck ihre Sinnen so zerrüttet. Sie schwebte freylich in einer großen Gefahr. Nun trauert sie und klagt und bethet ohne Nahrung, ohne Schlaf und erschöpft an Kräften.

K. Ludw. Wie es schein, so bethet sie jetzt?

Cäcilie. Ja, ihre Sinnen sind darein versunken, daß sie euch nicht gewahr wird.

K. Ludw. (Nähert sich gemach der Königinn und berührt leise ihre Schulter) Gedenkt auch meiner in eurem Gebeth.

K. Eleon. (Schrickt auf) Gott! mein Gemahl.

K. Ludw. Ich will euch nicht in eurer Andacht stören.

K. Eleon. (Bewußtlos) Ja er war es — wiedersehen werde ich ihn nicht. — Blutig — bleich — Wie? kostet der Krieg so vieles Leben?

K. Ludw. Himmel, welch ein Zustand! Ihre Sinnen sind zerrüttet.

Cäcilie. (Für sich) Erbarmen, sie verräth sich.

K. Ludw. Ich erschrecke, euch in dieser traurigen Gemüthsverfassung zu sehen. Ihr seyd sehr krank.

K. Eleon. (Sich erhohlend) Wo war ich? Vergebt mir, mein Gemahl. Mein Kopf ist seit einiger Zeit sehr schwach.

K. Ludw. (Theilnehmend) Unglückliche, welches ist die Ursache deiner Leiden?

K. Eleon. Gebeth ist wahre Wohlthat für den Menschen und die Stunden der Andacht sind die Blumen seines Lebens. Wie das Irrdische tief unten liegt, wenn sich der Geist zu Gott schwingt! Wie die Nebel der Sterblichkeit unter ihm weg wallen, wenn er verklärt von heiligen Empfindungen aufschwebt! — Liebt ihr mich mein Gemahl? — Ihr werdet mich hassen lernen.

K. Ludw. (Ergreift ihre Hand) Eleonore du erschütterst mich. Kennst du mich nicht? Beruhige dich, du bedarfst Ruhe. (Er führt sie nach dem Sofa.)

K. Eleon. Ruhe! Ruhe ist im Tode. Ich habe mir mein Grab schon ausersehen, an einem Hügel soll es seyn, zwischen zwei hohen weitschattenden — Bäumen — und der Hügel — grüne — über meine Asche — her-

unter. (Sie sinkt bey diesen Worten allmä-
lich in Schlummer.)

K. Ludw. Sie hat viel am Verstande gelitten. Ihr Körper muß gewaltig erschüttert
seyn. Cäcelie, geh rufe einen Arzt, ich bleibe
indessen. (Für sich in Betrachtung der Königinn verloren.) So inniges Gefühl in dieser Seele, die ich für viel zu irdisch wähnte! Der Vorhang ist zerrissen und ich sehe durch
die Lücken eine heilige Verklärte. So muß
ich mich denn immer nur übereilter Irrthü-
mer anklagen. (Er wirft sich gerührt neben
der schlummernden Königinn nieder.) Unglückliche vergangene Tage, in denen ich dich verkannt habe, euer Andenken sey auf immer
vertilgt.

Lager der Franzosen bey Adrianopel.
Gezelt des Königs.

Versammlung der Pairs und Kriegsobersten. Hernach der König.

Graf Robert. Nun was dünkt euch von
der Bothschaft der griechischen Gesandten?

Abt Montpellier. Daß sie weder Spitzen
noch Ecken hat, denke ich.

Bischof Gottfried. Wenn das so viel heißen soll, als, sie sey rund und gefaßt; so mag
das gut seyn. Aber wenn ihr damit meint,
es sey nichts gefährliches dabey zu ahnden;

so möchte ich euch wohl sagen, daß sie eine sehr scharfe Ecke hat, an der sich Frankreichs Ehre wohl wund reißen kann.

G. Rob. Ihr meints gewiß damit auf die schimpflichen Bedingungen, die sie uns vorgelegt haben? Wohl ist das ein scharfer Eckstein, der gar nicht in ein ehrenvolles Bündniß paßt. Wir können diese Bedingungen nicht eingehen.

B. Gottfr. Bey Gott, da habt ihr Recht. Wir sollten diesem Ketzer den Eid der Treue schwören?

G. Rob. Wir als freye Glieder eines freyen Reichs sollten als Vasallen einem fremden Fürsten huldigen? Ich sage es noch ein Mahl, wir können diese Bedingungen nicht eingehen.

Abt Montp. Nun so macht, daß diese Steine Brot werden und diese Kiesel Geld, sonst wird unser Heer Asien wohl nicht sehen.

B. Gottf. In diese Versuchung braucht ihr uns noch nicht zu führen. Unser Heer wird Kost haben, ohne, daß wir sie mit Schande erkaufen, und unsre Ehre münzen wir nicht in Geld um.

Abt Montp. Seyd ihr denn aber mit unserm Zustand so unbekannt, daß ihr nicht wissen sollet, wie viel uns mangelt? Wie sehr hat sich unser Schicksal seit dem letzten Unglück verschlimmert! Die meisten Ritter haben ihr Gepäck und ihre Kostbarkeiten verlo-

ren, die Schätze der Königinn, die uns hätten helfen können, sind verloren, die Steuern aus Frankreich bleiben aus; womit wollen wir Mundkost erkaufen? Wir sind auf eine Klippe geführt, wo wir entweder fallen
oder springen müssen. Entweder wir huldigen dem griechischen Kaiser mit dem Eid der
Treue, unterwerfen uns seinem Willen und
seiner Fürsorge, erhalten dafür Geld und Lebensmittel und stärken uns durch seinen Beystand zur Vollendung unsers Unternehmens,
oder wir verachten diese Bedingungen, nehmen wo wir etwas finden, plündern, mor-
den und verletzen Völkerrecht und Freundschaft.

E. Rob. Lieber Gewalt als Unterwerfung.

Abt. Montp. Wollte Gott, unsre Königinn wäre ihrer Schätze nicht verlustig, die
sie so großmüthig aufopferte! Wir wären nicht
zu diesem zweifelhaften Schritt gekommen.

B. Gottfr. (Mit Ironie) Dieser Kummer mag den Schatzmeister der großmüthigen
Königinn wohl am meisten drücken, daß seine Götter nicht mehr sind. Hohlt euch jetzt
Rath bey eurer Gebietherinn, seht, ob sie an euch
denken wird. — Sie trauert um ihren unglücklichen Buhlen, und der Herr Abt (mit
beißendem Lächeln) um ihr Geld.

Abt Montp. Undankbarer! habt ihr so
wenig ihre große Absicht begriffen. Wer nahm
sich denn des Heers an, da es an dem war,

daß Hunger und Zerrüttung es zerstreute? Wer hat es denn bis jetzt erhalten? Wer wollte es denn ohne fremden Beystand durch eigne Kräfte weiter führen? Solche schöne Plane mit einem Schlage zu verlieren, das mußte ihr Gemüth erschüttern.

B. Gottfr. (wie vorhin) Es war ein fataler Schlag. Er schlug mit einem Streich die Decke des verdeckten Spiels ein. Wahr ist es, es waren große Aufopferungen! Der Grille, regieren zu wollen, die zarten Händchen in die Händel der Krone zu mischen, opferte sie ihre Tugend und Vermögen und ihr schöpftet das Fett von diesem Opfer.

Abt Montp. Ihr haltet wenig an euch, Herr Bischof. Es ziemt euch nicht so lästerlich von einer Person zu reden, die die Gemahlin unsers Königs ist. Werft eure Schmähungen nur auf mich. Ich achte es mir für Ehre, der Schild meiner Königinn zu seyn.

B. Gottfr. Ja, ja ihr seyd dafür bezahlt.

Abt Montp. Ich verzeihe euch, ihr mögt gerne das Wort führen und redet keck — um viel zu gelten.

(Der König tritt in die Versammlung. Es erhebt sich ein Geflüster: „der König, der König".)

König Ludwig. Gott grüß euch, edle, erlauchte Herren.

B. Gottfr. Wir freuen uns, Sire, euch

Eleonore II. Thl.   J

wieder in unsrer Mitte zu sehen, unsere Rathschläge zum allgemeinen Wohl zu leiten.

K. Ludw. Das vermag ein Höherer; ich
will es wenigstens, Freunde. Es betrifft eine
wichtige Sache, über die wir uns entschließen
müssen. Was thun wir gegen Manuel? (Sie
schweigen.) Gehen wir den Antrag ein, den
uns seine Gesandten kund gemacht haben?
Er biethet uns seine Freundschaft und freundschaftliche Unterstützung an und verlangt bloß
Sicherheit für Beleidigungen.

G. Rob. Unsre Ehre steht auf dem Spiel.

Abt Montp. Wir sind in Noth.

K. Ludw. Ich höre zwey Stimmen, die
einander zu widersprechen scheinen.

Abt Montp. Unsre Wahl schwebt zwischen
Gewalt und Unterwerfung. Ehemahls war
noch ein Drittes.

K. Ludw. (aufmerksam) Ein Drittes?

Abt Montp. Die Großmuth der Königinn, Sire.

K. Ludw. Eure Reden sind kurz und ab-
gebissen. Es ist kein Zusammenklang unter
euch. Ich merke ein Stocken, ein verhaltenes
Schweigen. Waltet ein Mißverständniß unter euch? oder was soll ich daraus ahnden?
Was meint ihr von der Großmuth der Königinn? Ja, ihr mahnt mich recht, es war
edel, daß sie sich ins Mittel warf, da wir
in Ungarn ohne Geld verlassen waren. Denkt

zurück, sie rettete das Heer von gänzlicher Zerrüttung. Die That war meiner Gemahlinn werth.

Abt Montp. Sie hatte den schönen Gedanken, unsrer Krieger, ihres Volks sich anzunehmen. Sie beschloß alles aufzuopfern. Ihr Geld sollte uns die Festigkeit einer selbstständigen Macht geben und uns die Demüthigungen schimpflicher Verträge ersparen. Aber alles ihr Vermögen ist dahin, ein Raub der Feinde, und somit ihr edler Entwurf eine Beute des unglücklichen Verhängnisses.

K. Ludw. (Nachdenkend) Eine tiefe Wunde für ihr Herz! So kann ich mir ihre Leiden nun erklären. Ich weiß, was es ist, an einem Lieblingsgedanken zu hängen, ihm alle seine Wünsche zu widmen; ihm alles aufzuopfern und ihn mit einem Streich zu Grunde gehen sehen. Dieß mußte ihren Körper fürchterlich erschüttern. Großmüthige Seele, so hätte ich dich nicht gedacht.

Abt Montp. Sire, ich dachte es wohl, daß ihr sie noch würdet kennen lernen.

K. Ludw. Bey meinem Eid! ihre Absicht verdiente einen bessern Erfolg.

B. Gottfr. Ihr lobt die That der Königinn so viel und hoch, daß die Nachwelt vergessen wird, ob ein König zur selben Zeit regiert habe.

K. Ludw. (Aufmerksam werdend) Ha wer

sagte das? Ich habe regiert und werde regieren, so lange ich der Krone nicht entsage.

B. Gottfr. (fest) Das war ein Wort. Damit löst ihr die Krone wieder ein, die jetzt an eure Gemahlinn verpfändet war.

K. Ludw. (Ihn betrachtend) Wenn das nicht aus Haß gesagt ist, Herr Bischof; so mag es wenigstens nicht Wahrheit seyn. (zu der Versammlung) Ich werde niemahls meine Pflichten vergessen und ich bin jetzt hier um über unsere jetzigen Angelegenheiten mit euch zu beschließen. Überlegt unsern Zustand genau. Wir haben kein Geld, die Steuern aus Frankreich blieben aus, was noch an Münze bey dem Heere war, ist meist eine Beute der Feinde geworden — kaufen können wir keine Lebensmittel.

G. Rob. So müssen wir sie erpressen.

K. Ludw. Geld müssen wir auch ohne dem noch haben. Geld gehört mit zu den Waffen eines Heers.

B. Gottfr. (Mit Beziehung) Man kennt wohl die Hindernisse, warum die Steuern aus Frankreich nicht kommen.

K. Ludw. (Ohne es zu fassen) Ich kenne sie, es läßt sich nicht erzwingen. — Abgeschnitten von jedem Rettungsmittel haben wir nichts anders vor uns, als den Antrag des griechischen Kaisers anzunehmen, der uns alles anbiethet, was uns mangelt.

B. Gottfr. Und uns dafür alles nimmt, was wir noch haben, die Ehre. Eher Gewalt, als daß wir uns ihm unterwerfen. Wir sind auch furchtbar ohne Geld, vor unsern Waffen, muß Konstantinopel erzittern. Wir sind nicht fern von dieser Stadt. Ein entschlossener Marsch, ein kühner Sturm und wir erobern die Königinn der Städte und können von dem Kaiser in seinem eignen Hause das erzwingen, was er uns jetzt nur unter harten Bedingungen gestatten will.

K. Ludw. (Zu der Versammlung) Was dünkt euch zu diesem Rath?

Stimmen aus der Versammlung. Wir stimmen ihm bey. — Das meinen wir auch. — Nach Konstantinopel.

K. Ludw. Eure Meinung, Herr Bischof, hat viele Stimmen, wie ich höre. Nur eine fehlt noch. (Fest) ich erkläre mich dawider und gegen jeden Angriff, der nicht auf die Ungläubigen gerichtet ist. Ich will nicht Ungerechtigkeiten begehen, die unserm Unternehmen schaden und unser heiliges Panier schänden. Das ist mein fester Wille.

G. Rob. Ihr wollt also Frankreichs Ehre aufopfern, Sire?

K. Ludw. Auf wem beruhet Frankreichs Ehre? Ihr seyd Vasallen, ich bin König. An meiner Ehre hängt die Ehre meines Reichs und — ich schwöre nicht.

G. Rob. Wir sind freye Männer und haben nicht gelernt, einem fremden Fürsten zu gehorchen. Euch haben wir den Eid der Treue geleistet und deß sind wir eingedenk; aber einem andern Regenten zu huldigen, das ist sclavisch.

K. Ludw. Wenn euer König nichts dagegen hat, so ist es Gehorsam gegen mich.

G. Rob. Wie, und ihr wähnt nicht, daß man euer Ansehen kränkt? daß man euch das Recht nimmt, Herr eures Volks zu seyn? daß man euch die Ehre raubt für die Edlen eures Heers zu bürgen?

K. Ludw. Es ist kein Eid der Unterwerfung, sondern der Sicherheit. Ihr gelobt als freye Männer, keine Beleidigung nach Verletzung des Vertrags zu begehen. Kränkt dieses Angelöbniß eure Ehre? Seyd ihr das nicht schuldig?

G. Rob. Gut, es sey, daß wir den Griechen Sicherheit durch heiligen Eid und Schwur gewähren. Wer bürgt uns aber für die unsre? Wir haben mit einem treulosen Volk zu thun. Wie vieles Ungemach hat Kaiser Conrads Heer durch ihre Bundbrüchigkeit erlitten! Es wird noch klar werden, daß Manuel mit den Ungläubigen im Verständniß ist.

K. Ludw. So möge es erstlich sich erklären, ob Falschheit hinter ihrer Freundschaft ist. Der bloße Verdacht macht Niemanden schuldig. Erinnert euch nur, daß die Deutschen sich wenig in den Schranken der Zucht und Ordnung gehalten haben. Es war gereizte Rache, nicht Bundbrüchigkeit, was die Griechen den Deutschen Leids zugefügt haben.

G. Rob. Also wollt ihr erst erwarten, ob sie uns vergiften oder schändlich verrathen? Bey Gott, Sire, mein Blut wallt auf bey eurer Saumseligkeit. Es kann uns nichts gelingen und dieser mächtige Kreuzzug wird als ein Denkmahl der Schande in den Jahrbüchern der Geschichte stehen. Eure Fehler sind unverzeihlich. Schon da begann das Unglück, daß ihr nicht eiltet, mit Conrads Macht euch zu vereinigen. Vereinigung ist die Stärke großer Entwürfe und die Mutter siegreicher Thaten. Dann hätte Manuel, es nicht gewagt zweydeutig sich zu stellen, und sein Trotz wäre unter der Last unsrer Menge erlegen. Jetzt da wir getheilt sind ist er jedem Theil gewachsen und vor ihm, den wir, als Sieger in seiner eigenen Hauptstadt, hätten demüthigen können, müssen wir uns demüthigen. O Schande unseres Volks! Ich werde sie nicht ertragen. Ich erkläre hiermit feyerlich, daß ich den Eid dieser entehrenden Unterwerfung nicht schwöre. Wenn alle Edle Frankreichs ihn geloben, so soll doch mich und meine Krieger dieser Schimpf nicht brandmarken. Ich gehe mit meinem Haufen nach Nikomedien, und trenne mich von diesen Feigen. (Er geht heftig ab).

K. Ludw. (Erstaunt nach einer Pause). So geh denn Ungestümer! (Zu den Andern) Wollt ihr mich auch verlassen? Hat euch dieser Wirbel auch ergriffen? (Sie schweigen). So entschließt euch nur und geht. Ich wandre allein als ein verlassener Pilgrimm nach Jerusalem.

Stimmen aus der Versammlung. Treu und ergeben unsern König. — Ewig, ewig. — Wir folgen euch.

K. Ludw. (Heiter) So sey mein Wahlspruch: Gott und mein Volk.

Freyer Platz

(Ein Kreis Ritter sitzen in einem lärmenden Zechgelag. Zwey Ritter stehen in der Ferne in Unterredung).

Der eine Ritter. So ist es denn wahr, daß der König sich ohne Begleitung nach Constantinopel gewagt hat?

Der andere Ritter. Nicht anders.

Der Erste. Das ist mir unbegreiflich. Diese Sicherheit ist mehr als Kühnheit.

Der Andere. Du wirst noch mehr unbegreifliche Dinge hören. Die Königinn ist ganz von ihrer Schwermuth wieder genesen. Sie scherzt, sie lacht, hält Jagden und ist die Seele

der Freude. Man sagt von einer neuen Lieb-
schaft.

Der Erste. Himmel! wo wird das noch
hinaus wollen. Aber was erhebt sich für ein
Geschrey. Es tönt wie Jubel. (Ein Bube
kommt gelaufen) Bube, wem gilt der Lärm?

Der Bube. Der Herold verkündigt, daß
die Deutschen dem Sultan Masud geschlagen
und Ikonien eingenommen haben. Einige
Griechen haben die Nachricht gebracht.

Die Ritter. O das müssen wir gleich unsern Brüdern verkündigen. (Sie laufen nach
dem Kreis der Zecher) Brüder, fröhliche Bothschaft. Kaiser Conrad hat die Türken geschlagen und Ikonien erobert.

Ritter. (Durch einander) Wie? Sieg!
Sieg über die Götzendiener! — Herrlich!
Heil! — Heil dem Kreuzpanier!

Ein Ritter. (Reicht den beyden ersten Rittern Becher) Da ersäuft erst die Lügen, dann
wollen wir sehen, wie viel Wahrheit von eurer Rede übrig bleibt.

Die beyden Ritter. (Leeren die Becher)
Wir sagen es noch ein Mahl, unsere Kreuz-
brüder haben gesiegt. — Die Herolde verkündigen es im Lager.

(Jubelgeschrey und Lärm. Ein Ritter steht
ganz ernst und schweigend. Endlich reißt
er einige Zweige von einem Palmbaum

und windet sie in einen Kranz. Ein anderer redet ihn an).

Ritter. Sag mir doch, ob du Gift getrunken hast. Du stehst ja da, als wolltest du
es ausmachen.

Der erste Ritter. Ich hatte einen Gedanken, dem ich nachhing. Mein Herz ist von der
Freude weich und offen und wir alle sind begeistert von dieser herrlichen Siegsbothschaft.
Da dachte ich, wir müßten auch so siegen,
wir müßten uns zum Sieg verschwören, und
da fuhr mirs durch den Kopf, ob wir nicht
Waffenbrüder werden könnten und dieser
Kranz wär unser Ordenszeichen.

Der Andere. Herrlich, herrlich. (Er reißt
ihm den Kranz aus der Hand und hält ihn in die
Mitte hin). Brüder, wer Muth hat, zu einem
Waffenbunde sich zu verschwören, der greif in
diesen Kranz und betheure in Gemeinschaft, zu
siegen oder zu sterben. (Sie drängen sich ungestüm zusammen und rufen). Wir schwören. —
Sieg oder Tod — Wir sind Brüder! Sie-
gesbrüder! (Sie küssen einander). Ewig,
ewig Brüder. — Verflucht sey, wer von uns
dem Feinde sich ergibt. — Sieg oder Tod! —
Und wenn der Schwertstahl uns in die Seele schmettert, so denken wir noch an unsern
Bund.

(Jubelgeschrey und Lärm).

Gegend in Phrygien.

Kaiser Conrad sitzt auf einem Stein, das Gesicht auf die Hand gestützt. Herzog Friedrich steht neben ihm. Eine Schar Reiter. (Man hört in der Ferne das Siegsgeschrey der Türken.)

Herzog Friedrich. Hört ihr das Geschrey der Feinde? Wir sind nicht fern von ihnen. Ich dächte wir eilten.

Kaiser Conrad. (traurig) O laßt mich erst mein Unglück überdenken. Es ist groß, ich brauche Zeit in seiner ganzen Größe es zu faßen.

H. Friedr. Wird sind aber noch in der äußersten Gefahr. Sie werden gewiß die Gegend durchstreifen.

K. Conr. Sie mögen mich hier finden, ich kann mich nicht zur Flucht entschließen. — Ach, darauf hatte ich mich nicht gefaßt.

H. Friedr. Mit dieser kleinen Schar können wir uns aber nicht vertheidigen, und dann ist alles verloren, wenn wir in Feindes Hände fallen.

K. Conr. Die Deutschen haben nicht fliehen gelernt und doch — heute müssen wir fliehen.

H. Friedr. Ach, auch ich fühle unser Unglück.

K. Conr. Wir streiten unter dem heiligen Panier des Erlösers, und wir konnten nicht

siegen? Das begreif ich nicht. Das Kreuz
muß vor dem Säbel der Heiden fliehen?
Wer erklärt mir das?

H. Friedr. Wir sind für die Ehre Gottes
geschlagen und was wir leiden, leiden wir
für ihn. Das ist jetzt unser Sieg.

K. Conr. Ich hatte mir die schönsten Hoffnungen gemacht. Ich dachte mir, der Schutz
des Höchsten begleitet deine Waffen und Sieg
dein Heer. Nun muß ich diese Schmach erleben. O wenn mein Unternehmen groß und
rühmlich war; so bin ich gewiß nicht würdig
gewesen, das Werkzeug dazu zu seyn.

H. Friedr. Vertieft euch doch nicht in diese traurigen Gedanken. Noch ist nicht alles
verloren. Ludwigs Heer muß doch bald ankommen. Dann vereinigen wir uns mit ihm
und wir sind von neuem furchtbar.

K. Conr. Das ist noch mein Trost. Dann
wollen wir diesen Schimpf in dem Blute der
abgöttischen Hunde abwaschen. Mein Herz
lebt wieder auf mit diesem Gedanken. Fürchterlich will ich mich rächen. Könnte ich doch
jetzt gleich wieder umkehren, ich wollte ihnen
die Freude bitter verderben. Wo müssen aber
meine Leute seyn?

H. Friedr. Wo sie haben können durchkommen. Alles floh' in größter Unordnung.

K. Conr. Die ganze Sache ist Verrätherey. Wir waren verrathen, lieber Bruder.

So wäre es sicher nicht gekommen. Die treulosen Griechen haben uns in diese unwegsamen Gebirge in die Hände der Feinde geführt. Wie ein Labyrinth ist dieses Land.
Man ist hier wie in Netzen gefangen und die
Moslems wären Schurken, wenn sie uns
nicht hier geschlagen hätten.

H. Friedr. Ich ahndete schon nichts Gutes, da sich die bübischen Wegweiser so heimlich von uns weggestohlen hatten, daß man
nicht wußte, wo sie hin waren. Wer weiß,
ob sie nicht das französische Heer eben so
schändlich in eine Falle führen. Die Verzö-
gerung des Königs Ludwigs läßt mich nicht
viel Tröstliches errathen.

(Man hört nahes Geschrey: Allah! Heil
    dir, und Muhamed!)

K. Conr. Hört, dieß sind Feinde. Sie
sind uns nahe. (Zu dem Knappen) Geschwind, mein Pferd.

H. Friedr. Auf! fort! (Sie besteigen die
Pferde)

K. Conr. Aber um Gottes Willen wohin? Ich bin des Wegs nicht kundig.

H. Friedr. Wir schlagen den Weg links
ein nach Nicäa. (Sie sprengen fort)

Lagerstatt der Deutschen bey Nicäa.

(Gezelt des Kaisers)

Kaiser Conrad. König Ludwig. Mehrere Fürsten und Herrn.

Kaiser Conrad. Seyd mir herzlich will=
kommen, edler König. Es ist das erste Mahl,
daß ich euch seh'; aber ihr seyd schon lange
mein Freund gewesen.

K. Ludw. Und die einstimmige Absicht un=
sers Zugs wird uns noch fester vereinigen.
Ich freue mich mit dem Haupte eines biedern
Volks so nahe verbunden zu seyn.

K. Conr. Ihr seht einen geschlagenen
Mann vor euch. Wäret ihr eher gekommen;
so hätte ich euch freudiger empfangen.

K. Ludw. O ich habe euer Unglück nun
erfahren. Wollte Gott ich hätte es eher ge=
wußt! Man hat mich hintergangen. Man
brachte mir die Nachricht von eurem Sieg
und zuversichtlich auf dieß Gerücht verzögerte
ich meinen Aufenthalt zu Konstantinopel.

K. Conr. (verwundert) Nachricht von mei=
nem Sieg? Die hat man euch gebracht?
Ihr seht, daß ich euch nicht begreife.

K. Ludw. Nun so wird euch das deutli=
cher seyn, wenn ich euch sage, daß Griechen
aus eurem Lager kamen, die mir die Both=
schaft brachten, daß ihr des Sultans Heer
geschlagen und Ikonien erobert hättet.

K. Conr. Schrecklich! welche Treulosigkeit! Nun ist es klar, dieß sind meine Wegweiser gewesen, die mich in dieses Unglück
verführt haben. Welch eine Kette von Ränken übersehe ich jetzt! Mich haben sie in die
Falle geführt, und euch haben sie aufgehal-
ten, mich zu retten. Schändlich, listig! Dieß
ist nicht die Erfindung gemeiner Schurken.
Glaubt mir, hier ist der griechische Hof mit
im Spiel. War es nicht genug, daß mich
Manuel in Europa in seinem eignen Reich
mißhandelte? mußte er mich in Asien vollends zu Grunde richten lassen? Ach meine
schönen Entwürfe sind von Hinterlist und
Boßheit zernichtet, die Hoffnung des Siegs
hat mir der gleisnerische Häuchler vergiftet,
mein eigner Freund hat mich in die Ferse
gestochen.

K. Ludw. (Gerührt umarmt ihn) Bedauernswürdiger Held! hätte ich auch keine
Freundschaft für euch; so würde ich Mitleid
mit eurem Mißgeschick haben. Ich fühle eure
Wunde, wie ihr selbst, und ich schwöre euch,
ich werde euch beystehen.

K. Conr. Dank euch, edler Mann. Dieß
seyd ihr, wär't ihr auch kein König. Wie
das Erwachen vom Schlaf, so süß ist der
theilnehmende Freund dem Unglücklichen. —
Mein Häuflein ist sehr gering, es ist auf eine

kleine Anzahl zusammengeschmolzen. Aber es sind Deutsche und ich habe noch Muth.

K. Ludw. So vereinigt euch mit uns und geleitet mich mit euren Mannen. Wir wollen unsern Plan fortsetzen und wenn die Hölle ihren Schlund darüber aufriß; Schreck und Rache treffe unsere Feinde.

K. Conr. Und ewige Freundschaft sey unter uns.

(Sie geben sich einander die Hände)

Ephesus.

Königliches Quartier.

(Zimmer)

Königinn Eleonore.   Abt Montpellier.

Königinn Eleonore. Man vereinigt sich also mich zu stürzen? man will mich durchaus bey dem König verdächtig machen?

Abt Montpellier. Ich will eben nicht sagen, daß man es geradezu darauf anlegt; aber es gibt doch Leute, die des Königs Gemüth verdrehen und üble Gerüchte von euch ausstreuen. Der Herr Bischof Gottfried hat jetzt das Herz des Königs —

K. Eleon. Und ist mein Freund nicht. O ich kenne diesen gehässigen Wolf im Hirtengewand. Aber wie denkt der König?

Abt Montp. So günstig, als er es viel-

leicht nie gewesen ist. Nur fürchte ich seine
Wankelmuth. Sein Sinn ist nicht so fest,
um den Sturm des Argwohns auszuhalten.

K. Eleon. So arm bin ich an Freunden,
daß ich das Spiel der Ränke werden muß!

Abt Montp. Wäre Graf Robert hier,
so käme es nicht dahin.

K. Eleon. Ah dieser wackere Mann fehlt
unserer Sache.

Abt Montp. Seine Trennung war ein
großer Riß. Möchte er sich doch wieder mit
unserm Heer vereinigen, unser Zug würde
glücklicher seyn!

K. Eleon. Ich hätte nicht geglaubt, so
allgemein verfolgt zu werden. An dieses
Schicksal muß ich mich erst gewöhnen. Traun,
es gehört mehr dazu, als das Gefühl der
Unschuld, um die Leiden der Verleumdung
zu ertragen. — Wie war es möglich, daß
ihr allein übrig bleiben konntet, der mein
Freund war? O die Freundschaft ist ein
Räthsel, seit die Menschen so verdorben sind.

Abt Montp. Beruhigt euch, meine Gebietherinn, so lange ein Herz in mir schlägt,
werde ich euch treu bleiben. Es wäre der schänd-
lichste Undank, wenn ich eure Wohlthaten
so vergäße. O ich weiß es noch, wie ich damahls von Guienne mit eurem Hofstaat nach
Paris kam, wie ich als gemeiner Ordensbruder nicht ahndete, so hoch erhoben zu wer-

Eleonore II. Thl.　　　　　K

den. Ich werde es nie vergessen, daß ihr den König zuerst auf mich aufmerksam machtet.

K. Eleon. Guter Abt, ihr erinnert mich an Zeiten, wo ich auch mein Schicksal nicht ahndete. Ich erwartete damahls einen Geliebten, den Einzigen, den alle meine Wünsche umfassen sollten, und ich fand nur eine Krone.

Abt Montp. Ihr verdientet mehr. Das Volk hing an euch, wie an der Erscheinung eines Engels. Wie die Ritter turnierten, als hätte keiner sein Leben lieb für Freude! Man drängte, drückte sich um einen Blick von euren königlichen Augen, wie um den Segen eines Heiligen. Die schöne Fürstinn war die einzige Stimme von Paris.

K. Eleon. Ich bitte euch, haltet ein, ihr habt ein treues Gedächtniß. Jeder Zug dieser Schilderung, den ihr hervor hohlt, erneuert das Andenken von Tagen, die nicht mehr sind. So lange der Rausch des Prunks mich betäubte, da glaubte ich zu genießen, da belogen mich meine eignen Empfindungen; aber da die Nebel schwanden, da mein Herz mehr verlangte, als Täuschung, da zerstoben die Erwartungen meiner Liebe. Abgewiesen waren meine Empfindungen. Ich sahe, daß das Bild, das ich mir von meinem Gemahl machte, meine Seele nicht ausfüllte.

Abt Montp. Leider! — Eure Liebe ist

eine große Schöpfung. Die ganze Fülle des Genusses liegt in eurem Herzen vorbereitet da. Ein Held, ein Mann, wie unser König nicht ist mußte Herr in dieser Schöpfung seyn.

K. Eleon. Ich vertraue euch Dinge, Herr Abt, von denen auch diese Wände nichts wissen sollten. — Ach daß ich liebte, war mein Unglück.

Abt Montp. Ich möchte lieber sagen, daß ihr nicht wieder geliebet wurdet, daß viele Erwartungen eures Gefühls unerwiedert verstummen mußten, daß der hohe Strom eurer Empfindung in den engen Damm der Ehe zurück getrieben wurde.

K. Eleon. Ich mußte einen Gegenstand haben, um den sich alle meine Wünsche drehten, um den ich eine Welt voll lieblicher Bilder zauberte, der mir Alles einzig und einzig Alles war.

Abt Montp. Ihr hattet ihn, meine Königinn.

K. Eleon. Wohl sagt ihr, ich hatte ihn, nun hab' ich ihn verloren. Es war nicht mein Gemahl; aber meine ganze Seele hing an ihm, und was Strafbares in diesem Bündniß war, das vergebe mir die Liebe.

Abt Montp. Das Sacrament der Ehe verbindet nur die Hände, nicht die Herzen. Der Gemahl muß erst das Herz seiner Vermählten gewinnen, durch den Ring hat er nur das Recht es zu erwerben.

K. Eleon. Nicht wahr, Liebe ist keine Bedingung des Vertrags? kann durch kein Gesetz erzwungen werden? Ihr redet wahr, weil ihr die Natur der Empfindung kennt.

Abt. Montp. Nur muß der äußere Schein vermieden werden. Das Gesetz wacht nur über das Sichtbare. Hüllt eure Leidenschaft ins Verborgene ein, entziehet den Augen der Verräther eure Wünsche, und eure Sache ist gerecht. — Doch ich spreche zu kühn, vergebt mir, meine Königinn, was ich zu viel redete.

K. Eleon. Redet weiter, ich bitte euch darum. Schenkt mir euer Vertrauen.

Abt Montp. Nur dieses wage ich noch zu sagen — Graf Theobald stand zu hell im Lichte eurer Gunst.

K. Eleon. Ah! meine Leidenschaft war zu heftig.

Abt Montp. Zerstreuet sie. Viele Herzen huldigen euch im Stillen, ein jedes würde in einem einzigen Theilchen eurer Liebe glücklich seyn. Die Sonne verbreitet ihre Strahlen weit umher in jedem schwärmt ein glückliches Geschöpf.

K. Eleon. (Ihn aufmerksam betrachtend) Herr Abt! Ihr seyd verschwiegen.

Abt Montp. (Legt seine Hände auf die Brust) Meine Königinn.

K. Eleon. (Wie vorher) Und werdet mich sichern?

Abt Montp. Wie mein Leben.

K. Eleon. Ha so verlache ich meine Feinde. Es wird noch eine Zeit kommen, ihren Übermuth zu züchtigen. — Ihr wünschet ein Mahl euren Vetter mit einer Abtey zu versorgen, mit drey hundert Mark glaubet ihr sie zu lösen. Ich will euch dazu behilflich seyn.

Abt Montp. Welche Huld! meine Gebietherinn.

K. Eleon. Ich bin euch mehr schuldig; auch das werde ich nicht vergessen. Jetzt überlaßt mich meinen Gedanken; denn ihr habt mir wichtige Dinge gesagt.

Königliches Quartier.
Zimmer.

König Ludwig. Kaiser Conrad.

König Ludwig. (bewillkommt den Kaiser) So recht, als Freunde wollen wir leben. Ich freue mich, daß ihr ohne das lästige Gefolg einfach zu mir kommt, wie ein Nachbar zu dem andern.

Kaiser Conrad. Es ist auch so weit gekommen, daß der Kaiser kaum einen Buben zur Begleitung hat.

Ludw. (bedenklich) Ich werde euch doch nicht mißverstehen? Ich weiß, Conrad ist in eigner Würde groß. Was nützt auch dieser Pomp? warum soll uns immer eine Schar von Höflingen im Wege stehen, wenn unsere Herzen vertraulich gegen einander seyn wollen? warum sollen wir uns jeden Blick und jedes Wort belauschen lassen?

Conr. (empfindlich) Eure Rede ist Spott oder ihr müßt es nicht wissen, wie geschmolzen meine Macht ist.

Ludw. Und verkündigt eure düstre Miene wirklich innern Kummer? Seyd vertraut gegen mich; bey einem Freund wird das Herz leichter, wenn der Mund sich arglos öffnen kann.

Conr. Ich hab euch nichts zu sagen, als ein Lebewohl.

Ludw. (erstaunt) Ihr wollt euch von mir trennen?

Conr. Was nützet euch ein einzelner Mann und wenn er auch ein Kaiser wäre.

Ludw. Und euer Volk? und eure Ritter?

Conr. (bitter) Die liegen in dem Hafen und warten, ob der Wind bald nach Europa weht. (Heftig) Alles verläßt mich. Ich und mein ganzes Heer haben unter einem Zelte Raum.

Ludw. Unglücklicher Mann.

Conr. (stolz) Das muß man meinen Deutschen lassen, sie haben Ehre. Sie wollen nicht, wie Bettler oder Troßbuben neben euch herlaufen. Ich kann es ihnen nicht verdenken, daß sie mir den Dienst aufgesagt haben und nach Hause kehren wollen. Sie haben ihr Geräth und ihre Pferde verloren und so arm geht kein deutscher Ritter ins Gefecht. Aber ich bin auch ein Deutscher. Lieber wollte ich als Knab in eurem Heere dienen, als den geschlagenen verlassenen Kaiser neben euch zur Schau herum führen.

Ludw. Ich will nicht fürchten, daß Beleidigung euch von mir treibt, daß ein Groll unsere Vereinigung zerreißt. — Ich habe den Frevel an meinen Dienstmannen streng geahndet, womit sie eure Ritter beschimpft haben.

Conr. (freundlich) Wir bleiben Freunde.

Ludw. Nun so bleibt auch bey mir. Ihr allein seyd mir ein ganzes Heer.

Conr. Ihr habt mein Wort und ihr wißt, was deutsches Wort und Ehre ist. Ich scheide und muß von euch scheiden.

Ludw. So soll denn die ganze Last des Kreuzzugs auf mich fallen?

Conr. Ich verlasse euch nicht. So bald ich meine Kräfte wieder gesammelt habe, so bald ich ein Heer wieder bey mir habe, werde ich euch zu Hülfe eilen.

Ludw. Ich werde das zum Beweis euer fortdaurenden Freundschaft ansehen.

Conr. Da habt ihr meinen Handschlag drauf.

Ludw. Euer Entschluß hat mich so über=
rascht daß ich mich erst fassen muß. Kommt,
setzt euch, wir wollen uns noch mehr darüber
bereden, und dann — wenn es euer fester
Wille ist, mögt ihr unter Gottes Geleite
hinziehen.

(Sie setzen sich.)

Eleonore

Königinn von Frankreich.

Vierte Periode.

Personen.

Ludwig, König von Frankreich.

Eleonore, dessen Gemahlinn.

Graf Robert. dessen Bruder.

Conrad, deutscher Kaiser.

Balduin, König von Jerusalem.

Raimund, Fürst von Antiochien.

Bella, dessen Favoritinn.

Graf Theobald.

Graf Heinrich von Champagne.

Graf Gottfried von Rankun.

Gottfried, Bischof von Langres.

Montpellier, Abt und Beichtvater des Königs.

Johannes, Patriarch von Jerusalem.

Joscelin, ein Einsiedler.

Muhamed, ein junger Türk.

Falkonet, Minstrel.

Cäcilie, Hoffräulein und Vertraute der Königinn.

Wolf von Wülfingen, ein deutscher Ritter.

(Der Zeitraum ist von 1148 — 1149.)

Zimmer der Königinn.

Königinn Eleonore. Falkonet.

Königinn Eleonore. Ihr habt mein Vertrauen, daß ihr es nicht mißbraucht.

Falkonet. Weiß ich dieß seit gestern erst? Meine Verschwiegenheit ist so alt, als ich in euren Diensten bin.

Eleon. Ihr wißt um verborgene Dinge; vergeßt, daß ihr sie wißt. Ich habe euer Leben in meiner Gewalt.

Falk. So theuer verkauf ich kein Geheimniß. Mein Leben ist mir lieb geworden.

Eleon. Scherzet nicht, der fürchterlichste Eid kann euch nicht fester binden.

Falk. Als wenn man nicht scherzen sollte, wenn ihr den Bothen eurer Liebe so feyerlich einweiht. Beschwört mich lieber bey eurem Kuß, den der Glückliche von euren Lippen empfängt, bey der willkommenen Nacht der Liebe; und meine Zunge wird so verzaubert seyn, wie ein magischer Knoten.

Eleon. Ihr seyd ein gefährlicher Mann.

Falk. Nun was bring ich dem Ritter für Bothschaft? darf er hoffen? Er zählt die Minuten meiner Wiederkehr.

Eleon. Ob er wohl auch die Gefahr nicht scheuet?

Falk. (lächelnd) Ha! liebenswürdige Ge=
fahr in den Armen einer schönen Königinn!
Die Gefahren müssen schrecklicher seyn für
einen Helden.

Eleon. Ihr werdet durch euer Geschwätz
noch alles verderben. — Ich bezweifle seinen
Muth nicht; aber ob seine Liebe stark genug
ist, Hindernisse zu überwinden? ob er sich
auch dazu verstehen wird? —

Falk. Zu euren Füßen seine Liebe zu er=
klären? die Wonne eurer Schönheit zu ge=
nießen? So müßten eure Blicke noch nie
Männer bezaubert haben. Bezweifelt das
Mögliche, aber das Unmögliche ist unmöglich.
Da ich ihm euren Brief gab, wie sein troßi=
ger Blick in schwankendes Erwarten schmolz,
wie er ihn verschlang, wie er ihn mit Gewalt
wider seine Brust drückte! — Möglich viel=
leicht, daß er nicht mehr verlangt, daß seine
Wünsche nun still stehen. Vielleicht ist ihm
das Glück zu groß, geliebt zu werden.

Eleon. Schweigt mit diesen Spöttereyen.
Ich bin so unruhig, unentschlossen, ahndend.
Ob ich ihn wohl begünstige?

Falk. Das mag er selbst von euren Lip=
pen hören. Ich gehe, um ihm diese Nachricht
zu bringen.

Eleon. Noch ein Wort. Ihr habt doch al=
les überdacht? es ist doch alles sicher? Cäci=
lien werde ich schon entfernen.

Falk. Und das Hofgesinde locke ich in den hintern Pavillon, belustige sie mit Schwänken, berausche sie mit Wein, niemand soll ans Lauern denken. Die Edelknaben im Vorzimmer übergebe ich dem Schlaf.

Eleon. Aber wie werdet ihr ihm den Eingang möglich machen?

Falk. Sehr leicht. Durch den Schlüssel zur hintern Pforte des Pallasts.

Schlafgemach der Königinn.

(Nacht.)

Königinn Eleonore (auf einem Ruhebette). Cäcilie.

Königinn Eleonore. Du kannst nun gehen. Der Schlaf überlistet meine Augen.

Cäcilie. Soll ich euch kein Mährchen noch erzählen?

Eleon. Nein.

Cäcilie. Ich habe ein neues Lied auf der Harfe; wenn ich es versuchte?

Eleon. Laß es, es würde mich nur munter machen.

Cäcilie. So erlaubt mir nur, meine Gebietherinn, zu weilen, bis ihr eingeschlummert seyd.

Eleon. Geh nur, du bedarfst der Ruhe auch.

Cäcilie. O ich wollte ganze Nächte für euch wachen. Ich bin jetzt so besorgt um euch, mein

Schlafgemach ist so entfernt von dem eurigen, wenn euch etwas Schlimmes begegnete!

Eleon. (verdrießlich.) Ich weiß nicht, wie ich mir deine ängstliche Sorgfalt deuten soll. Du brauchst nichts zu befürchten, wo ich nichts fürchte.

Cäcilie. Ach wenn es nicht mehr wäre, als dieses. Euer Herz ist nicht mehr gegen mich wie sonst. Meine Dienste sind euch verdrießlich, eure Reden sind kurz und abgebrochen. Ich vermisse die süße Vertraulichkeit, die mich ehemahls glücklich machte. Ihr entfernt mich von euch. Ach wenn ihr mich verstoßen wollt, das bricht mir das Herz.

Eleon. (gütig.) Liebe, finstre Grille, was bildest du dir für argwöhnische Gedanken? War ich je wohl hart gegen dich? Wenn habe ich dich verstoßen wollen? Deine Zärtlichkeit wird dich noch zur Peinigerinn machen. Sey unbesorgt, und leg dich schlafen.
(Cäcilie küßt der Königinn die Hand, und
       geht ab.)

Eleon. (vor sich.) Gutmüthiges Mädchen, es gibt Geheimnisse, die ich nicht mit dir theilen kann. — Traun! ich schäme mich vor ihr. Sie ist der ewige Wiederklang von Theobald. — Ob sie wohl Argwohn hat? — Hm! und was verberge ich mich auch vor ihr. Haben denn meine geheimen Dinge so viel Sträfliches an sich? — Aber das Äußere, das

Sichtbare bildet nur das Sträfliche — sehr
klug gesagt, Herr Abt! Du stille Nacht sollst
meine Leidenschaft verhüllen, und stumme
Wände mögen um meine Liebe wissen. ——
Ob ich wohl aufstehe, er muß bald kommen.
Ha diese süße Unruhe, den Erwarteten zu
empfangen, wie lebendig macht sie! wie sanft
bewegt sie die Seele! Dieß sehnende Entge-
genschmachten! dieß wünschende Harren!
Wie selig macht du Liebe! — Ha! er kommt,
ich höre seinen leisen Tritt. — Ich werde
mich schlummernd stellen.

Ruinen des Dianentempels.

(Mondhelle Nacht.)

Theob. (in griechischer Kleidung.) So arm
bin ich, daß ich in diesen verfallenen Mauern
Herberge suchen muß. Hier will ich den Morgen erwarten, dann mag sich mein Schicksal aufklären. Bis jetzt ist es immer düster gewesen und trübe. Abhängig vom Gängelband
des Zufalls habe ich mich lange müssen leiten lassen. Jetzt will ich wieder durch mich
selbst seyn, was ich bin. — Ich glaube wohl,
daß mich die Kaufleute mit denen ich hieher gekommen bin, in ihre Herberge mit aufgenommen und die Zeche für mich bezahlt hätten. Vielleicht ists Eigensinn, daß ich nicht
wollte, und hier armselig übernachte; aber

mit diesem Eigensinne fühle ich meine Ehre wieder.

Cäcilie. (allein und ohne den Theobald zu bemerken) Hier muß ich lauern. Noch ists nicht eilf Uhr, ich kann ihn nicht verfehlen und hier muß er vorbey, wenn er nach der hintern Pforte des Pallasts will. Ich muß doch sehen, wer dieser behuthsame Günstling meiner Königinn ist. Dank sey es meiner Neugier, die mir zu horchen rieth. Aber daß sie mich, die Vertraute ihrer Seele, von sich entfernt, daß sie mir es verschweigt und einen andern zum Freund ihrer Geheimnisse macht, sey es auch mein Geliebter, das verwundet mich. Still! Hier kommt jemand. Ich muß mich zurückziehen. Hm! ganz verhüllt in seinen Mantel. Er ist so unkenntlich wie ein Gespenst! der muß es seyn. Ich will ihm von ferne folgen. (Sie geht.)

Theob. (tritt hervor, vor sich.) Was hab ich gehört? das war Cäcilie. Ihre Stimme — ihr Gespräch — was ahnde ich? — Ich muß sie anrufen. Fräulein, schönes Fräulein!

Cäcilie (sich erschrocken umsehend, vor sich.) Was ist das?

Theob. Fräulein Cäcilie!

Cäcilie. (ihn erblickend.) Welche Gestalt! Diese Stimme sollte ich kennen.

Theob. (hastig.) Ists möglich? ists wahr?

Cäcilie. Daß ihr Graf Theobald seyd? daß ich nicht irre?

Theob. Das ist so wahr, daß ihr daran nicht zu zweifeln braucht.

Cäcilie. Himmel! ihr habt mich ganz bestürzt gemacht. Was bedeutet diese Kleidung? wie seyd ihr hierher gekommen? hier? in der Nacht? in diese Trümmer?

Theob. Wo ich jetzt bin, weiß ich bald selber nicht, und wie mir ist! Ich muß euch nur meine Geschichte erzählen, um wieder zu mir selbst zu kommen — Ich wurde damahls von den Bulgaren gefangen. Durch Begünstigung des Zufalls und der Nacht entfloh ich ihren Händen. Mit allen Beschwerden des Mangels irrte ich durch Wälder und Gebirge bis ich auf griechischen Boden kam. Die Gastfreyheit und Almosen in den Klöstern mußten mir weiter helfen, weil ich keine Mittel hatte, meinen Stand zu beweisen. Lange lag ich zu Konstantinopel, bis ich endlich mit griechischen Kaufleuten hierher gekommen bin. Fremd, ohne Geld, in der Nacht irrte ich in dieser Stadt umher und entschloß mich endlich hier den Morgen zu erwarten.

Cäcilie. O glücklicher Zufall, daß ich euch hier sogleich bey eurer ersten Ankunft wieder getroffen habe! Ach, wir wähnten euch todt.

Theob. Und darum ist mein Andenken so

Eleonore II. Th.   L

bald verloschen, da, wo ich es unvergänglich
wähnte?

Cäcilie. Wie? was wollt ihr damit sagen?

Theob. Ich bitte euch, ists wahr? ists
möglich? Ah was ich aus eurem Selbstge=
spräch vernahm, eure Erscheinung an diesem
Ort, um diese Stunde, läßt mich etwas ver=
muthen, was mich bange macht.

Cäcilie. (vor sich) Sollte er etwas gehört
haben? (verlegen) Freylich, daß ich hier bin,
so spät — an diesem Orte.

Theob. Hat seine Absicht, muß seine Be=
ziehung haben.

Cäcilie. Muß euch wundern, wollte ich sagen.

Theob. So sehr als euch mein Wiederse=
hen. Todt sollte ich also seyn, todt bin ich,
ausgestorben in dem Herzen der Königinn.
Ihr schweigt? Heraus mit dem Geheimniß.
Liebt sie mich noch?

Cäcilie. Sie liebte euch. Euer Verlust ko=
stete ihr bald das Leben; Gram und Schmerz
unterdrückten ihre Seele unter schwere Lei=
den, daß ihre Sinnen der Erschütterung er=
lagen.

Theob. (hastig) Wie? ists möglich? (ab=
gebrochen) Doch endlich wurde es anders,
nicht wahr? Endlich wurde ich vergessen,
wie man einen Gedanken wohl vergißt. Die
bloße leere Erinnerung ist zu luftig, zu we=
nig körperlich, sie verschwindet leicht, wie ein

Geist. O ich kann mir alles nun begreiflich machen.

Cäcilie. Was beginnt ihr? ich bitte euch. Kommt und folgt mir, daß ich euch durch ein Mahl erquicke und ein Nachtlager bereite.

Theob. (ohne darauf zu achten) Sie vertilgte das Bild ihres Einzigen in neuem Genusse. Entweiht wird jetzt durch Laster das Heiligthum meiner Liebe und ihre Tugend ist vernichtet. Jetzt schwelgt ein Anderer in meinem, meinem Paradiese.

Cäcilie. Um aller Heiligen willen mäßigt euch, ihr werdet schrecklich. Kommt und folget mir.

Theob. Nein, ich bleibe hier, und morgen fort, so weit die Erde Boden hat.

Cäcilie. Ich bitte euch.

Theob. So sagt mir, ist es wahr, was ich errathe? Ich lasse euch eher nicht. Seyd ihr nicht die Vertraute der Königinn?

Cäcilie. In dem Sinne, in welchem ihr dieß versteht, bin ich es nicht. Kann es der Gemahlinn des Königs nicht mehr seyn.

Theob. Könnt es nicht mehr seyn?

Cäcilie. Weil ich es nicht mehr bin.

Theob. Ich erstaune. Diese Nacht wird mir dunkler, als ihre Finsterniß.

Cäcilie. Folgt mir nur. Vielleicht sollt ihr mehr erfahren.

Königliches Quartier
(Pförtnerstube.)

Falkonet. Der Pförtner.

Pförtner. Beym Sanct Peter! der Wein muß mit meiner Zunge Brüderschaft gemacht haben, sie vertragen sich recht gut zusammen. (Er nimmt einen Becher) Ich danke euch, daß ihr mir die neue Bekanntschaft mit diesem guten Freund verschafft habt. (Er deutet auf den Becher) Wohl bekomm dirs, Cyper. (Trinkt)

- **Falkonet.** (Schenkt wieder ein) Trink nur, wenn es dir schmeckt.

Pförtn. Halt! ihr füllt ja in mich wie in ein leeres Weinfaß.

Falk. Ha, ha! du sähst besser wie ein volles Weinfaß. Wie viel Humpen hältst du wohl, dicker Schlauch?

Pförtn. Nun laßt's nur gut seyn. Es geht recht lustig zu, seit wir hier sind. Mein Dienst wird mir gar nicht sauer. Ich habe euch den Schlüssel zur hintern Pforte aufzuheben gegeben, und um das vordere Thor soll ich mich auch nicht alle Nacht bekümmern. Mir kanns recht so seyn.

Falk. Schweig, was geht dich jetzt der Schlüssel zur hintern Pforte an?

Pförtn. Gar nichts, weiß wohl. Ich wollte euch nur meine gute Zeit erzählen.

Was gehts mich an, was ihr vorhabt? was
gehts mich an, wo Fräulein Cäcilie in der
Nacht hin will? Der Pförtner trinkt und hat
keine Noth. (Er trinkt)

Falk. Was ist das für ein Geschwätz?
Ich glaube, der Wein spricht aus dir.

Pförtn. Ja, und ich spreche aus dem Wein,
ha, ha, ha. Das ist spaßhaft. Ich muß euch
sagen, ich werde recht beredt, wenn ich ein=
mahl mit dem guten Freund zusammen kom=
me. Wenn ich nur die Schwänke wüßte, die
in eurem Kopfe stecken. So was läßt sich recht
gut beym vollen Becher hören. Doch ich muß
euch etwas erzählen, was euch recht zu lachen machen wird. Gestern Abends schleicht
Fräulein Cäcilie vorne hinaus. Haha! dachte
ich und that als ob ich nichts sähe. Ich
schick ihr aber meinen Buben nach, der sieht
sie bey dem alten zerstörten Götzennest mit ei=
nem Griechen sprechen.

Falk. Bey den Ruinen des Dianentem=
pels? —

Pförtn. Wie ihr wollt, thut im Grunde
nichts zur Sache. Nicht lange drauf, so kam
sie wieder und brachte ihn mit.

Falk. Hier herein?

Pförtn. Ja, ja; er hat bey mir geschla=
fen, und auch einen Imbiß genossen. Es
wäre, meinte sie, ein armer Mann, der
kein Quartier hätte.

Falk. Und wo ist er denn?

Pförtn. Ausgeflogen, ha ha ha. Den Vögeln wachsen die Federn in einer Nacht wieder. Wie's so gegen Morgen kam, war ich etwas eingeschlummert, und wie ich wieder aufwachte, war mein Gast davon.

Falk. Und du kennst ihn nicht? war er noch jung?

Pförtn. Hab ihn traun, nicht so besehen. Neugierde ist meine Sache nicht. Die ist mir zu spitzfündig. Was mir nicht mit Gewalt in die Augen fällt, — und am liebsten ist mir immer, was ich schmecken kann.

Falk. Sonderbar!

Pförtn. Haha! nicht wahr, ich kann auch was erzählen? Das war ein Schwank? Ich wollte euch nur zu lachen machen.

Falk. Guter Freund, ich kann nicht mit lachen. Es kommen mir sonderbare Dinge in den Kopf. (Vor sich) Ich muß mehr Licht haben. (Er will gehen.)

Pförtn. Hm! hm! wird mirs doch so schwer, ich kann mich auf kein Histörchen mehr besinnen.

Falk. (Unruhig) Es mag so gut seyn. Legt euch schlafen, Alter.

Ein Saal.

Falkonet, hernach Cäcilie.

Falk. (Allein.) Da steh ich nun betrogen, finde in allen meinen Gedanken keinen, der mir hier aushilft. Betrogen? in meiner Liebe betrogen? in meiner Liebe betrogen? Wie mich das Wort mit einem Mahl um meine Besinnung bringt! Ich lern es jetzt zum ersten Mahl, lern es zum ersten Mahl empfinden. Kein Wunder, daß es mich so gewaltig faßt. (Cäcilie tritt aus einem Zimmer) da kommt die Häuchlerinn. Sie scheint so unverstellt. Wie ich ihr das Geheimniß abgewinnen werde?

Cäcilie. So stumm, lieber Falkonet. Du stehst ja hier wie angezaubert. Deine Miene ist gelähmt, dein Blick so starr und eingewurzelt. Was fesselt deine Sinne so?

Falk. Drey Jahre sind es, Fräulein, daß ich euch kenne, nicht wahr?

Cäcilie. Was soll das?

Falk. Ja, drey Jahre sind's, daß ich euch liebe, daß ich um euer Herz gerungen habe.

Cäcilie. Und zu dieser kleinen Zahl brauchst du doch wohl nicht einen solchen Kampf? Ich dachte nichts weniger, als daß du alle Sorgen für unsern ganzen Hof im Kopfe hättest.

Falk. Ihr scherzet mit meinem Ernste, wie mit meiner Liebe.

Cäcilie. Ha, ich merke, du hast mir mehr zu sagen. Das Feyerliche in deinem Tone und Wesen läßt mich mehr erwarten. Oder wozu soll diese ängstliche Berechnung deiner Liebe? Hast du sie um Sold verdungen? Hast du etwa jedes aufwallende Gefühl für mich

sorgfältig angeschrieben und schätzest jetzt die
Summe, wie viel du wohl von mir verlan=
gen könntest?

Falk. Richtig, ihr scheint meinen Sinn sehr
gut zu versiehen. Ich überdachte eben, mit wel=
chem Lohn ihr meine Liebe erwiedert.

Cäcilie. Du spannst doch deine Erwartung
nicht zu hoch?

Falk. Ich fordere nur Treue. (leidenschaft=
lich) Ach ich dachte, euer Herz sey mein.

Cäcilie. Nun sehe ich, daß du sehr fein zu
scherzen weißt. Beynahe hättest du mich durch
deine List unruhig gemacht. Wirklich, der Preis
ist billig und gebührt einem solchen Ritter, der
drey Jahre so wacker gerungen hat.

Falk. Wenn ich durchaus denn scherzen soll;
so muß ich wohl auch dieß für Scherz nehmen,
daß ihr mich um den Dank betriegt und ihn
sorglos einem Fremden ertheilt?

Cäcilie. Ich verstehe dich nicht.

Falk. Bey den Trümmern des Dianentem=
pels mögt ihr wohl besser verstanden worden
seyn.

Cäcilie. (betroffen; doch sich sogleich wieder
fassend) Du scheinst krank zu seyn. Um dich
aufzuheitern, will ich dir etwas erzählen.

Falk. Nicht jede Erzählung macht heiter.
Doch, wenn ihr wollt, — ich bin heute ernst=
haft genug, um mehr noch zu hören, als ich
schon gehört habe.

Cäcilie. (Mit einem bedeutenden Blick) Das Mährchen ist nicht lang und nicht schwer zu errathen; denn die Hauptperson bin ich selbst. Es war eine helle Nacht, mild, wie sie unter Asiens Himmel zu seyn pflegt, und einladend zu Betrachtungen. Ich stehe am Fenster, vor meinen Blicken liegt ein Garten, an dem die Ruinen eines Tempels stoßen. Indem kommt mit abgemessenen Tritten Jemand durch den Garten nach dem Pallast. Ich höre darauf etwas in den Gemächern schleichen, und erwache — Denn bis hierher war es nur ein Traum. Ich ging darauf, um meinen Traum zu deuten, nach jenen Trümmern. Hier sah ich wirklich noch einmahl die Gestalt in einen Mantel lang gehüllt nach der hintern Pforte wandeln. Ich erstaunte, und hinter mir erhebt sich ein Geräusch. Ich sehe zurück und einen Mann, der ohne Herberge, ohne Imbiß, arm, fremd, in der Nacht erst angekommen, unter freyem Himmel den Tag erwarten will. Und sieh da, was du mir wohl nicht zutraust, ich nehm ihn mit und übergebe ihn dem Pförtner, daß ihn dieser pflege und beherberge. Des andern Tags erzählt die Verläumdung diese That. — Doch dieß gehört zu meiner Geschichte nicht. Das Mährchen ist zu Ende.

Falk. Und der Ort, wo alles das geschah?

Cäcile. Ist weder Paris noch Konstantinopel; sonst, wo du willst. Für jedes Mäh:

chen gibt es einen Ort, wo es wahrhaft
wird.

Falk. Fräulein, ihr macht mich zu einem
Unmündigen. Ich stehe vor euch wie ein Lehr-
ling, der seinem Meister nicht ins Gesicht zu
sehen traut. Entweder ihr wollt mich bitter
züchtigen oder ihr schürzt die Binde meiner
Augen fester.

Cäcilie. Armer Betrogener. Du glaubtest
mich also wirklich ertappt zu haben? Richte
mich, ich bin die Deinige.

Falk. (entzückt) Und diese Hand gehört mir?
und dieses Herz ist mein? und diese Lippen
winken mir? (Er küßt sie)

Cäcilie. Nicht so ungestüm. Du hattest mir
noch viel zu sagen.

Falk. Jetzt nichts mehr. Ihr habt mir zu
verstehen gegeben, daß ihr um ein Geheimniß wißt, das meine Lippen hütheten und das
mein Herz verbarg, an dem mein Leben hängt,
wenn die Liebe nicht eure Verschwiegenheit
bewacht.

Cäcilie. So gefährlich ists zu wissen, daß
die Königinn den unbekannten Ritter liebt?
Ihr ließt mich aus dem Spiel und seht, ich
mische mich darein wie ein unsichtbarer Geist.

Falk. Wenn dieß ein Vorwurf seyn soll,
Fräulein; so bedenkt, daß Schweigen einem
Mann geziemt.

Cäcilie. Was soll ich mir von dieser neuen

Liebe unsrer Gebietherinn denken, wenn sie
das Verborgene so ängstlich sucht? Ha, sie ist
es nicht die sie in Theobalds Armen empfand;
das ist nicht jene geläuterte Liebe ohne Hefen
des Verbrechens.

Falk. Bey allen Heiligen, je länger ich euch
zuhöre, je weniger verstehe ich euch. Ihr redet
so spitzig, als wenn ihr etwas treffen wollet.
Euer Sinn scheint mit mehrerem zusammen zu
hängen, was ihr noch verschweigt. — Ha,
daß ich es erst jetzt merke, wie unerklärbar
eure Erzählung war! Ich soll doch wohl
nicht glauben, daß ihr durch einen Traum dem
Geheimniß auf die Spur gekommen seyd?
Diese Fabel klingt mir jetzt so fabelhaft wie eine Fabel. Ich finde mich hier nicht aus. Von
wannen habt ihr das Geheimniß?

Cäcilie. Deine Verschwiegenheit leidet
nichts dabey. Du hast das Deinige gethan.

Falk. Wenn ihr mich liebt, um meiner Ruhe willen, wie kommt ihr dazu?

Cäcilie. Ängstige dich nicht, und suche nicht
Absichten zu errathen, die ich nicht habe. Freylich hättet ihr den Handel geheimer sollen halten Ich war zu nahe um euch. Dunkle Spuren leiteten mich zur Vermuthung. Du ließt dich
durch mein Mährchen fangen und durch dein
Geständniß kam mein Vermuthen zur Gewißheit. Genug meine Neugier ist befriedigt. Es ist
nur ein Scherz; (lächelnd) doch wann du wie-

der ein Geheimniß haſt, ſo wage nicht, vor mir
es zu verbergen. (Sie geht)

Falk. (erſtaunt ihr nachſehend) Das war
boßhaft. — Ah, Neugier iſt der Roſt der weiblichen Güte.

Voriger Ort.
Zimmer.

Cäcilie. (allein mit Sticken beſchäftigt.)
Man wird nun vor mir auf der Huth ſeyn. Falkonet wird ſich ärgern, daß ich ihn überliſtet habe, er wird mich für treulos halten. Geduld!
Er hätte ſich nicht zu ſolchen Händeln brauchen
laſſen ſollen. — Ich muß dieſen neuen Liebes-
handel zerſtören, er ſoll nicht ohne mich beſte-
hen. — Warum verbargt ihr auch euer Spiel
vor mir? warum entwendet mir die Königinn
auch ihr Vertrauen? Ich werde dieſe Beleidigung rächen Jetzt habe ich den Falkonet beſtürzt;
es wird ihn traun überraſcht haben, daß ich um
die Geſchichte weiß. Nun will ich bey der Königinn noch eine Saite anſchlagen; ich will for-
ſchen, ob ihr Herz für Theobald noch ſchlägt.
Iſt dieſer Ton verſtimmt, dann — (ſich be-
ſinnend) nun dann wähl ich jedes Mittel,
was mir vor Augen liegt. Glücklicher hätte
mir das Abenteuer mit dem Theobald nicht
kommen können. — Ich weiß auch nicht, welcher Eifer mich für ihn treibt. Ich athme für

seine Liebe, ich verwickle mich in seine Schicksale, (feurig) ich lebe ganz für ihn. Ha, wenn
mir nur die die Stickerey gelingt! Die Schärpe muß ihm wohl stehen, wenn er in seiner
mannlichen Rüstung wieder stolz einhertritt.
(Es wird geklingelt) Die Königinn — Nur
diesen Stich noch. (Sie legt die Stickerey weg
und geht.)

Zimmer.

Königinn Eleonore. Falkonet, hernach Cäcilie.

Eleonore. Ich danke euch für euren Wink.
Ich werde ihre Vermuthung schon irre führen. (Falkonet will gehen) Noch ein Wort.
Hat mich der Ritter heute früh auf dem Balkon
gesehen, da er mit der Schar vorüber zog?

Falk Und ihr saht ihn nicht? O er hat geklagt, daß keiner eurer Blicke auf ihn gefallen sey. Lang hafteten auf euch seine Blicke und ihr saht ihn nicht; er zog sein Roß scharf
an, daß es wild aufbäumte, und ihr saht ihn
nicht; er wendete sich noch ein Mahl, und ihr
saht ihn nicht.

Eleon. Der Thörichte! Mußte er nicht
wissen, daß ich ihn nicht sehen durfte? Geht,
sagt ihm, daß er mich verstehen lernen müsse.
(Falkonet geht ab)

Cäcilie. (durch eine Seitenthür herein tre-
tend) Meine Königinn.

Eleon. Setze dich, ich habe dich etwas zu fragen. (Sie beobachtend) Hast du nicht einige Nächte ein Geräusch gewahrt?

Cäcilie. (vor sich) Sie will mich ausforschen. (laut) Ich wüßte nicht.

Eleon. (vor sich) Sie verstellt sich. (laut) Mir war es, als wenn ich in diesen Gemächern ein leises Wandeln, schwebende Tritte, ein heimliches Knistern hörte.

Cäcilie. Sonderbar.

Eleon. Beynahe dürfte ich einen Geist in Verdacht haben, der hier tosete.

Cäcilie. Das wäre noch die Frage.

Eleon. Traun, ich fürchtete mich, daß mirs durch alle Glieder schauderte. Du hast also nichts gehört?

Cäcilie. Nein.

Eleon. Du bist sehr einsylbig.

Cäcilie. Ich dachte eben darüber nach, ob sich Geister auch verlieben könnten.

Eleon. Wozu das?

Cäcilie. Dann wärt ihr wohl in eurem Schlafgemach nicht sicher.

Eleon. (betroffen) Wie? du scherzest. Aber wäre es nicht möglich, daß ein Abgeschiedener sein Wesen noch hier haben könnte?

Cäcilie. Sehr möglich. (lächelnd) Vielleicht ist es der Schatten Theobalds, der in eurer Nähe schwebt. Schwur er euch nicht oft, daß sein Schatten euch umwehen würde, wenn er im Kampfe einmahl fallen sollte?

Eleon. (kalt) Ich erinnere michs noch.

Cäcilie. Und so von Fern, daß eure Wange sich nicht ein Mahl an dieser Erinnerung erwärmt?

Eleon. Ein Funken kann doch nicht wie ein Feuer wärmen.

Cäcilie. Ah bis zum Funken ist das Bild des Vielgeliebten schon erloschen?

Eleon. Glaubst du denn, daß ich mich in seinen Schatten noch verlieben soll?

Cäcilie. Aber wenn er nun noch lebte, wenn er in seiner reizenden Gestalt, mit klopfendem Herz, mit feurigem Blick in eure Arme eilte? —

Eleon. Das wird der Fall nicht seyn.

Cäcilie. Und wenn er es nun wäre?

Eleon. Ha, wie du ihn schilderst, wäre er schon des Umarmens werth. Er würde seine Liebe mir erneuen.

Cäcilie. Wie ich ihn schilderte, sagtet ihr, als wenn sein Bild euch nicht mehr gegenwärtig wäre, wie er liebeathmend an euch hing.

Eleon. Du hast recht, er hatte viel Empfindung. Doch vergessen ist so leicht, als sich erinnern.

Cäcilie. Es war eine Zeit, wo ihr jede Miene von ihm eurem Gedächtniß zu bewahren gabt, wo bey seinem Nahmen eure Wange sich höher röthete und euer Auge heller blitzte.

Eleon. (aufstehend und sich von ihr kehrend) Schweig von vergangenen Dingen.

Cäcilie. Wenn ihr nicht eine andere Liebe hättet.

Eleon. (sich umwendend) Cäcilie, du wirst verwegen. (freundlicher) Spiele mir einmahl das Liedchen: Minne wechselt gern ihre Gestalt —

Cäcilie. (ergreift die Mandoline und singt:)

Minne wechselt gern ihre Gestalt,
Wie die nimmer stäte Zeit;
Sie verachtet des Zwanges Gewalt
Und der Schwüre Ewigkeit.

Immer einzig dem Einzigen seyn,
Ha dieß ist ein Gedicht!
Lernt die Weise der Liebe erst fein;
Sclaven sind die Herzen nicht.

Denke, Liebchen, im vollen Genuß,
In der Wonne Gegenwart;
Daß auf deinen entflammenden Kuß
Auch ein Andrer sehnend harrt.

Eleon. (einfallend) Du kennst die Liebe noch nicht. Freyheit ist ihre Seele. Auch ich dachte einmahl, daß in dem Blick, im Kuß, in der Umarmung des Einzigen ihre ganze Fülle sey. O wie unsicher hängt der Genuß an einem einzigen Wunsche! Kein kluger Spieler setzt sein ganzes Glück auf einen Wurf. Ich habe gelernt, daß die Liebe sich verbreiten kann. Das Herz kann sich für jedes aufwallende Gefühl einen Nahmen wählen, wenn es frey ist. Es gibt Stunden, wo mir selbst mein Gemahl nicht gleichgültig ist.

Cäcilie. (lächelnd) Also auch diesen werde ich künftighin unter eure Günstlinge zählen müssen?

Eleon. Schwätzerinn! Werde bescheidener in deinen Fragen. — Geh, rufe mir die Kammerfrauen, daß sie mich ankleiden. (Cäcilie geht ab.) — Sie hat sich losgewunden, die listige Schlange! — Wie sie auch auf den Theobald kam? immer leitet sie das Gespräch darauf. — Wohl wahr, er ist mir ziemlich fremd geworden. Doch jetzt verstehe ich auch mein Herz. Frey muß ich seyn. Wie ich sonst an jeder Bedenklichkeit ängstlich schwebte, wie ich mich sonst an eine Empfindung so fest anhing! Ha man fasse Muth und zerbreche diese Fesseln, und tausend Qualen werden nicht mehr seyn.

Geheimes Zimmer.

Theobald auf einem Ruhebette in seinen Kleidern hingestreckt. Cäcilie, die eben herein tritt.

Theobald. (aufstehend) Beym St. Georg, es ist gut, daß ihr kommt. Ihr seyd mein Engel in der Wüsten.

Cäcilie. Harrtet ihr meiner wirklich recht sehnlich?

Eleonore II. Thl.   M

Theob. So müßte man in der Welt nichts Angenehmes mehr erwarten wollen.

Cäcilie. Verzeiht mir, ich habe euch wirklich lange harren laſſen. Dieſe Schärpe war Schuld daran. Ich hatte die Grille ſie erſt zu vollenden. — (Sie überreicht ſie ihm.)

Theob. (ſie betrachtend) Schön geſtickt.— Morgenroth und blau.

Cäcilie. (verſchämt) Sie iſt für euch.

Theob. (gerührt) Dieß iſt die Leibfarbe der Grafen von Champagne *) und ich bin nicht Herr von Champagne mehr.

Cäcilie. So mag es eine Vorbedeutung ſeyn, daß ihr es einmahl wieder werdet.

Theob. (entzückt) O wenn mein Schickſal einmahl ſo glänzend wieder aufgehen ſollte, ſo ſähe ich jetzt die ſchönſte Morgenröthe. (Er küßt ſie.)

Cäcilie. (verwirrt) Wirklich ihr ſeyd hier ſo verlaſſen wie ein Gefangener.

Theob. Ha ich möchte zum Weibe werden in dieſer unthätigen Einſamkeit. Ihr haltet mich hier auf und verwickelt mich in eine trieglſche Hoffnung. — Sagt es nur heraus, was ich zu erwarten habe. Nicht wahr die Königinn

*) Durch die verſchiedenen Leibfarben an den Schärpen bezeichneten die Grafen und Herren ihre Nation oder Provinz. Die Grafen von Champagne hatten morgenroth und blau zu ihrer Leibfarbe.

ist treulos? Wie oder wißt ihr es anders? Will sie mich empfangen?

Cäcilie. (vor sich) Jetzt, oder nie.

Theob. Ihr kämpft mit euch selbst. Ah ich errathe.

Cäcilie. (vor sich) Es sey. Ich räche mich. (laut) Ich weiß nicht, mit welchen Hoffnungen ihr hierher gekommen seyd, wie hoch ihr eure Erwartungen spanntet; doch wenn ihr eure Wünsche formen könnt, wenn ihr euch in gewisse Veränderungen fügen lernt, wenn ihr die Kunst versteht zu seyn, was man begehrt; so werdet ihr der Königinn willkommen seyn.

Theob. Sehr dunkel, bey meinem Eid, sehr dunkel. Es zuckt ein Blitz hinter dieser Wolke, der schreckliche Gedanke; daß ich nicht mehr bin, was ich war — der Alleingeliebte. — Verschleyert mir nur weiter nicht die Wahrheit. Sagt mir entschlossen erwartet sie mich mit feurigem Empfang? wallt ihr Busen von sehnendem Verlangen? — Ich bitte euch, sagt es heraus.

Cäcilie. Nein.

Theob. (bestürzt) Geahndet und doch betäubend. Und bin ich denn so ganz aus ihrer Seele ausgetilgt? rührt mein Andenken nicht einmahl mehr ihren Puls?

Cäcilie. Wenn ihr euer Glück mit Andern

M 2

theilen wollt, so geht und feyert die letzten
Tage eurer ehmahligen Liebe.

Theob. (sie anstarrend) Fräulein! — Ihr
sprecht schwere Worte. Dieß sind die Veränderungen, in die ich mich fügen soll? dieß
sind die Zerrüttungen ihrer Tugend? Ha Buhlerinn Schändlich, schändlich.

Cäcilie. (erschrocken) Still, um Gottes
willen, man könnte euch hören.

Theob. (drückt ihr hastig die Hand) Ich
will schweigen, (mit steigendem Tone) ich will
alles unterdrücken, mit einem Strich das ganze
lachende Gemählde durchstreichen. Jede Erinnerung will ich aus meinem Gedächtniß reißen.

Cäcilie. (vor sich) Geduld, auf diesen
Sturm hatte ich mich gefaßt, er wird vorüber gehn.

Theob. Hart wie Stein sey forthin mein
Herz für Liebe, und kalt wie Schnee für jeden
Funken dieses unglücklichen Gefühls.

Cäcilie. (erblassend) Wie saget ihr? ihr
könntet nicht mehr lieben?

Theob. Alles, alles werde ich vergessen,
auch den Nahmen.

Cäcilie. (furchtsam) Alles wollt ihr vergessen und auch mich?

Theob. (ohne Fassung) Schont mich jetzt,
gutes Fräulein. Laßt mich nun fort. Ich werde mich beym König melden. Ich muß zu
meinen Waffen wieder. Die ganze Welt steht

jetzt für mich zu gewinnen, weil ich alles verloren habe.

Cäcilie. (hebt die Schärpe auf, die Theobald verloren hat) Und auch diese unschuldige
Schärpe wollt ihr vergessen?

Theob. Dank euch, schönes Fräulein.

Cäcilie. Die schönsten Ritter unsers Hofs
tragen jetzt die weiße Farbe.

Theob. Die Leibfarbe der Königinn.

Cäcilie. So müßt ihr euch doch durch eine
andere Farbe unterscheiden, weil ihr die Königinn nicht mehr liebt.

Theob. Vortrefflich. — Rächen muß ich
mich, erschüttern muß ich sie.

Cäcilie. Hin! rächen? Ich meine, Vergessen wäre schon Rache. O ihr habt das Vergessen vorhin schrecklich geschildert.

Theob. (sich besinnend) Ich muß sie dennoch sprechen.

Cäcilie. (rasch) Sie sprechen? nein, das
dürft ihr nicht. Ich kann euch nicht den Eingang
verschaffen. In eurer Stimmung, mit diesen
Gedanken; es könnte einen schrecklichen Auf-
tritt geben. Und wer weiß, ob auch die Königinn
es wollte. Ihre Ahndung, ihr Bewußtseyn,
die Überraschung würde ihr euren Empfang
unmöglich machen.

Theob. Seyd unbesorgt. Ich werde mich
zu fassen wissen. Ich muß sie sprechen, das soll
meine Rache seyn. Ich bitte euch, seyd mir da-

rin nicht zuwider. In dieser fremden Tracht will ich zu ihr gehen. Kündigt mich ihr als einen Unbekannten an, der ihr etwas Wichtiges zu verrathen habe. — —

Cäcilie. Ich kann euch nichts versagen, aber gelobt mir Schonung.

Theob. Bey euren Reizen, ihr habt nichts zu fürchten.

Cäcilie. Nicht so. Bey eurer Ritterehre.

Theob. (küßt ihr die Hand) Gelob ich euch.

Cäcilie. Wohlan, es sey. Die Königinn ist jetzt beym Stiergefechte, das heute gegeben wird. Um die achte Stunde wird sie zu sprechen seyn.

Gemach der Königinn.

(Abend)

Königinn Eleonore. Cäcilie. Ein Unbekannter.

Eleonore. Gut. Weg mit den Zweifeln. Ich muß doch erfahren, was es ist. Laß ihn herein kommen und bleib in der Nähe (Cäcilie geht ab und der Unbekannte tritt ein).

Der Unbekannte. Mein Trost, Sanct Denys *).

Eleon. Warum begrüßt ihr mich mit unserer Losung, da eure Kleidung doch einen Griechen anzeigt?

*) Das Losungswort bey dem französischen Kreuzheer.

Unbek. Ich bin ein Freund der Franzosen.

Eleon. So seyd ihr eurer Nation nicht ähnlich. Ihr habt mir also etwas zu verrathen?

Unbek. Es ist eine Verschwörung gegen euch im Werke.

Eleon. (erschrecken) Eine Verschwörung? gegen mich?

Unbek. Nicht anders. Die Laster haben sich gegen eure Tugend verschworen.

Eleon. Mensch! was bürgt mir dafür, daß du nicht wahnsinnig bist?

Unbek. Ein geringes Ding, ein Mährchen, wenn ihr es hören wollt.

Eleon. (sich fassend) Du bist zu räthselhaft, als daß ich dich nicht näher kennen lernen sollte. Rede.

Unbek. Es war einmahl eine Königinn, jung, schön, liebenswürdig. Ich könnte noch hinzu setzen mit einem Herz voll Geist und ohne Flecken, wie ein blanker Spiegel. Der Traubischof hatte sie mit einem Gemahl verbunden, der bey ihren Reizen vorüber ging und bloß bey dem Nahmen stehen blieb. Sie rang um Gegenliebe, ihre Augen verkündigten den mächtigen Kampf. Ein Blick von diesen königlichen Augen fiel in ein Herz, dessen Empfindungen alle ihr zu Füßen überwunden huldigten. (Die Königinn wird unruhig) Sie nahm das Opfer an. Doch war es gleich ein falsches Spiel. Sie hatte die Ränke des Hofes

kennen gelernt und jetzt versuchte sie, was ihr
Verstand vermöchte. Die neue Liebe ward zum
Schattenspiele gebraucht, um das Herz des
Königs zu gewinnen, durch den sie sich um Einfluß auf den Hof bewarb. Der Betrogene merkt
das Spiel, und flieht. Seine Liebe war verwundet, aber nicht getödtet. Die Liebe ist allmächtig. Ein Wink, erwachte Hoffnungen
bringen ihn zurück und knüpfen die zerrissenen
Bande wieder an. Jetzt erlodert die Flamme
höher, ihr Widerstand macht ihn noch heftiger,
reizt jeden Funken in ihm auf, kettet ihn an jedes Fädchen der Empfindung. Endlich genießt
er das Glück von einer Königinn geliebt zu seyn,
in seiner ganzen weiten Fülle, und folgt der
Wonne bis an die äußerste Grenze der Ehre.
Mitten in dem Lauf der Sache hat er das Unglück gefangen zu werden, und fern von seinem
geliebten Gegenstand, gedrückt von Mangel
und Beschwerden erhält er sich noch durch die
Erinnerung an Sie, an Sie die Heißgeliebte.
Er hängt an diesem Bild mit seinem ganzen Leben, es labt sein krankes Herz, es stärkt seinen
Muth und seine ganze Hoffnung schmilzt in er-
sehntes Wiedersehen. Indessen änderte sich die
Scene bey der Königinn. Er ward vergessen,
ein anderes Bild wirft Feuer in ihr Herz, und
neue fremde Wünsche wachen auf. Sie scheut
nicht mehr den richterlichen Ruf, sie verachtet
die Reinheit edler Liebe und kennt nicht mehr

die Grenze der Ehre und der Tugend. Nur die Gefahr zwingt sie, nicht eine öffentliche Buhlerinn zu werden.

Eleon. (ergreift wüthend einen Dolch) Bösewicht flieh, oder dieser Dolch ––

Unbek. (einfallend) Halt, ich bin euch noch die Deutung schuldig. Die Königinn heißt Eleonore und ich bin — Theobald. — Er eilt fort).

Eleon. (läßt betäubt den Dolch fallen) Jesus! — Hülfe!

(Cäcilie stürzt durch eine Seitenthür herein).

Voriger Ort.
Straße.

Falkonet (allein bleibt in Gedanken stehen). Wenn es wahr ist, daß der König Argwohn hat, daß ihn ein Verräther aufmerksam auf die Händel der Königinn macht; dann Valet, Falkonet. Du könntest mit in die Schlinge kommen. Jetzt steht dir Weg und Steg noch offen. Darum spute dich; es ist besser, wenn deine Furcht beyzeiten mit dem Kopf davon läuft. Was habe ich auch hier zu verlieren? Ein Mädchengesicht, das ich nicht mehr liebe? Sie ist eine Schlange. Ich möchte ihr zwar noch meine Meinung zum Abschied sagen. Aber die Nachricht von der Gefahr am Hofe hat mich ziemlich abgekühlt. Sorge für dich selbst, heißt jetzt mein Denkspruch.

Königliches Quartier.
Gemach der Königinn.

Königinn Eleonore. Abt Montpellier.

Eleon. (allein) Immer kann ich den Theobald noch nicht vergessen. Der Verwegene! mich so zu behandeln. Wie er nur zu diesem Frevel mag gebracht worden seyn? — Es scheint mir angesponnen. — Falkonet ist fort — Cäcilie mir verdächtig — jetzt kann ich noch nicht durchsehen, es muß sich noch entwickeln. — Muth! Muth! Dieser kleine Windstoß soll mich nicht aus meinem Plan verschlagen. Ich lache, denn ich bin des Sturms schon mächtig.

Abt Montp. (tritt ein) Es ist vorbey. Der Ritter Hugo wird euch gewiß nicht förder anklagen. Der Schlund ist ihm so fest zugeschnürt worden, daß seine heimtückischen Reden nicht mehr den Weg zur Zunge passiren können. Seine Wapen sind entzwey geschlagen, und er ist gehangen.

Eleon. Sieg! Sieg! Wer hieß ihn auch mich verleumden? warum vermaß er sich den Nahmen einer Königinn anzutasten? So habe ich doch meine Liebkosungen nicht umsonst an den König verschwendet. Meine Küsse verschwemmten alle giftigen Eindrücke des boßhaften Verleumders aus seinem Herzen und fachten es zur Rache an. Ha! es kostet mich nur eine Nacht, meine Feinde zu verderben.

Abt Montp. Ich wünsche euch Glück zu
eurem Triumph, gnädigste Königinn.

Eleon. Dank euch, kluger Abt. Ihr habt
mir meine Stärke brauchen gelehrt. Was mag
aber den Bösewicht zu diesem Frevel bewogen haben?

Abt Montp. Ein Zwist mit eurem Ritter.
Denkt nur, er hat sogar den Handschuh vor
dem König hingeworfen und sich erbothen,
vor Gott und allen Rittern seine Anklage zu
erhärten. —

Eleon. Das wird er wohl nun bleiben
lassen. Nur gut, daß ihr mir zeitig Nachricht gabt, daß ich den König noch vorher
erobern konnte.

Abt Montp. Ihr müßt wirklich die rechte
Seite getroffen haben.

Eleon. Mit Liebkosungen schlug ich den
Ton an. Natürlich fand ich ihn nicht rein. Ich
that, als wüßte ich nicht, ich forschte und
brachte ihn endlich dahin, mir es selbst zu
erzählen. Nun war ich beschämt, bestürzt,
beleidigt; gekränkte Liebe, Thränen, Zärtlichkeit waren meine Waffen —

Abt Montp. Vortrefflich. Dieses Beyspiel eurer Macht über den König wird Schreck
werden und Hugo mit dem Strick eine
Scheuche für die Schlangenzungen. Der Herr
Bischof Gottfried selbst wird sich dafür zurück ziehen. Der Weg ist auf ein Mahl vor

ihm zerbrochen, auf welchem er euch stürzen
wollte.

Eleon. Ich werde überhaupt zärtlicher als
jemahls gegen meinen Gemahl nun seyn.

Abt Montp. Das wollte ich euch selbst
rathen. Das wird eure Verfolger irre machen. Sie werden euch am Ende in der That
für unschuldig halten.

Eleon. Und ich sichere dadurch für mich
den König. Seine Stimmung ist mir jetzt
günstig und ich muß meine Gewalt über ihn
benutzen. Er darf nicht länger hier bleiben.
Unthätigkeit verführt zu Grübeleyen. Ich
muß ihn in Bewegung setzen. Gebt Acht,
ich werde ihn dahin bringen, daß er mit dem
Heer aufbricht. Das ist unsere Losung für
die nächsten Tage. Thut das Eurige.

Lagerstatt der Franzosen bey Laodicäa.

Die Waffenbrüder zum Palmenkranz. Ein Ordensbruder. Gefangene Saracenen in der Mitte.

(Die Waffenbrüder stehen versammelt auf
einem Hügel und haben ihre Lanzen
um sich in einen Kreis gepflanzt.)

Ein Waffenbruder. (einen Palmenkranz
in die Höhe haltend.) Kennt ihr dieß Zeichen?

Die Andern. Unser Symbol. — Wir
sind Brüder.

Der Waffenbruder. Wir sind Brüder,
Acht Monden sinds, daß unser Bund besteht,
daß wir uns zu diesem Symbol verschworen.

Ein anderer Waffenbr. (bedeutend) Es
sind Lücken in unserm Kreise.

Der erste Waffenbr. Wohl, wir sind's
nicht alle mehr. (Er reißt einige Blätter aus
dem Kranz) Es sind einige Blätter aus un=
serm Kranz gefallen. Brüder sind von uns
gefallen; am Mäander *) fielen sie. Laßt uns
ihr Andenken feyern.

Der andere Waffenbr. Bethet für sie,
sie haben durch ihr Blut unsern Bund ver=
siegelt. (Zu dem Ordensbruder.) Vater, be=
the für ihre Seelen. (Der Ordensbruder
stellt sich in den Kreis und liest eine Messe.
Die Waffenbrüder knien nieder.)

Der erste Waffenbr. (nachdem sie vom
Gebeth aufgestanden sind.) Wir schwuren da=
mahls Sieg über die Saracenen und wir
haben's gehalten. Am Mäander schlugen wir
die Ungläubigen.

Ein anderer Waffenbr. Unser Bund ist
nun fester geworden, und der König muß
ihn nun bestätigen.

*) Ein Fluß in Kleinasien, bey welchem das
französische Kreuzheer einen Sieg über die Saracenen erfocht.

Der erste Waffenbr. Unser Brudergruß sey forthin: Am Mäander haben wir die Ungläubigen geschlagen.

Der andere Waffenbr. (Den Kranz in die Höhe haltend) Auf, Brüder, greift in den Kranz. Wir verschwören uns zu neuem Sieg.

Ein anderer Waffenbr. Und Saracenenblut weihe unsern Schwur. (Ein Ritter ritzt einem Saracenen mit dem Dolch in den Arm und läßt das Blut auf den Kranz tröpfeln. Dann müssen die Gefangenen niederknieen, die Waffenbrüder halten den Kranz über sie und schwören.)

Die Waffenbr. Wir verschwören uns zu treuen Brüdern im Leben und Tod und zu neuem Sieg über die Ungläubigen an diesem Palmenkranz; so wahr uns Gott helfe und alle Heiligen! (Darauf reißt jeder ein Blatt aus dem Kranz, und küssen einander. Gemurmel durch einander.) Wir sind Brüder — Ewig — im Leben und Tod.

Gegend in Lycien.
Gebirg.

Graf Gottfried von Rankun. Graf Heinrich mit dem Vortrupp des französischen Kreuzheers. Kundschafter.

(Der ganze Trupp hält auf einem Berg.)

Gottfried. (zu den Kundschaftern) Was Teufel habt ihr hier für eine Lagerstatt ge-

wählt? Auf dieser Bergnase ist ja kein Tropfen
Wassers zu bekommen?

Die Kundschafter. Unten am Fuße quellen wasserreiche Bäche, gnädiger Herr.

Gottfr Unten! und wir sind oben. Oben,
wo uns der Himmel auf den Schultern huckt.

Heinr. (lächelnd) Wir können gleich aus
den Wolken trinken, wenn uns durstet.

G. Gottfr. Und ist nichts zu leben auf dieser dürren Tafel *)

Die Kundsch. Es stehen viele Datteln den
Berg hinunter.

G Gottfr. Die möcht ihr selbst zur Vorkost
fressen; und stiebt ihr nicht am Bauchgrimmen,
so will ich euch an die Bäume hängen lassen.

Die Kundsch. Wir hatten Königs Befehl,
eine sichere Statt zu suchen. Auf dieser Höhe
sind wir von allen Seiten gedeckt und können
die ganze Gegend überschauen.

Gottfr. Taube Nüsse! Wenn wir nicht vor
den Feinden gedeckt sind; so wollen wir sie mit
unsern Schwertern zudecken. Was? Sicher?
Hinter meinem Schild bin ich sicher. Weiter
hinaus muß sich kein wehrhafter Ritter um Sicherheit bekümmern. — Umsehen kann man sich
hier, das ist wahr. (Zum Grafen Heinrich) Gewahrt ihr dort draußen nicht Hütten und Vieh-
heerden?

---

*) Weil der Berg oben eine große Fläche wie
eine Tafel hatte

Heinr. Wenn mich mein Auge nicht betrügt, sollt ichs meinen. Auch weiter hinaus in der blauen Ferne, wo es wieder lehnaus geht, kommt mirs wie Häuser vor.

Gottfr. Die Gegend muß bewohnt seyn. Sie ist lustig anzusehen, eine grasichte Ebene, mit vielen Bächen gewässert; es muß eine gute Pflege seyn.

Die Kundsch. Es haben sich dort armeni-sche Christenhorden nieder gelassen, wie wir hör-ten, die Viehzucht treiben.

Gottfr. Auf, wir ziehen weiter. Die Son-ne steht noch hoch. Wir können noch vor ihrem Untergang in dieser Gegend Lager schlagen.

Heinr. Und ihr erinnert euch nicht, des Kö-nigs Willen und aller Kriegsobersten, daß wir hier halten sollen?

Gottfr. Der König mag sich erinnern, daß ich hier nicht bleiben konnte, wenn er hieher kommt. Ich will diese Schurken von Kund-schaftern mit Datteln in den Händen zum Mahlzeichen hier aufhängen lassen, das mag den König erinnern, daß er uns nachkommt mit dem Heer.

Heinr. So möchten wir doch dem König Bothschaft senden, daß wir weiter gezogen wä-ren. Das Saracenengesindel könte uns sonst abschneiden von dem übrigen Heer, wie man ein Glied von dem Körper schneidet, wenn un-ser Haufe zu weit sich entfernt.

Gottfr. Das Feld ist rein, Bruder. Die Saracenen werden uns gewiß nicht wieder ins
Gesicht sehen. Sie haben uns am Mäander kennen gelernt. Das Gaffen bekam ihnen dort übel.

Heinr. Ich hatte eine Schar Reiter ausgesandt, die wollen einen Trupp gesehen haben.

Gottfr. Von vorn oder von hinten?

Heinr. Welche Frage! Hier hält gleich einer von den Reitern, fragt ihn selbst.

Gottfr. (zu dem Reiter) He da! habt ihr
Saracenen gesehn?

Reiter. Einen starken Trupp. An ihren
Roßschweifen *) erkannten wir sie.

Gottfr. Mehr werdet ihr auch nicht von
ihnen zu sehen bekommen. Laßt sie immer voraus. Sie werden uns aus dem Weg reiten wollen. Trompeter blast zum Aufbruch.

(Der Zug geht fort.)

Gebirg und Wald.

König Ludwig. Theobald. Herold. (zu Pferde) Königliches Kreuzheer.

Ludw. Also wenn wir hier rechts den Wald
passirt sind, müssen wir ziemlich an Ort und
Stelle seyn.

Theob. Wenigstens doch bis an dem Fuß
des Bergs.

Ludw. Herolde, verkündigt, daß die Hau-

*) Wie bekannt, ihre Fahnen.

fen halten, um ein wenig zu raſten. Wir kom=
men noch Zeit genug auf die Lagerſtatt und hier
im Schatten können wir ein wenig uns erhoh=
len. Die Sonne glühet unſre Rüſtungen, daß
man darin erſticken möchte.

(Das Heer macht Halt. Man ſteigt ab, man
lagert ſich auf die Erde. Viele ſuchen Beere
hin und her und Waſſerquellen.)

Reiter. (bring dem König in ſeinem Helme
Waſſer) Das lauterſte Waſſer, das es gibt,
Sire. Es ſpringt aus purem reinen Felſen.

Ludw. Haſt du getrunken?

Reiter. Nein.

Ludw. Nun ſo kredenze mir den Labetrunk.

Reiter. (trinkt und reicht ihn treuherzig
dann dem König). Das werde ich nicht vergeſ=
ſen, ſo oft ich Waſſer trinke, daß ich mit mei=
nem König Zechum getrunken habe. Und wenn
ich ein Mahl recht mich freuen will: ſo werde
ich aus dieſem Helm trinken, und wo er löche=
richt wird, flick ich ihn mit Blech zum ewigen
Gedächtniß für Kinder und Kindeskinder.

Ludw. (freundlich) Wenn wir in Paris ein=
ander glücklich wieder ſehen; ſo will ich dir ei=
nen Helm Champagner dafür zubringen.

(Man hört plötzlich Trompeten Geſchrey, Lärm.)

Ludw. Was gibts?

Einige Ritter. (laufen nach ihren Pferden
und Waffen) Sie kommen mit hellem Hauf.—
Auf allen Seiten. — Zum Waffen!

Ludw. Die Saracenen? Franzosen haltet euch wacker. Wo ist die Königinn?

Ein Ritter. Sie befindet sich im Nachzug.

Ludw. Reitet zu ihr. Sie soll sich retten. (Zu Theobald) Kommt, wir wollen auf die Höhe, daß ich sehen kann, was zu thun ist. (Trompeten. Getümmel. Gefecht auf allen Seiten).

Voriger Ort.

König Ludwig. Theobald Joscelin.

(König Ludwig sprengt einen Berg hinan von vier Saracenen verfolgt, Theobald sprengt mit eingelegter Lanze hinter drein, und stößt den Nächsten damit übers Pferd hinunter.)

Ludw. (wendet sich eben um, indem ihm ein Saracen einen Hieb versetzen will) Es gelte! (Gefecht. Die Saracenen fallen. Der König stürzt bey dem letzten Hieb vom Pferde).

Theob. (vom Pferde springend) Gott erhalte Ew. Majestät. (hilft dem König wieder auf). Ihr blutet, Sire; das Blut dringt bey dem Halsblech durch.

Ludw. Löst mir den Helm einmahl auf. Vermuthlich eine Quetschung von dem Fall.

Theob. (hilft dem König den Helm abnehmen.) Ich höre Wasser hinter diesem Gebüsche rauschen, wir wollen die Wunde waschen. (Führt den König hinter das Gebüsch.)

Joscelin. (guckt aus einer Felsenhöhle

N 2

furchtſam hervor.) Das gibt ein ſchreckliches
Getümmel heut. Mir war, als hörte ich hier
Stimmen meines Vaterlandes. (Erblickt den
König und Theobald.) O meine Augen, wer=
det ihr nicht an mir zu Lügnern? (Er eilt auf
den König zu.) Gott grüß euch, Sire, mein
König.

Ludw. Wer ſeyd ihr, Alter?

Joſcelin. Wohl mögt ihr mich nicht mehr
kennen. Mein Unglück hat mich ſehr verändert.

Ludw. Und ihr kennt doch mich? Euer
Bart und Kutte läßt mich einen Klausner in
euch errathen.

Joſcelin. Recht, aber daß ich Joſcelin
euer alter Freund bin, mögt ihr wohl nicht
errathen, Sire.

Ludw. Wie? ihr ſeyd Joſcelin? der ver=
folgte Biedermann?

Joſcelin. Das war auch nicht zu erra=
then, daß ein Biſchof in einen Klausner ſich
verwandelt habe. Es gehört unter die wun=
derbaren Dinge. — Ihr blutet, Sire. Ich
ſehe hier die erſte Spur des Kreuzzugs.

Ludw. Es ſtürmt heute viel auf mich los.
Nehmt jetzt mit meinem Erſtaunen vorlieb,
daß ich euch hier treffe.

Theob. Ich höre die Trompeten von neuem.

Joſcelin. Der Tag ſcheint heute nicht glück=
lich für euch?

Ludw. Das weiß Gott. (Er ſetzt den Helm

wieder auf.) Helft mir auf mein Pferd. (Zu Joscelin.) Ihr kommt doch mit? Euer Unrecht soll vergütet werden. Wir haben jetzt nicht viel Redens übrig. (Er reicht ihm die Hand.)

Joscelin. Ich habe die Welt vergessen lernen, Sire.

Theob. Hier haben wir ein Saracenenpferd, setzt euch auf. Der vorige Reiter wird euch das Recht nicht streitig machen, und ich nehm euch in meinen Schutz. Kommt, und setzt euch auf.

Ludw. Ihr werdet euern König doch nicht lassen? Oder ihr seyd mein Freund nicht mehr.

Joscelin. (entschlossen.) Genug! — Leb wohl, stille Freystatt eines Verbannten, leb wohl, friedliche Wohnung der Ruhe, ich wills mit der Welt noch ein Mahl aufnehmen. Ich hatte mich hier vor Verfolgungen verborgen, aber vor meinem König nicht. Nun, wie Gott will. (Sie setzen sich auf.)

Wald.

Königinn Eleonore (ist vom Pferde gestürzt, ein Saracene will sie durchbohren.)

Muhamed. (wirft sich über die Königinn.) Beym Allah! Brüder brecht diese Blume nicht.

Saracenen. Laßt ihn. — Wir wollen sie ihm lassen. (sprengen fort. Muhamed will die Königinn wieder zu Pferde bringen.)

Ritter. (erblicken Muhamed bey der Königinn.) Wart du Hund! — Haut ihn nieder.

Eleon. (tritt vor ihm.) Halt, edle Herren,
er hat mir das Leben gerettet. Ich nehm ihn
in meinen Schutz. (Sie steigt zu Pferde.) Begleitet mich.

Lagerstatt des Kreuzheers bey Attilia.

Kriegsversammlung.

König Ludwig. Königinn Eleonore. Graf Gottfried von Rankun. Kriegsoberste und Herren.

K. Ludwig. (zum Grafen von Raukun.)
Eure Verwegenheit kann ich nicht anders als
mit dem Tode büßen lassen. Wer hieß euch
so unbesonnen meinen Befehl verachten? warum gehorsammt ihr nicht dem Willen der
edelsten Männer? Nun habt ihr das ganze
Heer ins Unglück gebracht.

Ein Kriegsoberster. Und wär nicht Graf
Heinrich uns zu Hülfe gekommen mit seiner
Schar, wir wären alle verloren.

Ludw. Er hat nicht gewilliget in euren
Rath. Aber er hat eure Thorheit mit seinem
edeln Leben bezahlen müssen. Doch ich will
euch nicht durch bloßen Spruch und Wort
verdammen. Ist jemand da, der wider euch
zeugt und klagt, der trete auf; wo nicht, so
seyd ihr frey.

Ein Ritter. (als Kläger.) Ich klage an Graf Gottfried von Rankun des Ungehorsams gegen Königs Befehl und freventlicher Übertretung dessen Willens. Ich war dabey, und habe seine Rede gehört. (Er zieht seinen Handschuh, und wirft ihn in die Mitte.) Hier liegt mein Handschuh. Wer es anders weiß, der heb ihn auf, daß ich meine Klage nach Ritterweise erhärte. (Allgemeine Stille.)

Ludw. (zu der Versammlung.) Ich übergebe den Beklagten eurem Gericht, edle Männer. Der Älteste trete als Richter auf.

Ein alter Kriegsoberster. (zu den Übrigen.) Eure Stimmen über Graf Gottfried von Rankun, der angeklagt ist Ungehorsams gegen Königs Befehl, und freventlicher Übertretung dessen Willens.

(Gemurmel: „Sterben soll er" — „den Strang verdient er" — „den Strang.")

Richter. Sterben soll er wegen seiner Missethat. Nicht den edeln Ritterstod, sondern durch Strang und Rächershand.

Gottfr. (wirft sich der Königinn zu Füßen.) Gebet einem Unglücklichen das Leben wieder, huldreiche Königinn. Ihr seht, sie haben es mir genommen. Ach, diese Männer kennen nur Gerechtigkeit, ihr habt Gnade.

Eleon. Bedauernswürdiger, ihr rührt mich. Werde ich euch schützen können? (Sie ergreift den Ritter bey der Hand, und wendet sich

an den König.) Mein Gemahl, mögt ihr den
Ritter von meiner Hand wegreißen lassen
zum Schandpfahl?

Ludw. (zum Grafen.) Ihr wißt das Schutz-
recht der Damen trefflich zu gebrauchen. (Zur
Versammlung.) Es wird darauf ankommen,
ob auch diese euch diese Zuflucht gönnen.

Richter. Wir erkennen die Gewalt , die
eurem Geschlecht zusteht , und verehren das
Gesetz , das den Rittern eine Freystatt bey
einer Dame von eurem Range gewährt. Wir
haben geschworen Recht und Gerechtigkeit zu
üben , und so das Unsrige gethan. Thut ihr
das Eurige, und spendet mit euren schönen
Händen Gnade und Verzeihung, wenn es königliche Majestät verstattet. (Königinn Eleonore blickt ihren Gemahl bittend an.)

Ludw. Er ist in eurer Gewalt.

Eleon. (zu der Versammlung.) Dank euch,
edle Herren , für die Huldigung, die ihr meiner Gnade zugesteht. (Zu dem Grafen.) Ich
gebe euch der Ritterschaft, eurer Ehre, und
dem Könige wieder.

Graf v. Rankun. (küßt der Königinn die
Hand , springt auf, und wirft sich vor dem
König nieder.) Sire , ewig euer getreuester
Diener.

Ludw. (gerührt.) Im Kampfe für das
Kreuz. Steht auf. (Zu der Versammlung.)
Ich will euch nun kund thun, meine treuen

Gefährten, daß wir dennoch unsern Zug zur
Ehre Gottes fortsetzen wollen, ob wir gleich
einen harten Stoß erlitten haben. Es liegen
griechische Schiffe in dem Hafen zu meinem
Dienst, auf diesen will ich mit dem Kern des
Heers nach Syrien übersetzen. Ich erwarte
noch mehrere, damit mag der übrige Theil
des Volks mir folgen. Traun, wir müssen es
den Griechen danken, daß sie uns jetzt so zur
Hand sind. Wir gehen zur See, verkürzen
unsern Zug, überflügeln den Feind, und sind
plötzlich in Syrien, indem er uns noch in
Pamphylien auflauert. (ernsthaft und feyerlich) Aber ehe ich aufbreche, habe ich noch eine große Schuld zu büßen. Graf Theobald
hat in dem letzten Gefecht euren König erhalten. Wir bestatten diesen Abend Graf Heinrich von Champagne. Sein Lehen ist ledig,
und es ist meine Pflicht, daß ich es dem Retter meines Lebens wieder gebe, der es ehemahls verlor.

Ein Kloster im Freyen.

Zelle des Abts.

Königinn Eleonore. Cäcilie. Der Abt
des Klosters.

Abt. Es widerfährt heute viel Heil unserm Hause. Unsere Kirche wird die Ruhestatt

des tapferſten Ritters, und meine Zelle beſucht die berühmteſte Königinn.

Eleon. Wir laſſen euch einen wackern Mann zurück. Ihr mögt ſein Andenken zu erhalten ſuchen.

Abt. Wir wollen nicht unterlaſſen, ſeinen Nahmen durch Meſſen und Todtenfeyer zu erneuern, und ſeine Fähnlein, ſeine Sporen und Waffen ſollen in unſerer Kapelle hangen zum ewigen Gedächtniß.

Cäcilie. Der Zug kommt die Allee herauf.

Abt. So beurlaubt mich, daß ich ihn empfange. (Er geht.)

Eleon. Die Ordensleute ſcheinen ſich doch wie zu einem Charakter verſchworen zu haben. Aſien oder Europa, ſie arten nirgends aus. Auch dieſer verkennet ſeinen Stand nicht, geſchmeidig, fromm, dienſtfertig, wo etwas zu verdienen iſt. Der König hat eine große Schenkung an das Kloſter gemacht.

Cäcilie. Seht da! ſie haben einen ſtattlichen Ritter zum Leichenmarſchall gewählt. Wie er ſo ſchlank und ernſt auf ſeinem Rappen thront! Der ſchwarze Federbuſch, der auf ſeinem Helm weht, und das ſchwarze Fähnlein an ſeiner Lanze, und der ſchwarze Gaul machen ihn ſo düſter, wie einen Ritter vom Grabe.

Eleon. Verschwende dein Lob nicht all an dem ersten; es werden noch mehr schöne Ritter kommen.

Cäcilie. (halbfragend) Ihr kennt ihn nicht?

Eleon. (kalt) Es ist Graf Ludwig Theobald. Wie ändert sich doch deine Farbe?

Cäcilie. (verwirrt) Da bringen sie den Leichnam, bleich und entstellt auf dem Todterbett.

Eleon. (schalkisch) Du meinst doch nicht den düstern Ritter voran?

Cäcilie. (bittend) Meine Gebietherinn.

Eleon. Still, ich weiß, daß du ihn liebst. Nun ja, er ist schön, es wär ein Mann für dich.

Cäcilie. Ihr spottet, weil ihr ihn haßt.

Eleon. Thörinn! muß man den hassen, wenn man nicht mehr liebt?

Cäcilie. Ich begreife euch nicht. Welche Verwandlungen hat euer Herz! Wie ihr ihn einst so warm, so innig liebtet! Nach dem müßtet ihr ihn jetzt hassen.

Eleon. (lächelnd) Ich habe mich nicht verwandelt, die Liebe hat sich verwandelt. Ehemahls war die Liebe meine Herrscherinn, jetzt ist sie mein Spiel. — Sein abenteuerlicher Frevel, den er zu Ephesus gegen mich begann, ist eben den Weg gegangen, wie meine Minne gegen ihn.

Cäcilie. In Vergessenheit? (sich vor ihr niederwerfend) Und ihr haßt ihn nicht?

Eleon. Sieh, wie ungestüm! (Sie hebt sie

auf). Du brauchst das Geständniß mir nicht zu verbergen, was deine Augen verrathen. — (gütig) Nein, ich haß ihn nicht. Ich verzeihe ihm sogar. Sein Gefühl war zu hoch gespannt, es mußte gellend springen. Was zwischen mir und ihm ist vorgegangen, sey vertilgt. — Alle Dinge sind vorübergehend. Ich lasse die Gaukeleyen des Lebens vor mir auf und untergehen und bleibe und erwarte neue.

Cäcilie. Ihr seyd groß.

Eleon. Geh, rufe den Pförtner, daß er uns zur Kirche geleite.

(Cäcilie ab).

Eleon. Geh nur, meine Rache schlummert nicht. Du sollst meine Angel seyn, hängt er sich nur an dich; dann soll er gewiß verbluten. Ist sie nur erst sein Weib; ich müßte sie nicht kennen, wenn ich sie ihm nicht untreu machte.

Antiochien.

(Fürstlicher Pallast.)

Raimund. Falkonet.

Raimund. Wenn euch mein Hof gefällt; o möcht ihr wohl bey mir bleiben. Ich liebe die Musik und ihre Meister.

Falkonet. Der Ruf zog mich zu euch, und das Gerücht hat dieß Mahl nicht gelogen. Ihr habt Frankreichs Geschmack mit Glück unter diesem fremden Klima angebaut. Gesang und

Saitenspiel und Pracht und Freude machen
euren Fürstensitz lebhaft und man täuscht sich
in Paris zu seyn. Ich hörte heute wackere Min=
strele bey eurer Tafel, mächtig der Saiten und
des Gesangs; ich zweifle ob sich mein Talent
unter ihnen Meister nennen darf.

Raimund. Eure Bescheidenheit macht mich
nicht irre. Ich schätze eure Kunst, und euren Kopf.
Bleibt an meinem Hofe.

Falk. Ich werde diese Huld zu erkennen wis=
sen, Sire, und —

Raim. (einfallend) Laßt das. Von was an=
derm. Eure Bothschaft hat mir sonderbare Din=
ge im Kopfe aufgeschürt.

Falk. (forschend) Wie ihr das nehmen
möcht.

Raim. Ich kanns kaum glauben, daß Lud=
wig seinen Zug hieher richtet. — Ihr müßt ihn
kennen?

Falk. Ich bin lang an seinem Hof gewesen.

Raim. Wie ihr ihn mir geschildert habt,
wär er wohl zu lenken.

Falk. Ich versteh euch nicht, Sire.

Raim. Kann seyn. Hab auch keine andere
Meinung, als meine Gäste kennen zu lernen.
Von der Königinn macht man viel Geschreys.

Falk. Sie ist schön; ihr Nahme ist in al=
len Liedern, ist Geist in voller Blüthe; doch
wo viel Licht ist, giebt's auch viel Schatten;
und ihr Gemahl steht just zu sehr in ihrem
Schatten.

Raim. Ihr macht mich aufmerksam.

Falk. (lächelnd) Kein Wunder; aber wenn ihr sie sehen werdet; ihr müßtet denn mit euern Augen im Vertrag stehen.

Raim. Ihr versteht mich falsch.

Falk. Ihr werdet verstanden werden; ein Blick redet und erklärt, und sie wird euch die Antwort nicht schuldig bleiben.

Raim. Das glaubt ihr? (sinnend) Ich bin neugierig, sie zu sehen. (springt plötzlich auf, und faßt ihn bey der Hand.) Minstrel, an euerm Vertrauen liegt mir viel.

Falk. Um Gottes willen, was beginnt ihr?

Raim. Ich bitt' euch, wollt' ihr mir treu seyn?

Falk. Ich bin der Eurige.

Raim. Seyd mein Freund, ich kann eure Dienste brauchen.

Falk. Ich fass' euch nicht.

Raim. Ihr könnt mich jetzt nicht fassen. Es geht ein Plan vor mir auf. Noch ist alles selbst mir dunkel, es gährt erst in mir; aber vor allen Dingen muß ich mich euch versichert wissen. Freund, wenn ihr jemands Freund seyn könnet; so seyd es mir.

Falk. (scherzend) Ich bin nicht gewohnt, mich lange zu bedenken was ich seyn will. (entschlossen) Ihr habt mich.

Raim. Topp! Ihr sollt auch mich als Freund erkennen lernen.

Voriger Ort.

Raimund. Bella.

Bella. Und du erwiederſt nicht einmahl meinen Kuß?

Raimund. (rauh) Du wirſt dich forthin daran gewöhnen müſſen.

Bella. (erſchrocken) Raimund? das ſprachſt du?

Raim. (kalt) Ich ſehe niemand weiter hier, der geredet hätte.

Bella. So iſt meine Zeit vorüber; Männer, ſo ſeyd ihr alle. Erſt lockt euer Schmeicheln die Blüthe unſrer Minne heraus, und dann kommt der Überdruß, und ſtreift wie ein kalter Oſtwind tödtend drüber hin.

Raim. Tändeley! glaubſt du denn, daß der Mann bloß zum Kuß geſchaffen iſt?

Bella. Wenn du nicht überſättigt wärſt!

Raim. Närrinn! Soll ich dein Hofjunker werden? Ich will meinen Harniſch ablegen, und ein ſeidenes Wams anziehen mit Bändern geſchnürt. Mein kraus Haar ſoll nach Salben duften, und ſchön gekräuſelt ſeyn, mit einem Barettlein geſchmückt. Meinen Helm will ich in den Rüſtſchrank hängen, daß ich dich nicht wund drücke, wenn ich an deinem Buſen liege. Dann mache mit mir, was du willſt. Mein ganzer Ehrgeiz ſoll dann ſeyn, dir zu dienen, und meinen

Kopf will ich gewöhnen, nichts als Unter=
mungen zu denken. Jst so recht?

Bella. So hast du noch nicht mit mir
geredet. Schweig, ich bitte dich, es wird
noch endlich bittrer Haß.

Raim. Weib, du machst mich toll; ich
habe jetzt andere Gedanken im Kopf.

Bella. Ich ahndets wohl, daß du etwas
vor hast; deine freye zerstreute Heiterkeit hat
sich in einen festen Blick geschlossen, und dei=
ne Sinne lauschen erwartend alle auf. Rai=
mund, ein großer Plan bewegt deine Seele.

Raim. (feurig) Bella, liebe Bella, ich
habe ausgeruht in deinen Armen; der Weich=
ling muß erwachen, er verschläft sonst seine
Thaten. Dein Raimund muß noch Herr von
Cäsarien und Aleppo heißen, eh leg ich mein
Haupt nimmer auf deinen Busen. Ich muß
meine Macht erweitern, und ein Reich be=
gründen, das Raum hat für einen großen
Regenten. Könige müssen mir noch auf dem
Throne nachfolgen, und unter dem Schat=
ten meiner ausgeführten Entwürfe auf neue
Siege denken.

Bella. Darauf hast du immer gedacht.

Raim. Und immer wurd' ich wieder ein=
gewiegt von deinen Liebkosungen; immer
verschwelgte mein wacker Geist in deiner Lie=
be seine Entschlüsse, dein Kuß verzehrte mei=
ne kühnen Gedanken.

Bella. Geh, wenn es dein Ernst ist; mein sey die Schuld nicht, wenn du es nicht ausführst. Ich verbanne dich aus meinen Armen, bis du mir die Früchte deines Unternehmens bringst. Es sollen deine Lippen mich nicht wieder berühren, und deine Hand an meinen Busenbändern nicht wieder tändeln. Bis dahin nahe sich nie dein Fußtritt meinen Bädern, und wenn mein Blick gegen dich anders als Ernst ist, so nenne mich eine Buhlerinn.

Raim. (lächelnd) Wie lange gilt diese Beschwörung? (will sie küssen.)

Bella. (wehrend und ernst) Halt, Mann mit deinen Entschlüssen.

Raim. (sie verwundernd betrachtend) Es wäre also dein Ernst? nicht Gaukelspiel verbißner Liebesschmerzen? nicht Spott gekränkter Eitelkeit?

Bella. Sieh, daß du mich nicht kennst! Daß ihr Männer immer glaubt, mit Zuckerbrot uns nur zu sättigen, nur eure Schmeicheleyen uns aufzutischen, und uns mit eurer Liebesgluth an beyden Enden anzuzünden!

Raim. (mit Spott) Du machst deine Sache gut.

Bella. Ich verstehe, du schämst dich geirrt zu haben. Du möchtest dirs gerne läugnen, daß du mich anders findest, als du dachtest. (scherzend.) Geh', vertiefe dich nicht darein,

du vergißt deinen Plan. Vorhin schienst du
auf dem Weg zur That zu seyn.

Raim. Nein, so weit bin ich nicht. Der
Weg liegt mir noch voll zu meinem Ziel.

Bella. Das ist meine Meinung auch, daß
keine günstige Hoffnung dich jetzt reizen kann.
Die Macht der Saracenen ist auf allen Seiten siegreich. Kaum bist du sicher in deinen
eignen Grenzen, und dein kleines Reich muß
immer fürchten von der ungeheuren Macht
zertrümmert zu werden. Darum nimmt es
mich sehr Wunder, was dich mit einem Mahl
so treibt, auf neue Eroberungen zu denken, und
wie du gedenkst diesen Umständen einen günstigen Augenblick abzugewinnen.

Raim. (verwundernd) Weib, wer lehrte
dich von solchen Sachen sprechen?

Bella. Ich habe auch eine Seele, die männliche Gedanken denkt.

Raim. Und wenn du alles hast, was männlich heißt; so wird es doch auf deinen Lippen
weibisch. Genug, jetzt oder nie kann ich meinen Wunsch vollenden. Drum laß mich mit
deinem Geschwätz.

Bella. Das war es eben, worüber ich dich
noch prüfen wollte. Wärst du bedenklich worden, hätten dich meine Vorstellungen sinnig
gemacht und deine Hitze kühl; so war dein
Stolz vorhin Prahlerey, mit der du meinen
Liebkosungen dich entreißest, so war dein Ehr-

gelz eine Posse. Nein, braver Raimund, ich
ehre deinen Muth, fällt nur ein Fünkchen
davon auf dein Heer, so bist du mit Wenigen
furchtbar.

Raim. Schlange, du wirst mir gefährlich.

Bella. Muß ich denn Absichten haben, wenn
ich mich in deine Händel mische? Besitzt deine
Bella von dir nur die eine Hälfte? Schäme
dich deines Argwohns und lege dein Vertrauen in mein Herz.

Raim. Ist traun, ein zerbrechliches Gefäß
für eine gährende Masse.

Bella. Du hältst es für gefährlich, dich
mir zu entdecken. Gut, behalte dein Geheimniß, mag ich es doch nicht wissen, mit wessen Hülfe, durch welche Mittel du dein Werk
beginnen willst. Sonst zündet der geliebte
Held seine Thaten an der Flamme an, wo
seine Liebe lodert — (Sie geht.) Es bleibt
bey unserm Vertrag.

Raim. (ihr nachrufend.) Bella, Bella.
(Vor sich) Sie geht und zürnt. Ihre Liebe
— nein, nur ihre Neugier ist gekränkt. Laß
sie. Es will mir nicht zu Sinn, wenn der
Mann über jedes Ding mit seinem Herzge-
spiel zu Rathe geht. Sie ist listig und will mir
über den Kopf wachsen und ich fürchte nichts,
als die Macht eines Weibes. — Auf, Raimund! die Zeit ist da, wo du dich vergrö-

ßern kannst. Ludwig muß mein Werkzeug
werden und sein Heer meine Macht.

Lager der Franzosen bey Antiochien.
(Gezelt des Grafen Theobald.)

Graf Theobald. Ein Knapp. Hernach Graf
von Rankun.

Knapp. Ich sehe große Haufen Reiter
über die Höh' kommen. Es müssen Unsrige
seyn. Das Oriflamm weht feuerroth voran.

Theobald. Gute Bothschaft. Führ gleich
mein Pferd vor. Ich muß ihnen entgegen zum
Willkomm. (Indem der Knapp aus dem Zelt
geht, sprengt Graf von Rankun vor.)

Graf von Rankun. (springt vom Pferde.)
Da Knapp, halt mein Pferd. (Eilt in das
Gezelt.) Richtig, hier find ich euch, Glück
auf, Graf Theobald. (Sie umarmen sich.)
Ich erkannte euer Panier auf dem Gezelt.

Theob. Willkommen! Ihr habt lang auf
euch warten lassen.

Rankun. Ihr habt wohl traun, nicht so
lang mit Meer und Sturm gekämpft, als
wir mit den Feinden uns haben balgen müssen.

Theob. Wie seyd ihr durchkommen?

Rankun. Fragt nicht, wie ein Ritter durch-
kommt, so lang er ein Schwert in der Hand
hat. Durchkommen sind wir, aber zersetzt,
krüppelich, armselig. Unsere ganze Schar

ſieht wie eine ſchiffbrüchige Flotte. Aber die
Griechen ſind Schurken und der König ver=
dient keinen Schilling zum Dank, daß er ſich
auf ſie verlaſſen hat. Wir lauerten fünf Wo=
chen auf die Schiffe, die uns euch nachbrin=
gen ſollten. Umſonſt. Und bey meinem Eid,
wenn ſie uns hätten Bretſtücken gebracht, wir
hätten uns drauf gepackt und wären lieber zu
Waſſer hieher geſchwommen, wie die Ratten,
als durch die Saracenenbanden uns durchzu=
ſchlagen. Endlich mußten wir doch zu Lande
fort. Sie lauerten überall auf uns und wie
wir drunter kamen, da ging die Bärenhetze
an. Nun walts Gott, ſie werden unſere Schlä=
ge auch gefühlt haben. Ich weiß nicht, wie
ſie uns noch durchgelaſſen haben.

Theob. Glaubs, es wird nicht viel mit
unſerm Kreuzzug werden.

Rankun. Was will auch werden. Die Grie=
chen haben den ganzen Kniff vereitelt; aber
bey allen Heiligen, teufeliſch liſtig. Des Con=
rads Macht haben ſie ſo Stück vor Stück
zerzauſt und uns ſo mager unterſtützt, daß
unſer Heer die helle Auszehrung weg hat.
Beym Sanct Denys, ich bring kaum hun=
dert berittene Ritter mit. Sie gehen zu Fuß,
wie die Lanzknechte. Die ganze Equipage iſt
zum Teufel.

Theob. Laßt's gut ſeyn. Mein Gezelt
und was ich habe, will ich mit euch theilen.

Rankun. Das läßt euch Sanct Peter spre=
chen. Es muß alles unter Hütten campiren,
keine Zelte haben wir nicht, und von dem
Übrigen auch nicht viel mehr, als Nichts.

Königliches Quartier in Antiochien.
Gemach der Königinn.

Königinn Eleonore. Cäcilie. Raimund.

Eleonore. Raimund ist ein gewandter
Mann, so viel als ich ihn gesehn habe, mit
Kopf und Feuer.

Cäcilie. Und schön.

Eleon. Auch das mag seyn. Doch könnt
ich ihn nicht lieben, ich habe seinen rauhen
Stolz bemerkt.

Cäcilie. Zu euren Füßen würde er ge=
schmeidiger seyn.

Eleon. Das soll er nicht. (Ein Edelknabe
tritt ein.) Fürst Raimund harrt im Vorge=
mach, gnädigste Königinn.

Eleon. (zu Cäcilien.) Sind meine Kam=
merfrauen im Seitenzimmer?

Cäcilie. Ja.

Eleon. Begib dich zu ihnen und laß die
Thür offen. (Zum Edelknaben) Führ ihn
herein.

Raimund. (tritt ein) Ich komme euch meine
Freude mitzutheilen, die mir die Gegenwart

so hoher Gäste macht. (Er küßt der Königinn die Hand.)

Eleon. Einem solchen gefälligen Wirth ist man viel Dank schuldig. Seht uns als Pilgrimme an, die Herberg bey euch suchen.

Raim. Sobald ich nur den ersten Ruf von eurer Ankunft hörte, wünscht' ich nur, ihr möchtet die Aufnahme so finden, wie ich einen so seltnen Besuch. Freylich ist mein Hof nicht königlich; doch eine Dame, die die Beschwerden eines weiten Zugs schon überwunden hat, wird die Mängel des Prunks und Überflusses auch übertragen.

Eleon. Eure Freundschaft bürgt uns für alles, und wenn ihr auch eure Bescheidenheit zu weit treibt; so wird man euch doch für den artigsten Fürsten Asiens erkennen, der den Geist seines Vaterlands nicht verläugnet. Traun, Frankreich muß es sich zur Ehre rechnen, einen seiner Söhne auf dem Thron von Antiochien zu wissen.

Raim. Euer Mund macht eure Schönheit noch schmeichelnder. Man horcht entzückt, wenn man auch nicht alles bejahen kann. Hätte nur Antiochien irgend einen Zauber euch fest zu halten! ich wünschte es nur, um einige Monden in eurer Gegenwart glücklich zu seyn.

Eleon. Ihr selbst bezaubert, wenn man euch zu sehr traute.

Raim. Wie? ihr hegt Mißtrauen gegen mich?

Eleon. Wir Frauen sind zu leichtgläubig.
Ich geb euch den Stich zurück.

Raim. Königinn! — Ich wollte, daß ich
sagen könnte, meine Königinn. Wär ich noch
Graf von Toulouse und euer Vasall und hätt'
euch den Lehnseid geschworen; dann würd'
ich sagen, meine Gebietherinn.

Eleon. (lächelnd) Schade, daß euch das
Glück zu sehr erhoben hat, nun seyd ihr zu
groß für diesen kleinen Wunsch.

Raim. O ich danks noch immer viel dem
Glücke daß ich eurer Schönheit huldigen darf.

Eleon. Diese wird euch nicht beherrschen.

Raim. Man unterwirft sich lieber einer
Macht, von welcher man besiegt zu werden
weiß.

Eleon. (fein) Ohne ihre Stärke erst zu
kennen?

Raim. (feurig) Ein Vasall eures Herzens
zu seyn, heißt so viel, als einen gemeinen Fürsten zum König machen.

Eleon. (lächelnd) Ah das wär ein kleiner
König, den ich nicht zuerst als König grüßen
möchte. Ich hätte einem solchen Helden größere Entwürfe zugetraut.

Raim. (verlegen) Ich bewundere euch.

Eleon. Ihr wißt zu schmeicheln.

Raim. Freylich wenn ich so spät erst eu-

ren Geist erkannt hätte! Da dacht ich ihn mir
in seiner Größe schon, als ich zuerst vernahm,
daß ihr das Kreuz genommen hättet. Es ist
ein seltenes Beyspiel, und keine Königinn aus
Europa wird Asiens Boden wieder betreten.
Die weiten fürchterlichen Strecken eines langen Zuges nicht zu scheun, die Gefahren alles
Unglücks nicht zu fürchten, unter dem Getümmel barbarischer Feinde noch muthig zu
seyn — nein, seyd nicht ungerecht, und laßt
mir die Bewunderung eures Muths.

Eleon. Bey meinem Eide, ihr seyd so gewandt im Gespräche, als im Lanzengefecht.
Ich kannte in euch nur bis jetzt den Helden,
der einem fremden Boden seine Herrschaft auf-
zwang, sich mitten unter Feinden fest horstete,
und unter ihren Säbeln Platz für einen Thron
sich machte.

Raim. Ihr zerreißt den Faden unsers Gesprächs.

Eleon. Knüpft ihn da wieder an, was ihr
mir noch sagen wollt.

Raim. Ich hab' euch nichts zu sagen, als
daß ihr all mein Eigenthum für das Eurige
gebrauchen möchtet. — Ich habe verschiedene
neue Anlagen gemacht zur Verschönerung der
Stadt. Meine Bäder, mein ich, sollen euch
gefallen. Sie liegen nicht weit auf der schönsten Seite dieser Gegend.

Eleon. Ihr macht mich neugierig sie zu

ſehen. — Überhaupt kenne ich noch die Gegend nicht.

Raim. Darf ich euch geleiten?

Fürſtlicher Pallaſt.

Fürſt Raimund. (allein) Es hat dich gefaßt. Hüthe deinen Kopf. Pfui, biſt kein Jüngling mehr. Ich kann mich nicht begreifen,
bey Gott, ich kann mich nicht begreifen. Ich
meinte, mein Herz ſollte feſt ſeyn. Ich fühls,
dieſes Weib reißt mich hin. — Hatteſt wohl
recht, Falkonet; wenn ihr ſie ſehen werdet,
ſagte er. Damahls hatt' ich noch andere Plane. Ich wollt ihr Herz zu meinem Spiel machen, Liebe ſollte meine Maske ſeyn, die ganze Gaukeley ein Zug im Schach, und ſie über-
meiſtert mich. (Er hört im Seitengemach eine
Harfe.) Ha, Meiſter Klügling. (rufend) Laß
jetzt deine Muſik. (Falkonet tritt ein) Iſt denn
dein Kopf voll lauter Geklimper?

Falkonet. Weil ihr ihn zu nichts Anderm
brauchen wollt.

Raim. Schalk, du weißt, daß ich ihn
brauche. Jetzt mußt du mit zum Angriff. Aber
ſieh dich vor. Dein Feldgeſchrey war falſch,
du haſt mich irre geführt! Nun müſſen wir
uns durchſchlagen.

Falk. Zum Fechten hab ich nie getaugt.

Raim. Narr, ſoll ich dirs ſo dürr herunter bethen, wie die Mönche den Roſenkranz?

Sieh ich hatte ein Project, wozu ich den Ludwig haben muß. Es hat mich lang da nach
dem Landstrich gegen den Euphrat gelüstet.
Ich habe Ansprüche auf Cäsarien und Aleppo,
und die sind in den Klauen der Saracenen.
Sieh nun brauch ich den Ludwig.

Falk. (lächelnd.) Der soll die Kastanien
aus dem Feuer hohlen.

Raim. Aber das geht nicht. Dein wan-
kelmüthiger Ludwig ist ein Starrkopf. Er will
sich nicht lenken lassen.

Falk. Ihr habt den rechten Zügel noch nicht
angezogen.

Raim. Das mein ich auch. Sieh, ich hatte
dich weg, wie du mir von der Königinn sagtest. Ich dachte, der König stäk unter den Flügeln seiner Dame.

Falk. Nun das wohl eben nicht.

Raim. Eben da hängts. Hier bin ich aus
dem Gleis. Ich rechnete auf die Königinn.

Falk. Wohl, die ist der Zähler.

Raim. Ich schlug bey ihr so von fern die
Saite an. Aber dein Feldschrey ist falsch. Ich
wurde nicht verstanden.

Falk. Das ist nichts. Bey der Königinn
müßt ihr glücklich seyn. Sie wirkt auf den
Kopf ihres Gemahls, wie die Sonne auf ein
Mohnhaupt.

Raim. Dein Feldschrey ist aber falsch. Entweder sie ist das nicht, was du mir vorge-

plaudert haſt, oder ich bin ihr nicht das, was ich ſeyn möchte.

Falk. Zwey Wege führen euch zu ihrem Herz: Eitelkeit und Liebe. Welchen wollt ihr wählen?

Raim. Ah, das iſt ſchon nicht mehr die Frage.

Falk. Schmeichelt ihrem Stolze, oder huldigt ihrer Schönheit.

Raim. Ich verſtehe alles. Aber mein Plan iſt lahm worden. Sie ſcheint mich nicht verſtehen zu wollen. Ich wollte ſie an mich ziehen und —

Falk. Gebt mir Commiſſion. Schreibt einen Brief, fleht um ihre Liebe, geſteht eure Leidenſchaft. Ich verkleide mich als euren Verſchnittenen, und beſorge den ganzen Handel.

Raim. (finſter) Biſt du raſend? woher weißt du, daß ich ſie liebe.

Falk. Verſteht mich, Maske bloß, nur Mummerey. Ihr werft die Liebe bloß an der Angel aus.

Raim. Das iſt ein alter Einfall, den du mir geſtohlen haſt. Geh, ich dachte auch darauf, aber damit iſt's aus. Mein Herz miſcht ſich mit d'rein.

Falk. Auch gut, deſto wahrſcheinlicher wird die Fabel; deſto raſcher kommt ihr an das Ziel.

Naim. Falkonet, es ist ein hinreißendes Weib.

Falk. Ich merk's, wo ihr hin wollt. Laßt mich nur machen. Gebt mir nur bald etwas zu thun.

Naim. Meinst du's auszurichten?

Falk. Für den Ausgang bürg' ich.

Bäder bey Antiochien.
(Badegemach.)

Königinn Eleonore. Cäcilie.

Cäcilie. Der muthwillige Stürmer hat mich bald umgebracht. Er will durchaus zu euch.

Eleon. (lächelnd) Er hängt ganz an mir.

Cäcilie. „Ich bin Muhamed" rief er immer. „Laß mich, laß mich." Ich mußt ihn mit Gewalt von der Thür wegdrängen, und mit eurem Zorn drohen. Nun sitzt er traurig draußen unter den Palmenbäumen.

Eleon. Ich hab ihn lieb. Er weiß es auch, daß ich ihn gern um mich habe. Ich freu mich oft, wenn er mit seinen zwanzig Worten, die ich ihm gelehrt habe, all Alles sagen will.

Cäcilie. Soll ich ihn bringen?

Eleon. Nein jetzt darf er durchaus nicht zu mir. Du weißt, wen ich erwarte.

(Cäcilie. geht ab, kommt aber bald zurück.)

Cäcilie. Ein Verschnittener des Fürsten ist draußen und bringt diesen Brief.

Eleon. (liest den Brief und lächelt) Sag ihm zur Antwort. Ich würde drey Tage noch auf diesen Bädern weilen. (Cäcilie ab.) Ob er dieß wohl verstehen wird? Er mag sich die Antwort selbst hohlen. — (Sinnend) Und wenn er denn nun kommt? — (Nach einer Pause.) Ich ahndets. Er hat sich mir längst verrathen, eh' dieß Geständniß kam. Was wollte sonst sein schmeichelndes Eindringen, seine ringende Aufmerksamkeit, seine stürmische Unruhe? — Ob ich ihn nun begünstige? — Der stolze Fürst zu meinen Füßen girrend? — Nur des neuen Schauspiels wegen. Ich laß ihn eine Weile in der Schlinge flattern und dann? — wie es mir gefällt.

Muhamed. (streckt furchtsam den Kopf zur Thür herein.) Darf ich?

Eleon. (mit der Hand winkend) Fort.

Muhamed. (hinein stürzend) Mein Leben!

Landhaus, nicht fern von den Bädern.

Raimund. Falkonet.

Falkonet. (tritt ein). Hoffnung! Hoffnung!
Raim. Die Antwort. Geschwind heraus.
Falk. So gut, als gewonnen.
Raim. Die Antwort will ich wissen.

Falk. Drey Tage würde sie noch auf den Bädern weilen — läßt sie euch sagen.

Raim. Das klingt wie ein Orakel.

Falk. Wie eine Lockpfeife möcht ich sagen.

Raim. Ich soll hin, meinst du?

Falk. Wenn euch der Weg nicht zu weit ist.

Raim. Sprachst du sie selbst? Wie sah sie dazu aus, als sie dir das sagte?

Falk. Sie war just im Bad. Die Sache ging durch ihr Fräulein.

Raim. (zerstreut). Kennt dich diese nicht?

Falk. (lachend). Ich bin ja verkappt.

Raim. O ich muß hin, kaum kann ichs glauben. (abgehend.)

Falk. Brav, ein Überfall gibt Beute. (allein.) Wie er hineilt! Und die Königinn der reißende Strudel! Ludwig; Ludwig! siehst du denn gar nicht hinter dich! Dein ganzer Hof brodelt von Buhlerey. — Ich mußte doch über das saubere Fräulein lachen, wie sie mich aufs Korn nahm, da ich ihr den Brief gab, und wie sie sich drehte, wie eine Windfahne, da ich mich zu dem verhaßten Orden bekannte? Gekannt hat sie mich gewiß nicht — und sie soll mich auch nicht wieder kennen lernen.

Bäder.

Säulenhalle vor dem Badegemach.

Cäcilie. Ein Ritter. Raimund.

Ritter. Wo ist die Königinn?

Cäcilie. Wo du sie suchst.

Ritt. (befremdend). Ziemlich kurz. Du bist doch die Vertraute? Du weißt doch —

Cäcilie. Ich weiß nichts.

Ritt. Die sechste Stunde wurde mir bestimmt.

Cäcilie. Sie wird noch nicht abgelaufen seyn.

Ritt. Ha nun versteh ich dich, schöner Muthwille. Du willst mich quälen. Wo ist sie?

Cäcilie. Noch im Bade. Jetzt darfst du nicht zu ihr.

Ritt. (auf das Gemach deutend) Also hier? In diesem Gemach weht dein lieblicher Athem? (Er wirft einen Kuß gegen die Thür.) Diese Mauern sind die Zeugen deiner Reize? (sich nach Cäcilien wendend.) Mein süßes Fräulein! (Er will sie küssen.)

Cäcilie. (wehrend.) Behaltet dieses Almosen.

(Indem schlüpft Muhameb aus dem Gemach schnell durch die Halle.

Ritt. Ha! was war das? Es schlüpft jemand aus diesem Gemach.

Cäcilie. Träumer, du siehst Schatten.

Ritt. Verdammt! (Knirrschend) Komm ich zu spät oder zu früh? Tod und Teufel, wenn ich ihn ereile! (Er stürzt nach.)

Cäcilie. Welche Scenen!

Ritt. (kommt zurück und bleibt vor Cäcillen stehen). Ich lobe eure Pünctlichkeit. Die sechste Stunde war also noch nicht abgelaufen. Freylich die Minuten werden theuerr, wenn man mit jeder Stunde wuchert. Die meinige ist vorüber. (Er will nach dem Gemach, kehrt aber plötzlich wieder um.) Nein, Rache, Rache! (ab.)

(Cäcilie will ins Badegemach eilen; indem kommt Fürst Raimund von einer andern Seite.)

Raim. Fräulein!

Cäcilie. (erschrocken). O Himmel!

Raim. Ist die Königinn noch zu sprechen?

Cäcilie. (zitternd). Gott! ich bin so erschrocken. Ihr habt mich überfallen, Sire.

Raim. Wie blaß, mein schönes Fräulein! Verzeiht mir. Laßt mich die Rosen eurer Wangen wieder hervor rufen. (Er küßt sie.) Kann ich die Königinn sprechen, Liebe?

Cäcilie. (sich los windend). Ich werds melden. Weilt indeß im Garten.

Badegemach.

Königinn Eleonore. Cäcilie.

Eleonore. Ein verhaßter Streich.

Cäcilie. Er ging wüthend fort und drohte Rache.

Eleon. (gefaßt). Es ist nur der erste Sturm. — Ich schreib ihm, lad ihn ein, und in diesen Armen —

Eleonore. II. Thl.   P

Cäcilie. Kann freylich kein toller Mann zürnen.

Eleon. Hilf mich ankleiden.

Cäcilie. Fürst Raimund will euch sprechen.

Eleon. Fürst Raimund? Ha so rasch! Du hast ihn doch abgewiesen?

Cäcilie. Ich sagt, ich wollts euch melden. Er weilt im Garten.

Eleon. Bald ist mirs unmöglich. Ich bin unruhig. Doch — vielleicht zerstreu ich mich.

Cäcilie. (im Ankleiden. Er scheint Eindruck auf euer Herz gemacht zu haben.

Eleon. Närrinn! weil du so gern mit Herz und Seele liebst. Wie unglücklich wären wir, den Männern unser Herz Preis zu geben.

Cäcilie. (seufzend). Ich werde nicht so glücklich lieben.

Eleon. (spottend). Arme Schwester, du glaubst bey jedem aufwallenden Gefühl deine Tugend zu wagen, als wenn die Liebe ein Klostergelübde wäre. Und ich weiß doch, was dieses lüsterne Auge bittet, wornach dein klopfender Busen schmachtet. Deine Wünsche eilen drey Schritte vorwärts und bey dem vierten bittest du schon der Sittsamkeit die Übereilung ab.

Cäcilie. (erröthend.) Soll ich Diamanten in die Haare flechten?

Eleon. (lächelnd). Nur einige, zerstreut. — Du brichst das Gespräch ab, weil ich zu

tief in dich dringe. Sieh, ich verstand dich vorerst anders. Ich hielt dich für eine gutherzi-
ge Dirne, der ein Mann nicht unwillkommen
wäre, und das wär dein Alles. Du schienst
den Falkonet zu leiden. Er war von mir be-
günstigt und ich hatte den Gedanken, ihn
zum Hofmarschall einst zu machen.

Cäcilie. Er verdiente meine Liebe nicht.

Eleon. Weil er nicht mehr um dich girr-
te, nicht mehr um jeden günstigen Blick, um
jeden Kuß, als wie um einen Gottespfen-
nig betteln wollte.

Cäcilie. Er lebte nicht edel.

Eleon. Schweig, du bist eitel. Ich kenn
ihn, wer deinen Sinn hat. Mir entging der
erste Funken nicht, den Theobald in dir anfachte. Erröthe nicht. — Doch du warst bescheiden. Deine Furcht machte dich bescheiden.
— Er mußte ein armes Fräulein vorüber-
eilen, in die Arme einer großen Königinn.

Eleon. Die Dinge haben sich geändert. Du
hast ihn zurück, so wie er war, der Irrstern!
Nicht wahr, du liebst ihn?

Cäcilie. Meine Königinn!

Eleon. Sey es, wie es sey. Ich habe dich
immer lieb gehabt, weil du mir treu warst.
Du hast mein ganzes Vertrauen.

Cäcilie. Einmahl schien es doch nicht so.

Eleon. (gebiethend und stolz). Vergab ich
dir nicht, da du zu meinen Füßen lagst, und

P 2

bekannteſt, daß du mitwiſſend um den Frevel Theobalds warſt? (freundlicher) Ich machte aus der ganzen Sache einen Scherz und
du haſt doch alles erfahren.

Cäcilie. Ich kenne die Geſpenſter nun beſ-
ſer, die um eure Gemächer toſen.

Eleon. (nach einer Seitenthür gehend).
Ich erwarte den Fürſten im Gartenſaal. —
(allein) Wie iſt mir? Traun, ich ſcheue mich
vor ihr. Und ſie fühlt doch die nähmliche Gluth.
Iſts ihr guter Genius oder ein Grad weniger Muth, daß ſie ſo furchtbar mäßig iſt.
Hab ich ſie nur ein Mahl über den erſten kühnen Schritt. (ſinnend) Muhamed! Ha, das
wäre ein Gedanke. Sie glüht. Ich weiß, daß
ihre Wünſche nicht ſtill ſchweigen. — Du
haſt meinen ganzen Lohn, wenn du ſie über-
raſchen kannſt. — Und dann, Theobald —
liebſt du ſie? liebſt du ſie zu meiner Rache?
Ich erziehe dir ein Weib.

Garten.

Cäcilie. (allein unter einer Laube.) Wie
ſoll ich mirs erklären, dieſes unruhige Gefühl?
Ha wie ringen alle meine Sinne! wie ſchwillt
das Herz von Sehnſucht! welches Schmachten! Wo ſoll das alles hin? Iſt es Aſiens
heißerer Himmel, unter dem ich glühender
athme? wo der Puls raſcher zuckt und Wün-

ſche feuriger brennen? oder — (feurig) O
all ihr guten Geiſter! ich liebe ihn, all mein
Erwarten, mein Verlangen gehört ihm,
dem Einzigen. Aber er wird ſtolz vorüber gehen. Graf von Champagne! ich die arme Cäcilie. Wie er noch Ritter vom Hofe war,
da weilte wohl ſein Blick auf mir, jetzt wird
er höher ſtreifen, weg über mich.

Muhamed. (plötzlich auf ſie herein ſtür-
zend). Was ſprichſt du da?

Cäcilie. Wie du mich erſchreckſt!

Muhamed. (ſieht ſich ſorgſam überall um).
Iſt kein Mann bey dir?

Cäcilie. (vor ſich). Schöne Frage! (lächelnd) Nein, niemand als du.

Muhamed. (ſie umſchlingend). Wie du
ſchön biſt!

Cäcilie. (ringend). Laß mich!

Muhamed. Einen Kuß.

Cäcilie. Verſtehſt du unſere Sprache ſchon
ſo gut? — Geh, nun laß mich.

Muhamed. Noch einen — gib — du
biſt ſchön.

Cäcilie. (umarmt ihn mit feuriger In-
brunſt). Nun haſt du genug. Fort! (ſie drängt
ihn ſchäkernd aus der Laube). Die Königinn
erwartet dich.

Muhamed. (ſie zweifelnd anblickend)
Sprichſt du wahr?

Cäcilia. (nickt ihm). Beym Allah!

(Muhamed eilt fort, sie geht die Allee hinauf. Indem erblickt sie Graf Theobald
 und dreht sich schnell um.)

Theob. (sie ereilend). Und warum mir
entfliehen, mein Fräulein?

Cäcilie. (verwirrt). Ich kann es nicht.
Ihr habt mich eingehohlt.

Theob. Und also wolltet ihr mich doch
fliehen?

Cäcilie. Wie ihr das auch nehmt! Nur
um euch nicht den Weg zu vertreten, wendete
ich um.

Theob. (scherzend). Leicht ausgeredt. Ihr
hingt wohl euren Gedanken nach?

Cäcilie. (trübe). Was werden euch die
Gedanken einer Dirne kümmern?

Theob. Wie, mein Fräulein? Woher die
kranke Schwermuth, die dieses sprach?

Cäcilie. Möchtet ihr mich lieber heiter sehen?

Theob. Nicht um den schönsten Ritterdank wollt ich dieß holde Lächeln missen,
und dieses blaue Auge von Schwermuth trübe sehen und diesen beseelten Blick matt sinken lassen.

Cäcilie. (schalkhaft). Was glaubt man
nicht den Männern, auf die wir Schwache
uns verlassen müssen.

Theob. (ihre Hand ergreifend). Du willst
— nein, nein, du mußt mir glauben. Bey allem, was heilig ist, ich liebe dich.

Cäcilie. (erröthend und bestürzt). Mich?
(ihn schmachtend anblickend). Herr Graf! —
Zum Spott seyd ihr zu gut.

Theob. Liebliche Farbe deiner Wangen!
Schöne Morgenröthe deiner Jugend! Cäcilie, du hast mein Bekenntniß. (er küßt ihre Hand).

Cäcilie. (mit scheuen Blicken). Ihr habt
mich überfallen.

Theob. Du hättest also meinen Blick noch
nicht verstanden? War dir die stumme Sprache meines Herzens unbekannt? Keine Ahndung weckte dein Gefühl für mich? (sie schweigt
mit sichtbarem Kampf). Cäcilie, du läßt mich
alles fürchten. — Oder wenn es anders ist —

Cäcilie. (sinkt an seine Brust). Theobald!

Theob. (feurig sie umschlingend). So senk
ich alle meine Wünsche in diesen Busen.
Mein Glück ist nun am Ziel. (lange schwei-
gende Umarmung)

Cäcilie. (sich langsam aufrichtend). Gott,
das war mein Traum. Er begann an dem
Tage, da ich zum ersten Mahle euch sah.

Theob. Und du opfertest dich auf? Ließt
mich in die Arme eines eiteln Weibes eilen?

Cäcilie. Ich gefiel mir in dem Spiegel
eurer edlen Liebe.

Theob. Ihr wählt zu gut den Nahmen,
nur rein war sie: (seufzend) reine Thorheit!

Cäcilie. Damahls war ich noch die vertraute Zeuginn seliger Stunden.

Theob. Ich verstehe dich. Jetzt ist es anders! was du itzt siehst, möchtst du nicht bezeugen, davor möchte der Tag sein Licht verhüllen, und die Nacht finsterer werden. Ha,
wohl mir, daß du mein bist, daß ich von
diesem Kampf mit deiner Ehre dich erlösen
kann. Du mußt dich von der Königinn entfernen. Zerreiß die Bande dieser Buhlerinn.
Ich zittre, so lang du noch in ihren Händen bist.

Cäcilie. (sich an ihm verbergend). Wenn
du alles wüßtest! Ich verabscheue ihre Händel.

Theob. Und doch lief der Faden derselben durch deine Hände? Wunderbares Geschick! Du sahst und schwiegst!

Cäcilie. Tausend Mahl zuckten meine Lippen, sie an ihre Ehre zu erinnern.

Theob. Furchtsame Seele, deine Treue
ging zu weit. Auch Mitwissen solcher Schande wirft Rost an spiegelblanke Unschuld. Wenn
sich das verführerische Gift an diese Lippen
hing, wenn ein wollüstiger Molchgedanke in
diesen Busen durch die nahe Gluth sich er-
wärmte —

Cäcilie. (mit dem innigsten Ausdruck ihre
Hände zum Himmel erhebend) O all ihr
Heiligen, die ihr auf uns herab seht, ich bin
rein von Missethat. (es fällt eine Thräne aus
ihrem Auge.)

Theob. (bewegt). Nein, das wollt ich
nicht. Wie hast du mich verstanden? Es müßte der Argwohn an mir selbst zur Natter werden, eh ich ihn auf dich abzielte. Ich weiß,
welches Kleinod ich jetzt umfasse. Meine Liebe ist gereift, an einer heißen Erfahrung
schnell gereift. Der Rausch hat sich vor meinen Augen weggezogen. Ich gleitete durch
lügenhafte Schimmer an einem Abgrund weg,
in die Arme schöner Wahrheit. (er umarmt sie)

Cäcilie. (mit gepreßter Stimme) Wenn
ich dir etwas seyn kann, so bin ich Alles dir.

Klosterkapelle.
(Morgendämmerung)

König Ludwig. Der Mandarit des Klosters.

Ludwig. (im Hereingehen). Sehr nach dieser Stille seh' ich mich. Diese Mauern um-
schließen einen Himmel.

Mandarit. Wer fromm ist, hat ihn in
sich selbst, mein König.

Ludwig. Wer kann fromm seyn in dem
Getümmel der Welt? Die Sündfluth über-
schwemmt die heiligen Gefühle. Ein solches
Haus ist die Arche, wohin sich die Andacht
retten kann.

Mandarit. Aber der Bösewicht findet auch
an heiliger Stätte eine Hölle.

Ludwig (seine Hand ergreifend.) Kennt ihr

den Bösewicht auf den ersten Blick? Seht
ihr sein Zeichen an der Stirne? — Ihr
schweigt, und ahndet nicht, daß ich ein Ver=
brecher bin. Dieser fromme Mann hat ein
Heiligthum zerstört. (Er deutet auf sich selbst.)

Mandarit. Sire, diese That sieht euch
nicht ähnlich.

Ludwig. Nicht? So ist das Brandmahl
doch etwas verbleicht, so leuchtet meine Sün=
de doch nicht mehr öffentlich jedem ins Ge=
sicht. Ich habe ja auch so viel gelitten um
diese Missethat. Aber hier, (er deutet auf sein
Herz) was ihr nicht seht, das Bewußtseyn,
das verfolgt mich, bis ich meines Gelübdes
ledig bin. Am heiligen Grabe will ich es
niederlegen, dort werde ichs vergessen ler=
nen, was ich that, und die Plagegeister mei=
ner Schuld werden mich verlassen.

Mandarit. Gott gebe euch Friede.

Ludwig. Den find ich im Gebeth. Laßt
mich nun allein. (Der Mandarit tritt zurück.
König Ludwig kniet vor einem Altar und
bethet. Nach dem Gebeth) Wie ich mich ge=
stärkt fühle. Wohl sagtest du recht, meine
Eleonore, die Stunden der Andacht sind die
schönsten Augenblicke, ob du es gleich im fie=
berhaften Wahnsinn sprachst.

Eine Stimme. Du bethest, König? Bethe
für die Sünden deines Weibes.

Ludwig. (springt erschrocken auf.) Was

war das? Hülfe! Hülfe! (Zusammenlauf von Mönchen.)

Mandarit. Jesus! wo?

Ein Vermummter (unbemerkt hinzutretend) Ich wars. (Schnell ab.)

Königliches Quartier.

König Ludwig (auf einem Ruhebette allein. Es ist schon gegen Mitternacht.) Das bringt mir keinen Schlaf und keine Ruhe. Dieß ewige Berathschlagen mit mir selbst, der sorgende Schmerz, der innere Kampf zwischen Glauben und Nichtglauben! Mich zu quälen und dann beschämt zu seyn! Zu irren, mit einem Schatten mich unnütz abzukämpfen! Soll ein jeder Bube mich argwöhnisch gegen meine Gemahlinn machen? kann jeder Funken diese Flamme entzünden? Ich dachte es wäre anders. Ich glaubte dieses Mißtrauen wäre endlich ausgetilgt. Wo sind meine Entschlüsse, nie wieder dem Geflüster des Verdachtes mein Ohr zu leihen? Sie liebt mich! Was anders hätte sie getrieben mich auf diesem gefährlichen Zug zu begleiten? Sie liebt mich, oder alle Liebe ist Häucheley. Es kann nicht möglich seyn. Weg mit allen Zweifeln! (Er lagert sich zum Schlummern. Nach einer Pause.) Unter allen Qualen ist Argwohn die größte. Treulos! Schrecklich! Sie hätte mich mit ihren schmeichelnden Umarmungen

überlistet? Und ihre Schande wird als eine
Mähr umher getragen, bis ich zuletzt die all-
bekannte Neuigkeit erfahre? Wo ist meine
Klugheit, dem verführerischen Geschlechte nicht
zu trauen? Ich bin gewarnt worden. Wem
soll ich nun glauben? O nur Gewißheit, nur
Gewißheit! dann mag es wahr seyn. (Er
springt auf und geht umher.) Sie ist fromm
— mitten in ihrem Wahnsinn zeigte sich ihre
wahre Gestalt. Und sie könnte treulos seyn?
Wer zerreißt mir diesen Schleyer? — Ich
will etwas versuchen. (Er will klingeln, besinnt sich aber.) Ha sie ist auch ein Weib. —
Und doch — vielleicht. (Er klingelt. Ein Edelknabe erscheint.) Ruf mir Cäcilie her. (Der
Edelknabe ab. Er wirft sich unruhig auf das
Ruhebett.)

Cäcilie. (zitternd eintretend.) Sire! —
Euer Befehl.

Ludwig. (steht auf.) Tritt näher, Liebe.
Du zitterst?

Cäcilie. (sich bestürzt umsehend.) Verzeiht
mir. Der Ruf zu einer so ungewohnten Stunde — Ich war nicht vorbereitet. — Ich fürchtete, ein Unfall möchte— Gott, ich weiß
nicht, wie ich hierher gekommen bin.

Ludwig. (lächelnd.) Ich verstehe dich, liebes Mädchen. Du bist hier allein.

Cäcilie. Ich stehe vor meinem König.

Ludwig. (ihren Arm ergreifend.) Ha,

wie das schöne Leben in dir zittert! wie das Blut so ängstlich klopft!

Cäcilie. (sinkt zu seinen Füßen) Sire.

Ludwig. (sie aufhebend.) Hat noch niemand dir gesagt, daß du schön bist? hat niemand dir das Geständniß von den Lippen wegge= küßt, daß du liebst?

Cäcilie. Was soll ich euch darauf antwor= ten? Ihr ängstet mich aufs äußerste.

Ludwig. Laß mich immer an deiner Ver= wirrung mich weiden. Wenn nicht alles mich betriegt; so seh ich jetzt das schöne Schauspiel ängstlicher Unschuld.

Cäcilie. Beruhigt mich mit euren Befeh= len. Ich bin sicher in dem Schutz eurer Wür= de, und wenn ich weiß, warum ihr mich habt zu euch entbiethen lassen, so wird meine Un= ruhe aufhören.

Ludwig. Ja du bist sicher hier, bey Gott das bist du. Ich ehre deine Tugend. Diese un= schuldige Bestürzung deiner reinen Seele hat dich mir werther gemacht, als wenn zwölf Ritter zum Beweis für deine Ehre kämpf= ten. Ah, wenn du alles wüßtest, was ich glauben und nicht glauben soll, mein Ver= trauen auf deine Unschuld würde dir hoch und heilig seyn.

Cäcilie. Kann mir etwas höher seyn?

Ludwig. Wenn man an der Ehre derje= nigen zweifelt, mit welcher ich mein Herz

meine Krone theile; wenn immer neue Warnungen an meiner Sicherheit zucken, bis ich
zweifeln muß, dann wird es nicht leicht, an
eure Tugend zu glauben, dann ist es mir ein
Wunder, wie deine Unschuld sich nicht an
der nahen verderblichen Flamme versengte, um
welche sie schwebte.

Cäcilie. (bestürzt.) Das ist es doch nicht,
was ihr mir sagen wolltet, Sire, als ihr mich
rufen ließt.

Ludwig. Das ist es und noch mehr. Du
kannst wohl glauben, daß ich jetzt nicht ein
Mährchen von dir hören will, oder daß du
mir den Becher zum Schlaftrunk reichen sollst.
Eine Antwort will ich von dir haben, eine
Antwort, die mir den Vorhang wegzieht,
oder ihn zerreißt, die mir die Ruhe wieder-
gibt, oder meinen Verdacht mit Rache sättigt.

Cäcilie. Barmherziger Heiland, ich ahnde etwas Schreckliches. Ihr tödtet mich.

Ludwig. So? Ahndest du schon? Ist ein
Wink genug das schreckliche Geständniß zu
fürchten.

Cäcilie. Gott, ich weiß nichts. Aber euer
Blick ist wild, eure Rede. (erschreckend) Laßt
mich, laßt mich, Sire.

Ludwig. Nein, ich lasse dich nicht. Sey
ruhig, Liebe. Betrachte mich als deinen
Freund. Gieß Balsam in dieß wunde Herz,
reiß den Brand von mir weg, der meinen

Frieden verzehrt. Ist es wahr, daß sie meine
Liebe so schändlich belohnt? Bey allen Heiligen, ist es wahr? Gib mir Beruhigung,
du bist ihre Vertraute, oder wenn du diese
nicht hast, so gib mir Gift — Gewißheit.

Cäcilie. Jesus! welcher Bösewicht hat euch
so hintergangen!

Ludw. Du mußt alles wissen, oder sie kann
ihre Verbrechen auch vor ihrem Schatten verbergen. Verschweig es nicht, was du weißt.
Ein schändliches Geheimniß vergiftet das Herz,
das es verbirgt. Verschweig es nicht. Ich bitte
dich nur um einen Tropfen dieses bittern Ge-
misches.

Cäcilie. Eh mag ein Dolch mein Herz durchbohren, als daß ein solcher Frevel über meine
Lippen ging.

Ludw. (stößt sie von sich). Verdammte
Schlange, sie hat deine Zunge bestochen. Das
verrätherische Geschlecht verschwört sich gegen
mich. Ist es doch wahr, ich hasse alles, was
Weib heißt. Sie spielen mit der Ruhe eines
Mannes, wie mit einer Tändeley, die durch
die Finger fällt. Sie verstricken durch List und
Ränke sein Herz und seine Macht. Ich beschwö-
re dich bey meinem Zorn, daß du mirs gestehst,
oder ich lasse dich von dieser Stelle in einen Ker-
ker werfen, wo alle Qualen der Verzweiflung
dich fassen sollen. Es muß heraus. Im Angesichte meiner Edlen muß die Schaudthat kund

werden. Ich will ein fürchterliches Gericht über euch ergehen lassen bey meiner königlichen Ehre.

Cäcilie. (bleich und gelassen). Ich dulde alles, Sire. Ich kann euch nichts gestehen. Das schrecklichste Verhängniß treffe mich Unglückliche! (bricht in Thränen aus).

Ludw. (nach einer stummen Pause, in welcher er starrend und staunend vor ihr gestanden), Ha, das geht zu weit. Trotz seh ich nicht in deiner Miene. Zur Aufopferung bist du zu schwach. Also bin ich um nichts weiter! also soll und soll es nicht heraus kommen!

Cäcilie. Wenn euch diese Thränen rühren; so gibt auch meiner Stimme Gehör. Entschlagt euch dieser quälenden Gedanken und gewährt der Verleumdung keinen Triumph.

Ludw. O mein unglückliches Schicksal!

Cäcilie. Wer ein Verbrechen auf meine Königinn zu sagen weiß, der trete heraus und beweis es im Angesicht der Edlen und des Volks. Nur die Verleumdung kriecht in das Verborgene und warnt mit zweydeutigen Worten.

Ludw. Recht. Ich muß dir das zugeben. Es war eine unbekannte Stimme, die mich warnte, in dunkeln Worten warnte sie mich. Doch hörte ich auch deutlichere Warnungen.

Cäcilie. Warnungen des Hasses, von Männern, die unser Geschlecht hassen müssen, Sire.

Ludw. (aufmerksam). Bey allen Heiligen,

Mädchen, du sprichst so klug, als du schön bist.
Ich gewinne immer mehr Vertrauen zu dir.
Aber wiege mich nicht in eine betrogene Sicher-
heit, wische nicht sorglos jeden Zweifel durch
Überredung weg. Fürchterlich würde ich diesen
Frevel ahnden, zittere, wenn ich es anders finde.

Cäcilie. Ich bürge für das Vergangene,
aber nicht für das, was zukünftig ist. Merkt
darauf. Die Zukunft versteh ich nicht.

Ludw. Und doch scheinst du davon zu wissen, weil du so deutend sprichst.

Cäcilie. Wenn ich nicht fürchten müßte, die
Flamme mehr noch anzufachen, die schon in
euch lodert, wenn ihr es nicht anders schätzen
wolltet, als für einen Wink, und wenn ich
diesen Wink als eine unverletzliche Reliquie bey
euch niederlegen dürfte. —

Ludw. Rede, wenn du mir wohl thun willst.

Cäcilie. (wirft sich dem König zu Füßen).
Gebt mir erst euer Königswort, daß ihr nichts
mehr von mir erzwingen, keinem Rathe weiter folgen wollt, als der in meinen Worten liegt.

Ludw. Es sey dir gewährt, ob ich gleich nicht
weiß, wohin du zielst. Sprich.

Cäcilie. Wacht über Raimund, Fürsten
von Antiochien. Mehr weiß ich nicht.

Ludw. Hm! kurz wie ein Zauberspruch. —
Doch etwas Grund in dieser Tiefe. (Er hebt
sie freundlich auf). Ich danke dir. Dieser Wink
bürgt mir für deine Aufrichtigkeit. Und wenn

Eleonore II. Thl.   Q

du mich auch getäuscht, wenn du mir auch viel
verschwiegen hätteft, ich würde dir nun trauen.
Du haft mich sehr beruhigt und einen großen
Sturm aus meiner Seele vertrieben. Dank
dir, liebes Mädchen, leg dich nun schlafen.
Ich habe etwas seltenes in dir gefunden —
wahre Freundschaft. (Cäcilie küßt gerührt seine
Hand und will gehen (Noch ein Wort Cäcilie.
Ich that vorhin eine Frage an dich, die in
dem Gespräch verloren ging. Ich bringe sie jetzt
wieder auf, weil sie etwas mehr als meine Neugier angeht. Liebst du, und wirst du geliebt?(Cäcilie schlägt erröthend die Augen nieder). Sieh
ich möchte dich gern glücklich sehen, und wollte
nicht, daß ein solches Kleinod in eine unwür-
dige Hand käm. Nenne mir den Mann, den
deine Wünsche umfassen.

Cäcilie. Ihr kennt ihn, Sire, denn ihr seyd
sehr huldreich gegen ihn gewesen. Seine Feld-
binde ist morgenroth und blau.

Ludw. Wie? der Retter meines Lebens?
Und er liebt dich? Nein ich habe nichts gegen
ihn gethan, als ihm das wieder gegeben, was
ihm gehörte. Belohne du ihn, belohne ihn mit
deinem Herz. Geh, gutes Mädchen, leg dich
schlafen. Du haft mir zum Schlaf noch eine
Freude geschenkt.

(Gemach)

Cäcilie (allein) Es wird schon licht. Welch

ein trauriger Morgen! Ich habe ihn heran ge=
weint, und meine Thränen begrüssen ihn.
O ich habe sie nie mit mehrerem Rechte vergos=
sen. Wer sich selbst bedauern muß, ist tief gesun=
ken. Wie verachtungswerth bin ich mir selbst!
Ach daß ichs läugnen könnte! Ich war die Zeu=
ginn ihrer Untreue, die Mitwissende ihrer
Schandthaten und nun mußte ich da stehen als
eine Lügnerinn, eine Lügnerinn vor dem besten
König. O warum riß ich mich nicht los von die=
sem gefährlichen Weib? warum entsagte ich
nicht allen Hoffnungen des Glücks, sobald ich
ihre verderbliche Neigung kannte? Wär' ich in
mein Kloster zurück gekehrt, so hätte ich in
schuldloser Armuth meine Tage verlebt. Nun
mußte ich entweder eine Verrätherinn werden,
oder das Bewußtseyn ihrer Schande mit ihr
tragen. Wie mein Herz blutete, da ich dem
guten König verläugnete, was in meinem Bu=
sen klopfte! Etwas mußte ich ihm denn doch be=
kennen, wenigstens ihn vor der Zukunft war=
nen. Ach was geschehen ist, konnte das Un=
glück nur vergrößern. Vielleicht sättigt sich sein
Argwohn an meiner Warnung und er vergißt
das Vergangene.

(Gemach).

Königinn Eleonore. Cäcilie

Eleon. Du hast geweint, läugne es nicht.
Was hat dich wieder geplagt, weichherzige

Seele. Pfui, du weißt, daß ich seit langer
Zeit solche Augen nicht mehr leiden kann.

Cäcilie. Ach meine Gebietherinn, wenn
ihr wüßtet, was sich diese Nacht begeben hat.

Eleon. Unglücksvogel! Nun und was?

Cäcilie. Der König ließ mich rufen, schon
spät gegen Mitternacht.

Eleon. Der König? spät? und dich allein?

Cäcilie. Nicht anders. Er wollte gewisse
Dinge von mir wissen. Ich wäre eure Ver-
traute, sagte er. Ach er war fürchterlich.
Sein Verdacht ist aufs höchste gestiegen.

Eleon. (heftig). Cäcilie, und du — Nun
und was sagtest du?

Cäcilie. Ich verschwieg, bey allen Drohungen blieb ich fest. Er ließ sich endlich beruhigen, denn es war nur unsicheres Forschen.
Sein Feuer verlosch, da es keine Nahrung
fand; zwar vielleicht nicht ganz, vielleicht
glimmt noch ein Funken —

Eleon. (einfallend) Laß dich umarmen,
du hast einen fürchterlichen Blitz bey mir vorüber geleitet.

Cäcilie. Seyd auf eurer Huth, ich bitte euch.
Schont seine Unruhe, er leidet viel. Ach
wenn ihr ihn hättet sehen sollen, aus Mitleid müßtet ihr ihn lieben.

Eleon. Warum sagst du nicht lieber aus
Barmherzigkeit, so hättest du mich zum Lä-

heln gebracht. (stolz) Wenn ich ihn liebe, so liebe ich ihn, weil er mein Gemahl ist.

Cäcilie. Euer Gemahl. Ihr nennt ihn selbst so, und doch könnt ihr ihm solche Wunden schlagen? wollt ihn den Qualen eines marternden Mißtrauens überlassen?

Eleon. Laß ihn. Wenn ich ihn an mich fesseln will, so kann es nur auf diese Art geschehen. Seine Leiden rühren mich nicht. Mißtrauen ist seine alte Krankheit. War er nicht argwöhnisch gegen mich, da ich ihn einzig, einzig liebte? da ich ihn durch Liebe zu gewinnen suchte? Er ist nicht für die Liebe geschaffen. Argwohn muß ihn reizen; und wenn er mich nicht liebt, so muß er wenigstens aus Eifersucht mich als die Seinige zu erhalten suchen. Mag er immer in Besorgniß schweben, nur nie mehr erfahren.

Cäcilie. (sich vor ihr niederwerfend) Und wenn er auch mehr erführe, meine Königinn! Wenn ihm auch die fürchterliche Gewißheit vor die Augen käme! Ich zittre, wenn ich daran denke. Um alles, alles bitte ich euch, seyd eurer Würde eingedenk.

Eleon. (zurücktretend) Traun, weise Lehren in dem Munde einer jungen Dirne! Was ich thue oder nicht thue, darüber braucht dein Kopf sich nie des Schlafs zu entschlagen.

Cäcilie. (steht auf, entschlossen) So will ich auch nicht mehr. Ich mag mich nicht in

eure Händel mehr verwickeln, mag nicht ein
Bewußtseyn auf mich laden, das mich quält.
Wählt euch eure Vertraute nach euren Wün-
schen. (will gehen.)

Eleon. Wie? Cäcilie. (Sie an sich ziehend) Schäme dich, sey keine Thörinn. Bleib
meine Freundinn, mein Leben athmet für
dich. — Oder willst du mir trotzen, willst
du mich zu Grunde richten, so geh' — (Cäcilie küßt ihr weinend die Hand.) Laß dich
nicht zu Absichten gebrauchen. Ich fürchte
man wird sich deiner bedienen. Laß dich nicht
von deiner Thorheit hinreißen. Meine Freundschaft soll dich belohnen.

Ein Edelknabe (tritt ein.) Der König
wird euch sprechen.

Eleon. (zur Cäcilie.) Ha, Dank dir,
daß du mich vorbereitet hast. Geh' jetzt.
(zum Knaben.) Ich werde ihn empfangen.

(Voriger Ort.)

König Ludwig. Königinn Eleonore.

Eleonore. Ist dieß der Morgengruß nach
einer ruhigen Nacht?

Ludw. Ich habe nicht viel Schlaf gehabt.

Eleon. Das sah' ich an eurer Miene. Wie
düster, wie verstört!

Ludw. Das kann euch nicht viel gelten.

Eleon. Gott, wie könnt ihr das sagen?

Ich theilte mit euch euren Unmuth, so wie eure Freuden.

Ludw. So würden eure Freuden selten seyn.

Eleon. Ich erschrak, da ich euren unruhigen Blick sah'. Wenn ihr wüßtet, wie nach euch sich meine Seele stimmt!

Ludw. (bitter) Ihr seyd ein seltnes Weib.

Eleon. Laßt mich diese trübe Wolke verjagen, die eure Seele überschattet, laßt eure Sorgen in meinen Armen schweigen, und die Ahndungen der Zukunft. Kann ich diese düstere Stirne aufheitern, und diese kalte Unzufriedenheit wegschmelzen, kann ich einen einzigen Sonnenblick in eure Seele bringen, und dieser wäre ganz mein Werk, so habe ich alles erreicht, was mein treues Herz wünscht.

Ludw. (in sichtbarem Kampf) Weib, spotte meiner nicht. — Betriege mich nicht, Eleonore. Ich muß, ich muß dir trauen, wenn ich meine Ruhe behalten will.

Eleon. (mit der Miene der ausgesuchtesten Zärtlichkeit) Ludwig.

Ludw. Nein, ich schäme mich des Geständnisses nicht, daß ich mich oft bey dir glücklich gefühlt habe. Rechne es dir zum Verdienst, daß du den Aufruhr meiner innern Qualen oft gestillt hast, und sey stolz auf dieß Verdienst. Du bist mir in diese fer-

nen Gegenden gefolgt, aus Liebe, sagtest du,
und ich rechne viel auf diese Liebe.

Eleon. Es ist mein feurigstes Bemühn,
euch zu beweisen, daß ich euch liebe, und
mein schönster Lohn, wenn ihr es erkennt.
Dieß war immer mein einziger Wunsch, daß
ihr die Hälfte eurer Lasten auf mich legt.
Gern will ich alles mit euch tragen, was euch
drückt.

Ludw. (im Gefühl des Kummers) Ja
mich drückt viel, die Hand des Schicksals
liegt schwer auf mir. Wär' ich aus diesem
Gewirr heraus! Ach vielleicht find' ich nie
den friedlichen Genuß des Lebens.

Eleon. Nicht diese traurige Sprache. Was
hat euch so unmuthig gemacht? welche Bau-
gigkeit quält euch?

Ludw. Nein, das taugt nichts für dich,
das kann dein Herz nicht tragen. Was ich
fühle, muß ich nur allein empfinden. Nur
am heiligen Grabe finde ich Erlösung von
einem Theile meiner Last, wenn die Ketten
meines Gelübds und meiner Buße fallen.
Nur dahin muß ich eilen nach der Stätte
meines Heils; dann mag mein Verhängniß
über mich walten, bis eine gütige Hand den
Nebel vor meinen Augen wegstreift, bis ein
sicherer Blick mich in den Tiefen der Unge-
wißheit leitet, bis ich dich treulos weiß, oder
ganz die Meinige.

Eleon. Mein Gemahl!

Ludw. Still, noch ist es nicht so weit.
Du bist meine Gemahlinn. Fürchte nichts
von mir, oder fürchte alles. (Er geht, kommt
aber bald wieder zurück) Noch ein Wort.
Diese Woche brechen wir von Antiochien auf.

Eleon. Diese Woche noch?

Ludw. Ist euch das zu früh? Ihr wißt
mein Gelübd. Das Ziel meines Zugs ist zu
Jerusalem.

Eleon. Aber ihr habt doch auch gelobt,
den bedrängten Christen beyzustehen, und
die Macht unserer Kirche im Orient zu sichern?

Ludw. Das weiß ich, und ich werde helfen, wo man meiner Hülfe bedarf.

Eleon. Verdient die nicht jeder Fürst, der
Muth hat, seine Macht in Asien zu behaupten? ist nicht jeder Staat ein Glied der christlichen Kirche? Warum wollt ihr Raimund verlassen? Bey euch steht es, sein Reich fest zu
gründen und seiner Macht Stärke zu geben.

Ludw. (finster). Mischt euch nicht in Händel, Königinn, für welche euch keine Sorge
auferlegt ist. Balduin von Jerusalem braucht
meinen Beystand, ihn muß ich unterstützen,
weil er der Gefahr am nächsten ist. Wenn
irgend ein christliches Reich in Asien bestehen
kann, so muß es das von Jerusalem seyn.
Dort müssen wir die Herrschaft des Abendlands pflanzen, von dort aus müssen wir die

Macht der Christen verbreiten. Zu Jerusalem ist die Stätte des Kreuzes und dort muß auch der Sitz der Christenherrschaft aufgerichtet werden. Ich kenne meinen Plan und kenne auch Raimunds Absichten. Ich will nicht ein Werkzeug des Ehrgeizes, sondern ein Schutz der Bedrängten seyn.

Eleon. Doch möchte ich es nicht für bloßen Ehrgeiz halten, daß Raimund sein Gebieth vergrößern will. Auch er ist ein Christ und will ein christliches Reich gründen. Wenn es Ehrgeiz ist, was er beginnt; so ist es für die Ehre des christlichen Nahmens. Oder wollt ihr seine Herrschaft wieder zu Grunde gehen lassen, die schon steht? Wollt ihr zu Gunsten des Einen den Andern fallen lassen?

Ludw. Ihr scheint euch Raimunds sehr anzunehmen.

Eleon. Ah, wenn ihr auf diesen Ton kommet, so schweige ich.

Ludw. Mit einem Wort, ich kann den Raimund nicht unterstützen. Mich rufen größere Pflichten, mein Gelübd und Jerusalem. So lang ich noch nicht dort bin, so lang ich jene Grenzen noch nicht sicher weiß, so lange habe ich noch nichts gethan.

Eleon. Ich wage nicht eure Entschlüsse wankend zu machen, folgt eurem Willen, mein Gemahl. Aber wenn es mir vergönnt ist, ohne Argwohn zu erregen, noch etwas zu sagen; so möchte ich euch erinnern, daß wir dem Raimund viel schuldig sind. Er hat uns mit Freundschaft aufgenommen, er hat unsere Ritterschaft ausgerüstet, er hat alles gethan, was unser Heer wieder herstellen konnte.

Ludw. Nicht umsonst. Alles aus losem Eigennutz. Er will uns damit bestechen.

Eleon. Mag auch dieses seyn. Aber ihr werdet ihn hart beleidigen, wenn ihr ihn so plötzlich verlaßt und sein Haß könnte uns eben so schaden, als uns jetzt seine Freundschaft genutzt hat. Sucht ihn wenigstens zu täuschen, wenn ihr denn beschlossen habt, seine Hoffnung zu vernichten. Schiebt euern Abzug auf und laßt ihn in eurem Zögern noch Gewährung erwarten. Indeß kommt Kaiser Conrad an, dann findet ihr Entschuldigung genug in eurer Verbindung mit dem Kaiser zu einem gemeinschaftlichen Vorhaben, aus der Sache euch zu ziehen.

Ludw. Das alles will doch so viel sagen, daß euch ein längerer Aufenthalt in Antiochien gefiel?

Eleon. Ihr deutet meine Reden spitzig. Ich glaubte, etwas anders gesagt zu haben.

Ludw. Mich nimmts nur Wunder, wie ihr mit Raimunds Gesinnungen so genau bekannt seyd, woher ihr die genaue Kenntniß seiner Politik wohl habt, daß ihr mir so klug einen Ausweg zeigt. Ich fürchte den Raimund nicht, und werde die Bande zerreißen, die mich und dich hier fesseln. Es bleibt dabey, wir brechen auf. (Er geht).

Eleon. (ihn zurückhaltend). Nein so müßt ihr nicht von mir scheiden, nicht mit der Miene der Bedenklichkeit und mit dem kalten Mißtrauen.

Ludw. Was wollt ihr damit?

Eleon. (ihn umfassend) Vertrauen zu mir.

Ludw. Das habe ich selbst nicht.

Eleon. (an ihm niederfinkend) So erbarme sich Gott meiner.

Ludw. Das geht zu weit. Laßt mich. (Sie umarmt ihn nochmahls, und er bleibt in ihrer Umarmung.)

Bischöfliches Quartier.

Bischof Gottfried. Abt Montpellier.

Gottfried. Das werdet ihr mir doch zugeben, daß es unsere Pflicht ist, für die Ehre des Kreuzes zu wachen, daß wir dafür sorgen müssen, daß dieser Zug glücklich vollendet werde.

Montpellier. Wohl liegt uns diese Sorge ob, und die Augen der ganzen Christenheit sind auf uns gerichtet. Der heilige Vater hat es mir auf die Seele gelegt, für den Erfolg zu wachen und zu bethen.

Gottfr. Auch ich kann mich dieses Auftrags rühmen. Nun möchte ich euch doch fragen, warum wir so lau sind? warum wir so träge zusehen wie die Zeit unnütz versplittert wird?

Montp. Warum habt ihr die Frage nicht eher an mich gethan?

Gottfr. Warum? Nun wenn ich sie auch jetzt erst an euch bringe, ist sie darum nicht mehr wichtig? wird sie nicht vielmehr dringender? Wozu zaudern und verweilen wir hier? wozu der müßige Aufenthalt in dieser Stadt? Antiochien ist nicht Jerusalem und in diesen Mauern finden wir nicht die Stätte des heiligen Grabes. Wir werden den König an sein Gelübde erinnern müssen, weil er es zu vergessen scheint. Es scheint noch nicht, daß wir so viel Lorbern eingeerntet haben, um unter ihrem Schatten auszuruhen.

Montp. Aber doch bedürfen wir der Ruhe, um uns von unsern Niederlagen zu erhohlen. Ihr werdet es doch wissen, daß uns Raimunds Freundschaft sehr zu statten kommt, daß unsere Ritter hier Geräth und Waffen wiedergefunden haben, daß wir durch diese Rast und Pflege unser halbes Heer von Krankheiten und Wunden gerettet haben.

Gottfr. Das weiß ich alles und noch mehr. Ich kenne Raimunds Freundschaft und seine Absichten. Er hat nicht umsonst die Scharten

unfers Verlufts ausgewetzt und unfre Macht
wieder geschärft. Er will damit die Früchte
seines Ehrgeizes ernten.

Montp. Ihr wollt damit sagen, daß er
dem König angelegen hat, ihn auf Cäsarien
und Aleppo beyzustehen und traun, ich sehe
nicht, wie ihr das so übel deuten möcht. Besser ist es doch immer, daß eine christliche Macht
festen Fuß in Asien gewinnt, als wenn die
ungläubigen Heiden die Oberherren sind und
die Fürsten unserer Kirche in kleinen Häuflein
unter ihnen zittern müssen. Und warum sollen wir den Fürsten von Antiochien nicht so gut
unterstützen, wie den König von Jerusalem?
Er ist ein Held als einer, und kann ein
wackerer Hüther unserer Siege werden, wenn
wir ihm durch Eroberungen Stärke verleihen. Reißen wir nur den Saracenen die
Herrschaft aus den Händen, und verschaffen den Verehrern des Kreuzes Grund und
Boden.

Gottfr. Das sind Scheingründe, womit
ihr den König hintergeht; aber mich blendet
ihr nicht damit.

Montp. Wie ihr mich verdächtig machen
könnet; als ob ich den König lenkte und re-
gierte! Und er ist doch dem Raimund ganz
und gar zuwider. Er sagte gestern noch:
„Ich weiß nicht, was Raimund will, daß
er so hitzig in mich stürmt, ihm auf Cäsa-

tien und Aleppo beyzustehen. Ich werde nie
in sein Gesuch willigen, so lange mein Gelübd noch unerfüllt auf mir liegt."

Gottfr. Und so begreif ich noch viel weniger, was ihn noch hier hält.

Montp. Und ich begreife nicht, was ihr
so viel Sonderbares darum vermuthet.

Gottfr. Nicht so hitzig, lieber Abt; wir
müssen Freunde seyn, der König ist in unsern Händen. Auf uns kommt es an, was
er thun und lassen soll; man wird von uns
es fordern, wenn dieser Kreuzzug schlimm
abläuft. Wir hätten uns längst besser verstehen sollen; ihr scheint Partey gegen mich
genommen zu haben; warum wollen wir einander entgegen arbeiten? warum uns selbst
schaden? Wir verlieren dadurch unsere Gewalt über den König, und lassen den Preis
in fremde Hände fallen; man hat es schon
gesehen, welchen Einfluß die Königinn erlangt
hat; ich merke es, daß er sie unterstützt. Sie
beherrscht den König schon, und ihr hängt
euch an ihre Partey, spielt den Vortheil aus
unsrer Mitte, und laßt euch zum Werkzeug
gebrauchen. Traun, so ist's nicht gut. Ihr
habt gar nicht den Sinn unsers Ordens. Der
heilige Vater wird sich sehr betrogen haben;
denn er rechnete viel auf euch, da ihr Beichtiger des Königs wurdet, er glaubte, der
König wäre in guten Händen, und ihr wür-

det für die Absichten der Kirche sorgen. Seyd ihr denn so verblendet, daß ihr wähnt, die Königinn wird ihren Gemahl nicht mißtrauisch gegen die Geistlichkeit machen und das Band der Andacht wieder zerreißen, das ihn an uns geknüpft hat? Sie ist uns nicht hold, und benutzt unsre Zwistigkeit.

Montp. Ihr haßt sie, das weiß ich, und ich bin ihr viel Verbindlichkeit schuldig. Übrigens hab' ich unser Ziel nicht aus den Augen gelassen.

Gottfr. Wir wollen alles vergessen, worüber wir nicht einig sind, und einander nicht erbittern. Verachtet aber meine Warnung nicht, und seyd auf eurer Huth. Die Königinn hat schon viel über ihren Gemahl gewonnen. Denn wenn nichts ist, was den König in Antiochien zurückhält, so muß es die Königinn seyn. Sie hat viel gewonnen, sag' ich. Kann sie den König in dem Eifer für sein Gelübde aufhalten; so hat sie seine stärkste Seite eingenommen. Seht euch vor, sag' ich; ich habe Mittel ihre Macht zu stürzen, und ihr könnt dann unter die Trümmer kommen. Sie stützt sich auf ihre Liebe, womit sie den König überlistet, und ich kann diese Stütze umreißen.

Montp. Freund, es gehört nicht in unsern Plan, die Bande der Ehe zu vernichten.

Gottfr. Nicht die Bande der Ehe, sondern ihrer Ränke, worin sie den König verstrickt. Ich bin nun so gewiß, ihr die Larve abzuziehen, daß ich keck ans Werk gehe.

Montp. Gott, ihr erschreckt mich; könnt ihr sie eines Verbrechens zeihen?

Gottfr. Das kann ich; ich werde sie öffentlich anklagen lassen. Es hat sich ein Ritter bey mir gemeldet, der auf Schwert und Ritterehre behaupten will, daß er etwas Großes auf sie zu bringen weiß, und ich nehme ihn in meinen Schutz, daß er nicht als ein Verleumder unschuldig soll gehangen werden.

Montp. Wenn es so ist, dann topp, ich halts mit euch; ich will euch beweisen, daß ich nicht blind der Königin anhänge. Wenn es sich nach Recht und Wahrheit findet, daß sie schuldig ist, gut. Ich nehme kein Laster in Schutz; aber bedenkt auch, daß ihr bestehen möcht. Wessen will sie der Ritter anklagen, und wie heißt er?

Gottfr. Ihr sollt alles erfahren, meint ihr es aufrichtig. Noch weiß ich selbst nicht, was seine Klage eigentlich betrifft. Er wollte nicht hinter Wänden zum Verräther werden, sondern vor Gericht nach Ritterweis und Ehre; aber die Sache ist gewiß.

Eleonore II. Th.   R

(Gemach auf Raimunds Bädern.)

Königinn Eleonore. Raimund.

Eleonore. Ihr sagtet mir so oft, daß ihr mich liebtet; könnt ihr mir es jetzt beweisen?

Raimund. O, wenn je die Liebe das Auge beredt macht, wenn sie je das Herz zu Aufopferungen erhebt; so mein' ich, mein Blick müßt' es euch verkünden, und mein heißes Streben nach eurer Gunst es euch bezeugen.

Eleon. Ich verlange nicht leere Worte, sondern Beweis.

Raim. Sprecht, was ich thun soll, und wenn es Blut kostet, will ich es vollbringen.

Eleon. Ha, ihr seyd noch viel zu hitzig, als daß ich euch glauben dürfte; ich kenne diese ungestümen Betheurungen, sie verschwinden eben so schnell, wie sie entstehen. Zu dem, was ich verlange, gehört kalte, dauernde Stärke.

Raim. Ihr setzt mich in Verwirrung. Wenn ich Muth zu der größten Aufopferung für euch habe, so, dächte ich, sollte euch nicht bangen für meine Erfüllung; sprecht, ich bitte euch, was verlangt ihr von mir; ich zittre für Erwarten.

Eleon. Gut, ich will euch die Probe aufgeben, aber besteht als ein Mann darin. Ich verlange wenig, aber vieles in dem We-

nigen: — Gehorsam gegen mich; gelobt ihr
mir das?

Raim. Ha, mit diesem Wort wälzt ihr
eine bange Laſt von mir: und dazu bereitet
ihr mich ſo feyerlich vor? Athmet dieß nicht
meine Liebe? beſchwören mich nicht dazu
eure Reize? feſſelt mich nicht daran die Hoffnung eurer Huld? Nun, wenn ſchallende
Worte es noch mehr bekräftigen können; ſo
ſchwör ich euch bey meinem Leben —

Eleon. Halt, ihr wißt vielleicht noch nicht,
was in dieſem Gelübde liegt, zu welchem
Begehren ich es anwenden könnte.

Raim. Mein Leben werdet ihr nicht verlangen, und außer dem ſey euch mein Eid
und Ehre Bürge, daß ich alles thun werde,
was ihr nur befehlt.

Eleon. Raimund, ich habe eure heiligſte
Gewähr, erinnert euch deſſen; ihr habt mir
Gehorsam gegen mich gelobt; ſo thut nun,
was ich euch ſage, und — unterdrückt eure
Liebe gegen mich.

Raim. (zuſammenfahrend und mit der
Hand an die Bruſt ſchlagend) Spielt ihr mit
einem Knaben?

Eleon. Ich denke nicht, wenn ihr ein Mann
ſeyn wollt.

Raim. Schlauer hättet ihr eure Tücke nicht
an mir vollenden können, ſchrecklicher hättet
ihr dieſen Streich nicht ausſinnen können.

Eleon. Pfui, ihr vergeßt, daß ihr mich
liebt. Mäßigt eure Sprache.

Raim. Ha, daß ich euch liebte, das ist
die Spitze eures Dolchs. Wie leicht wäre
mir euer Befehl, wie eitel, wenn nicht alle
meine Wünsche an euch hingen. Nein, ihr
habt es darauf angefangen, in meinen eignen Ketten mich zu erdrücken.

Eleon. Ernsthaft, Raimund. Muth, Muth!
nicht so weichmüthig, wie ein Jüngling, der
bey der ersten Waffenprobe auf den Sand
gesetzt ist.

Raim. Was schient ihr mich erst zu be-
günstigen? warum reiztet ihr meine Hoffnungen, und fachtet das Feuer heftiger an?

Eleon. Ihr liebt mich also?

Raim. (bittet). Und ihr fangt an zu spotten?

Eleon. Wohin glaubt ihr, daß euch diese Liebe führt?

Raim. Ha das ist mehr als Spott. (will
fort.)

Eleon. (nachrufend). Und du verstehst
mich nicht, Raimund? Du liebst mich, und
willst mich ins Verderben stürzen? du liebst
mich und schadest dir selbst?

Raim. (umkehrend). Was war das? was
sprecht ihr für zauberische Worte?

Eleon. (seine Hand ergreifend.) Faßt euch,
geht und laßt mich. Ich muß euch vergessen.
Mein Gemahl hat Argwohn. Alles ist verloren, wenn ihr weiternach mir strebt.

Raim. Ich bin beschämt. Nun erst versteh ich euch. Nur Bedachtsamkeit und Klugheit sollen meine Schritte verschleyern, gewisse Augen soll ich scheuen: befehlt, und ich darf mich dann noch glücklich wähnen?

Eleon. (ernst). Nein, bey allen Heiligen, eure Wünsche für mich müssen aufhören. Ich habe nicht umsonst euch das Gelübde abgedrungen, Wort zu halten, und es muß so bleiben.

Raimund. Es muß? o wiederruft diese Worte, oder laßt mich mit Verzweiflung von euch gehen.

Eleon. Nein, nicht in Verzweiflung. Dieser Zustand eures Gemüths könnte euch zu vielem Schlimmen verleiten und ich habe euch noch etwas aufzuerlegen, was auch zur Probe eures Gehorsams gegen mich gehört.

Raim. Noch mehr? Als wenn ich nicht schon die ganze Last eurer Prüfung fühlte!

Eleon. Mein Gemahl ist des festen Sinnes, euer Gesuch abzuschlagen; er hat meine Überredungen alle vereitelt, womit ich ihn für eure Absichten zu gewinnen suchte, und ihr könnt errathen, was die Schuld davon ist.

Raim. Abgeschlagen? Also alle meine Hoffnungen sind zerronnen, all mein Erwarten ist gescheitert! Wohl, so ist denn mein Glück mit einem Schlag zu Boden geschmettert. Ihr habt klug gehandelt, daß ihr alles zu=

sammengefaßt habt, was mich erschüttern
kann, damit ich doch mit einmahl weiß, wie
unglücklich ich bin. O ich möchte die Zähne
zusammenbeißen, so krampft es mich.

Eleon. Raimund, ich hielt euch für klüger.
Geberdet ihr euch nicht, wie ein Knabe, der
nicht ausgeschlafen hat? Aber wenn ich nicht
auf eure Klugheit rechnen darf; so halte ich
mich doch an euer Wort, daß ihr euer Schick=
sal männlich tragt und nichts beginnen wol•
let, was nach Haß und Rache schmeckt.

Raim. Ja mein Wort habt ihr, und ich
habe nichts, nichts was mir diese bittere Erfahrung versüßen könnte. Gebt ihr mir keinen Tropfen Trost in dieser Bestürzung? wollt
ihr keinen Funken Kraft in meine Seele wer•
fen, diese Bürden zu ertragen? nicht eine
einzige süße Linderung soll ich von eurem
Munde hören.

Eleon. Ich werde alles thun, was ich für
eure Wünsche thun kann. Laß: mich nur; was
sich noch für euch hoffen läßt, kann nur durch
mich geschehen, und seyd versichert, daß ich
eurer immer eingedenk seyn werde.

Raim. Das ist es alles: und damit soll
ich von euch scheiden? und euch vielleicht nie
so wieder sprechen? Das alles kann mich noch
nicht aufrichten. Mir fehlt ein einziger großer Wunsch, durch ein einziges Wort könnt
ihr mir allen Muth wieder geben, den ihr

mir nahmt, weil auf dieser einzigen Hoffnung meine ganze Ruhe schwebt.

Eleon. Nun, und?

Raim. (wirft sich ihr zu Füßen) Königinn,
liebt ihr mich? Dieß einzige Erwarten läßt
mich nicht verlieren.

Eleon. Laßt euch eure Ahndung darauf
antworten.

Raim. Ha, so gebt ihr mir mein Leben
wieder.

Eleon. Ihr vergeßt, daß sie todt für euch
ist, diese Liebe. Wir müssen uns nicht weiter
verstehen, Raimund. Schweigen sey das
Grab dieses Bekenntnisses.

Raim. Genug. Ich gehe mit dem Gefühl
eines Geretteten von euch. Vielleicht geht mir
in diesem Untergang meines Glücks ein Stern
neuer Hoffnung auf.

Eleon. Ihr verzagt und hofft zu viel.

Königliches Quartier.

(Zimmer der Königinn.)

Königinn Eleonore. Abt Montpellier.

Eleon. Ich muß es euch gestehen, daß mich
diese Nachricht sehr erschreckt hat.

Abt Montp. Wir haben hier keine Zeit
zu verlieren, diesen Streich zu vernichten.

Eleon. Ich sehe nur kein Mittel, wie?

Montp. Der Bischof Gottfried wied sich

nur zu sehr freuen, daß er diesen Weg ge=
funden hat euch zu stürzen, er wird seine
Beute nicht fahren lassen und die Anklage des
Ritters in alle Wege unterstützen.

Eleon. Hätte ich geglaubt, daß der, den
ich so begünstigte, mir so fürchterlich werden
könnte, daß er meine Gunst so sehr vergessen
könnte!

Montp. Beleidigte Liebe, meine Köni=
ginn, kennt keine Grenzen.

Eleon. Himmel, wenn es ihnen gelingt;
so bin ich unglücklich.

Montp. Verzagt nicht. Wir haben noch
einen Weg. Freylich ist er blutig. Kurz und
gut, es gilt ein Leben.

Eleon. Hab ich euch verstanden? durch ei=
nen Mord?

Montp. Ihr dürft es nicht so schrecklich
nennen. Menschenleben ist die Münze, wenn
es königliche Ehre gilt.

Eleon. Erbarmen! wozu bringt ihr mich
noch.

Montp. Ihr habt damit nichts zu schaffen,
ich verrechne diesen Handgriff. Der Ritter
darf den morgenden Tag nicht erleben. Meine
Freunde bedienen mich schnell und pünctlich.
Ihr werdet mich verstehen.

Eleon. Und ist denn kein anderer Ausweg?

Montp. Das ist der einzige. Der Bischof
hat zu viel Licht. — So lange es aber nicht

vor öffentliches Gericht kommt, sind ihm doch
die Hände gebunden. Er darf nicht heraus,
man kann dann alles zur Verleumdung ver=
drehen. Mit einem Wort, der Kläger darf
nicht erscheinen. Ich würde alles ohne euer
Wissen abgethan haben, wenn ich nicht ge=
fürchtet hätte, es möchte ein schleichendes Ge=
rüchte zu euren Ohren kommen, daß euch be=
unruhigen könnte. Ich mußte mich verstellen
gegen den Herrn Bischof, ich mußte Partey
gegen euch nehmen, ich mußte thun, als ob
ich die Anklage selbst mit unterstützen wolle,
um ihm den ganzen Handel abzugewinnen.
Wie leicht hättet ihr davon gehört, und Ver=
dacht gegen mich geschöpft. Um euch zu beru=
higen kam ich her, das Übrige überlaßt mir.

Eleon. Ich weiß nicht, danken muß ich
euch; doch alles, alles ist schrecklich.

Raimunds Pallast.

Falkonet. (allein.) So hatte ich doch recht,
daß ihr Herz an einem andern hing. Cäcilie
wie ich dich liebte! O daß mein Kopf mich ge=
rade heute an diese Thorheit erinnern muß!
Heute, da sie ihre Hand einem Andern gab!
Ich glaubte sie vergessen zu haben; aber der
Anblick ihrer Vermählung hat mein Blut em=
pört, hat alles in mir aufgeregt, was schon

erloschen war. Freylich Theobald ein Graf, ein Pair des Reichs, und den Gemahl zu nennen, das ist schmeichelhaft. Die Eitelkeit macht ihre Liebe glänzend. Wohl, wohl, immerhin. Quälen werde ich mich nicht, seufzen werde ich nicht. Günstling eines Fürsten, laß dich nicht ein verlornes Weiberherz kümmern.

Ein Edelknabe. (tritt ein.) Fürst Raimund verlangt euch.

(Gemach.)

Raimund. Falkonet.

Raimund. (allein.) Sie muß mein werden, und wenn sie alle bösen Geister hütheten. Ich muß sie ganz besitzen. Und wenn ich alles, alles überlege, so ist es doch nichts anders, als ihr Gemahl, was mir im Wege ist. Er muß weg dieser Stein des Anstoßes, weg muß ich ihn sprengen. (Falkonet tritt ein.) Ha guter Freund, der letzte Dienst wartet auf dich, den du mir thun sollst. Dann genieß in Ruhe deine Früchte, die du dir gezogen hast. Verleugne dich itzt noch, du weißt, was du mir seyn sollst, mein öffentlicher Freund, in meinem Staat der zweyte, meinem Herz der Nächste.

Falk. Eure Huld hat mich daran noch

nicht zweifeln laſſen. Zaudert nicht mir zu
erklären, was ich zu thun habe.

Raim. Ich liebe die Königinn; doch nein
das begreifſt du nicht, wie ich ſie liebe. Aber
das wirſt du begreifen, wenn ich dir ſage,
daß ich ſie verlieren ſoll, daß der König mich
verläßt, daß alles, was meine Hoffnungen
ſpannte, zu Boden fällt.

Falk. Das wäre zum Verzweifeln.

Raim. Meinſt du? Und ich muß ſie beſitzen,
ganz haben. Sie liebt mich, aber die Furcht
vor ihrem Gemahl hält ſie zurück. Ich ſtand
auf dem Punct, die ganze Fülle meines
Glücks zu genießen, da tritt ihr Gemahl wie
ein furchtbarer Schatten mir dazwiſchen und
macht mir alles finſter, ich ſehe nichts, nichts
als ein dunkles Nichts. Nun ſieh, dieſem —
höre, ſey vernünftig, — dieſem müſſen wir
den Weg nach dem himmliſchen Jeruſalem
zeigen.

Falk. Um Gottes willen! —

Raim. Was erſchrickſt du? — Weißt du
nicht, daß ich mich rächen muß? daß ich meinen Plan nicht aufgebe? Weg muß er, der
mir die Bahn vertritt.

Falk. Ich bitte euch bey dem Gekreuzigten, Hochgelobten.

Raim. Ha, wem vertrau ich mich? Arm-
ſeliger Wurm, zum Kriechen nur beſtimmt,
mehr vermagſt du nicht? Fort aus meinen

Augen, verplaudre mein Geheimniß, wenn dich meine Rache nicht ereilt.

Falk. (sich mit Gewalt fassend.) Und was glaubt ihr damit zu gewinnen?

Raim. Nun fängst du an, dich zu besinnen? Nein, sieh dem Schreckbild nur herzhaft entgegen und es ist eine Wolke. Wir zerstreuen sie, und alles ist dann licht. Die Königinn, losgerissen von ihren Banden, sinkt in meine Arme, ich bemächtige mich des bestürzten Heers, der Großen ohne König zu meinen Absichten, und meine Wünsche fliegen ihrem Ziele zu.

Falk. So weit ist alles gut.

Raim. Nun höre weiter. Die ganze Sache geht in größtem — Geheim. Niemand darf auf mich rathen,. es muß bloß ein Bubenstück gemeiner Bösewichter scheinen, verstehst du mich? Ich habe so einen Schlag von Leuten, die werden morgen mit der ersten Dämmerung des Tags in der Andreasklosterkirche lauern, wohin der König gewöhnlich zur Frühmette geht. Nun zage weiter nicht, er soll selig sterben, mitten im Gebeth. Doch daß sie ihn nicht fehlen, daß sie den rechten nehmen, daß sie Ort und Stelle treffen, sieh, dazu brauch ich dich. Führe sie.

Falk. (mit erzwungenem Lächeln.) Ich soll sie führen und ich muß die Augen zuschließen vor diesem gräßlichen Vorhaben..

Raim. Sey kein Narr und verwickele dich
nicht in Grübeleyen. Ob du nun sagst: „hier
ist der König"; „das ist er"; oder ob du ein
Ave Maria bethest, davon laß Andere den Gebrauch machen.

Falk. (trocken.) Nun gut.

Raim. Ich verlasse mich auf dich, diesen
Abend spreche ich dich wieder. Jetzt eil' ich zur
Königinn.

(Gemach.)

Falkonet. Bella.

Falkonet. (allein.) Zu einem gemeinen
Bösewicht herab gesunken! Gott, Gott! Falkonet, das ist dein Leichtsinn, das hat dein
Kopf dir zugezogen, der sich gern in alle Händel mischte. Ja, laß sich einer nur gebrauchen, laß sich einer nur handhaben und buhl
um lohne Gunst, und er muß zum Schurken
werden. Und nun? — Ich thue es nicht.
Wenn noch ein guter Geist über mich waltet,
ich thue es nicht. Wie mir die Einsamkeit
schaudernd wird! wie mich diese Wände an-
starren! wie sich mein Haar sträubt! (Bella
tritt ein) Jesus, Maria!

Bella. Was fehlt euch?

Falk. (mit Verstellung.) Ich hatte so meine Kurzweil, gestrenge Frau. Der Gaukler gestern konnte bis zum Leben den Geisterseher machen und eben versuchte ich es ihm nachzuthun.

Bella. Wenn ihr bloß ein kurzweiliger Narr wärt, wie gut stände es um euch. Aber ich möchte euch rathen, bald gescheid zu werden.

Falk. (vor sich). Ah die will auch auf mich los. (laut) Gestrenge Frau, in der Einsamkeit verfällt man auf allerhand närrische Dinge.

Bella. Hintergeht mich nicht. Euer Schreck ist nicht bloß Posse. Meine Erscheinung war euch nicht willkommen. Wo ist Raimund?

Falk. Weiß eben nicht.

Bella. Daß du nicht wüßtest, Lügner!

Falk. Die Frage macht euch wohl große Unruhe? Aber ihr thätet besser, ihr legtet euch schlafen. Der Schlaf läßt uns an nichts denken, zieht über alles seinen Vorhang, was uns wachend erschrecken, quälen, peinigen würde.

Bella. Entweder mit eurem Verstande ist es im Ernste nicht mehr richtig, oder ihr seyd auf dem Wege etwas Übels zu bekennen. Beantwortet meine Frage.

Falk. Wenn ihr es nicht ausplaudern wolltet — Raimund befindet sich jetzt in den Armen der Königinn.

Bella. So? — Das kannst du mir mit kaltem Blute sagen? mir, die ich so etwas ahndete, fürchtete? mir, die ich wußte, daß du der Unterhändler dieser Buhlerey warst? mir, die ich ihn ohne Grenzen liebe? mir,

kannst du diesen Dolch so kalt ins Herz stos-
sen? Da nimm deinen Lohn dahin. (sie er-
sticht ihn. Falkonet fällt mit einem Schrey
zu Boden) Da! (sie besieht den Dolch) Die
eine That hast du gethan. Nun fehle mir auch
das Herz des Treulosen nicht. Sein Wegweiser ist voran.

Falk. (sterbend). Rettet den König —
Meuchelmord — morgen in der Frühmetten
— Raimund — Jesus! (er stirbt).

Bella. Was war das? Er ist todt. Keine
Zuckung mehr, kein Laut! Schlaf wohl,
schneller Bothschafter bundbrüchiger Liebe!
— Den König soll ich retten! Den König!
Ludwig? — Und Mord sagte er. — Ha es
muß etwas Großes im Werke seyn. Ich errathe, es ist Raimunds Werk. — Retten soll
ich mit diesem Durst nach Rache! — Und
wenn ich nun auch darin meine Rache fände? Raimund nieder, und alle seine Plane
nieder — da ists. — Zertrümmre, morde,
sättige dich in Rache. (geht heftig ab).

Königliches Quartier.

(Königs Gemach. Abends.)

König Ludwig. Joßelin. Bella. Ein Kämmerling. Graf Theobald.

Joscelin. Wer immer Verdacht hegt und
nie Gewißheit hat, schwebt zwischen zwey

Abgründen, und jeden fürchtet er. Es werden wenig friedliche Tage über euch noch kommen, Sire, wenn ihr euch mit diesem ewigen Mißtrauen quält.

Ludw. Eure Prophezeyung ist traurig und doch fürchte ich, sie möchte wahr werden.

Joscelin. Laßt mich nicht glauben, Sire, daß ich meine Worte in die Luft gesprochen habe, daß sie den Weg zu eurem Herzen nicht verfehlt haben. Euer Verdacht gegen eure Gemahlinn ist ein Unding, so lange ihr nicht Beweis habt, ein Wort ohne Laut, eine Wunde eines Schattens. Gleich einem Gespenst haucht es euch giftig ins Gesicht, und verscheucht eure Ruhe, euren Schlaf, eure Liebe.

Ludw. Freund, wenn ich warten soll, bis ich Beweiß habe: so kann der Betrug auf meinem Grab noch meiner spotten.

Joscelin. Das denkt nicht, Sire. Große Verbrechen kann keine Nacht und kein Schweigen verdecken. Und wollt ihr denn durchaus sie treulos wissen? ist der Gedanke euch so lieb, daß ihr ihn ohne Rast verfolgt? oder schreckt euch weniger die Furcht, ihre Unschuld, ihre Würde zu kränken, als ihre Schande zu finden?

Ludw. Nein, versteht mich recht. Joscelin. Was ihr mir sagt, hat viel Gewicht! ich bin um vieles leichter, und dieß Gefühl verdank ich euch. Ich schätze euch, weil euch mein Wohl

werth ist, weil ihr mich nicht mit Eigennutz
und List umstellt, nicht hinter jedem Wort
auf euren Vortheil lauscht, wie meine Höf-
linge alle; ich traue keinem, keinem unter
ihnen.

(Man hört Tumult im Vorgemach. Bella
bricht mit dem Kämmerling des Königs, der sie zurück halten will, zur
Thür herein.)

Kämmerling. Das Weib ist rasend, Sire.

Bella. Nein, ich rase nicht. Ich wäre
nicht hier, wenn ich ras'te: dann wäre es
Lüge, was ihr hören werdet. Ich weiß, daß
ich mit dem König sprechen muß. Ja, Sire,
ihr seyds, vor dem ich stehe. Hört mich, ich
bring euch die letzten Worte einer Seele aus
der andern Welt. Rettet euch, diese Nacht
geht mit einer entsetzlichen That schwanger,
eure letzte Stunde ist nicht mehr fern: rettet euch, eh der anbrechende Tag über eurer Ermordung aufgeht.

Ludw.. (bleich und zitternd). Gott und alle Heiligen! ist das Wahrheit? Erhohlt euch,
besinnt euch. Wer seyd ihr? was sagt ihr?

Bella (gefaßter). Unglückliche finden sich
zusammen, guter König. Ihr habt eine treulose Gemahlinn, und ich liebe einen treulosen
Mann, der euch nach dem Leben steht, der mich
in meiner Liebe betrog und den ihr Raimund
nennen müßt, wenn ihr ihn kennen wollt. Noch

Eleonore II. Thl.   S

ein Mahl warn' ich euch, laßt euch nicht von dem
Geläut zur Frühmette locken, Dolche lauern
auf euch. Jetzt hab ich meine Pflicht gethan.
(Sie will fort).

Coscelin (Bella aufhaltend). Weib, ihr
habt Blut an eurem Gewand.

Bella. Das merkst du jetzt erst. Warum
auch das Blut noch an mir hängt! (Sie sinkt
erschöpft und Joscelin hält sie auf). Sie ist
versöhnt, die blutige That, aber ich habe noch
ein zweytes Opfer.

Ludw. (zum Kämmerling). Geht, laßt
Lärm blasen, macht alles rege. Wir müssen
diese Nacht noch fort.

Theob. (hereingeeilt). Um Gottes willen,
was gibts für Lärm?

Ludw. Gut, daß ihr da seyd. Wir müssen
sogleich aufbrechen. Laßt gleich die Pferde
satteln. Hinaus ins Lager. Euch befehl ich
die Königinn. Nehmt sie in scharfe Wacht. Sie
muß mit fort, und ihr haftet mit eurem Kopf.

G. Theob. Was bedeutet das alles?

Ludw. Macht fort. Hier gilt kein Zaudern.
Ich bin nicht mehr sicher hier, das ist es alles. Mein Pferd. (Er eilt fort).

Gegend vor Jerusalem.

(Lager des französischen Kreuzheers.)

König Ludwig (steht mit seinem Gefolge
auf einer Höhe. Eben geht die Sonne auf.)

Freunde, Freunde, kein schöneres Schauspiel sah ich nie. Die ganze Gegend ist ein
Heiligthum. Mein ganzer Körper zittert von
Gefühl, mein Fuß getraut sich kaum den
Boden zu berühren. Prächtiger geht hier die
Sonne auf, lieblicher weht hier die Luft,
verklärter werden alle Sinnen. Ich kann nicht
satt werden die Gegend zu überschauen. Dort
liegt die heilige Stadt. Wie sich ihre Thürme
von den ersten Strahlen der Sonne röthen,
wie lebendig mir alles vor die Augen tritt,
was die heilige Geschichte erzählt! Gott, Gott,
ich danke dir, daß du mich hast diesen Tag
erleben lassen.

Bischof Gottfried. Ich höre Gesänge er-
schallen. — Ah da kömmt ein Zug im Thal
herauf. Die Clerisey von Jerusalem wird euch
zu begrüßen kommen.

(Der Zug nähert sich.)

Ludw. (zu einem Ritter.) Geht ihnen entgegen und führt sie hierher. Ich erwarte sie hier.

Johannes. (mit einem Gefolg von Priesten
und Mönchen.) Welcher ist der König? (Man
zeigt ihm denselben. Er neigt sich vor ihm.) Ge-
lobet sey der da kommt im Namen des Herrn.
(Er reicht ihm das Crucifix zum küssen.)

Ludw. Seyd mir willkommen bei'm Nahmen
des Herrn. Der Herr sey gelobt, der mich
bis hierher geleitet hat.

Joh. Wir sehen euch als unsern irdischen Heiland und Erretter an. Ihr habt unser Elend angesehen und werdet uns aus den Händen unserer Feinde und Unterdrücker reißen. Gesegnet sey euer großer Entschluß mit Sieg und Heil!

Ludw. Ich danke euch für euer edelmüthiges Zutrauen und für euren schönen Wunsch. Gott verleiht mir viel Ehre.

Joh. Euer Auge glänzt von Thränen.

Ludw. Von Thränen der Freude, ehrwürdiger Vater. Ich bin heute überirdisch und ich habe schon die seligsten Gefühle genossen, indem ich diese Gegend überschaute.

Joh. Ich freue mich eures edlen Herzens, das die Hoheit der Geschichte fühlt, die in diesen Grenzen geschehen ist. Die ehrwürdigsten Scenen haben hier ihre Spuren zurückgelassen. Dort ist es, wo der Allerheiligste am Kreuz sein Leben hingab, hier gleich hier unter euch ist sein Grab, dort wandelte er mühselig herauf zu seinem Tod. —

Ludw. Haltet ein, für dieses alles will ich noch meine glücklichsten Stunden aufsparen. Ich will alles selbst besehen, jeden Fußtritt ausspüren, wo er gewandelt hat, ich will die Luft athmen, wo er seinen heiligen Odem hingehaucht hat, und den Boden küssen, wo er gestanden gebethet, geblutet hat. Ha, und du göttliche Stätte seines Grabes, sey mir

gegrüſſet , wo ſein Leichnam ausruhte von
ſeinen Leiden! Heiligthum der Ruhe, ſtiller
Tempel des Todes, geweihte Freyſtatt der
Sünder! dort will ich bethen, dort umwehe
mich der Schatten meines Erlöſers und ſtärke
mich ·und entlaſſe mich von meinen Qualen;
Freunde, Gefährten, wem ſoll ich mich mit-
theilen? wem kann ich meine Seligkeit mit-
theilen? (Indem kommen Kaiſer Conrad und
Graf Robert. Sie ſteigen ab und begrüßen
den König.)

Conrad. Gott grüß euch, edler König. Hier
ſeht ihr mich wieder. Ich habe redlich Wort
gehalten und hier bring ich euch zugleich Jemand mit, der ſich mit euch wieder ausſöhnen will.

Ludw. (in Umarmungen.) Mein Bruder!
Willkommen meine Freunde. Seligſter Tag,
der heute über mich aufgegangen iſt! Wenn
ich dieſen überlebt habe , dann habe ich ge-
lebt. Was ich heute empfinde, kann niemand
mit mir empfinden, und wenn mein Todfeind
käm, ich könnte ihm verzeihen. Tag der Freude! Tag der Vereinigung! Noch ein Mahl ſeyd
mir willkommen auf Salems heiligen Höhen.
Komm an meine Bruſt, Bruder, alles ſey
vergeſſen und das Band des Friedens ver-
knüpfe uns alle.

Jerusalem.

(Königliches Quartier. Gemach)

Königinn Eleonore. Abt Montpellier.

Eleonore. Ich ertrage es nicht dieses
schimpfliche Schicksal. Mich als eine Gefangene bewachen zu lassen, abgeschnitten von
allem Umgang und in der Gewalt dessen, der
mich verachtet. Ich halts nicht aus.

Montpellier. Fügt euch nur eine kurze Zeit
in diese Fesseln. Es soll schon anders werden;
es wird anders. Vorerst habe ich jetzt dem
König mit dem Bann gedroht, nichts weiter gegen euch zu unternehmen und er ist jetzt
so voll von andächtiger Freude, daß ich es
glaube noch zur Versöhnung zu bringen. Die
heiligen Örter haben seine Seele mit lauter
Friedensliebe erfüllt.

Eleon. Der Mönch!

Montp. Spielt nur jetzt die Andächtige,
damit mir noch der Zutritt zu euch offen bleibt.
Beschäftigt euch mit Werken der Andacht und
der Frömmigkeit, und behaltet diese Maske.
Wenn er noch zu gewinnen ist: so muß es
so geschehen.

Eleon. Ach ich wollte alles thun, wenn
ich mich nur rächen könnte. Theobald sollte
mein erstes Opfer seyn. Wie ist es, habt ihr
den Muhamed schon gebraucht?

Montp. Ihr meint, ob ich schon versucht

habe, was er bey Cäcilien vermag? Diesen
Streich müssen wir ändern, meine Königinn.
Cäcilie wird mit hellen, ungestörten Sinnen
nicht treulos werden. Sie hängt ganz an ihrem Gemahl.

Eleon. Verdammt! — Warum drückt ihr
euch aber so bedeutend aus.

Montp. Weil sie zu wachsam ist, zu sehr
auf ihrer Huth, wenn sie sich bewußt ist. Man
hat Mittel, die das Blut in Verwirrung bringen, die Harmonie zwischen Geist und Körper unterbrechen und die Sinnen dem Bewußtseyn treulos machen. Freylich ist das euch
noch dunkel. Darum hört mich, was ich zu
thun gedenke. Ich habe einen Ordensbruder,
der die geheime Kunst versteht aus Kräutern
allerley Kräfte zu ziehen. Er ist lange Klausner auf dem Berge Libanon gewesen. Dieser
wird mir einen Trank bereiten, der einen süßen
Taumel, eine schwelgende Trunkenheit hervor bringt, in der sie dann Muhamed überraschen muß. Es wird nicht schwer halten,
es ihr beyzubringen. Den Muhamed will ich
dazu schon vorbereiten und die Kammerfrauen
lassen sich gewinnen.

Eleon. Vortrefflich. Eure Klugheit läßt
euch doch nie sinken.

Montp. Die einzige Schwierigkeit ist nur,
wie wir es einrichten, daß sie Theobald beysammen antreffen muß. Er hat strengen Be-

fehl euer Quartier nicht zu verlaffen, und er
ift pünctlich in feiner Pflicht.

Eleon. Das nehm ich auf mich. Ich will
ihn schon auf eine Art hinbringen, daß er die
Scene mit eignen Augen sehen muß. Beftimmt
mir nur die Stunde.

Montp. Die follt ihr pünctlich erfahren.

Eleon. Ha Triumph! wenn er fie dann
in den Armen des Muhamed erblickt, wenn
er feine liebe Cäcilie treulos findet, wenn er
erfchrickt, dann wüthet, raf't und ich mich
dann in allem dem gerächt finde für den Haß,
für die Verachtung, welcher er fich gegen
mich erkühnte! Abt, euer Verftand ift Gol-
des werth.

Gemach der Königinn.

Königinn Eleonore. Graf Theobald.

Theobald. Ihr feht blaß, gnädigfte Königinn.

Eleon. Ich bin krank, fehr krank.

Theob. Wenn ihr nicht wohl feyd, fo werde ich einen Arzt rufen laffen.

Eleon. Nein, es ift nur Überdruß der Zeit,
die drückend auf mir liegt und nicht mehr
hüpfend vorübereilt, wie meine vorigen Tage. Ich bin von allen verlaffen. Ift mein
Schickfal nicht hart?

Theob. Ich wollt, es wäre anders.

Eleon. Verweilt ein wenig bey mir, versüßt mir eine Stunde meiner langen Einsamkeit durch eure Gegenwart.

Theob. So lang, als ihr Befehle für mich habt. Außer dem bin ich es eurer Ehre und dem Gehorsam gegen meinen König schuldig, daß ich mich entferne.

Eleon. Erinnert ihr euch nicht mehr der Zeiten Graf, wo ihr um Minuten geiztet, bey mir zu seyn?

Theob. Wie kann euch das noch rühren? — Ich glaubte, ihr hättet mich in einer Angelegenheit verlangt.

Eleon. Nun ja, ich will euch nicht länger halten. Ich weiß es, daß sich euer Sinn viel gegen mich geändert hat. Lassen wir auch das. Nur eine Bitte gewährt mir. Erlaubt mir eure Gemahlinn auf heute zur Gesellschaft. Ich bin an sie gewöhnt, und mein Herz sehnt sich nach ihr. Ich bedarf heute so sehr eines freundschaftlichen Gesprächs, weil der Mißmuth wie ein Gebirge auf mir liegt. Bittet sie, bringt sie zu mir.

Theob. Ich habe strengen Befehl, Niemand, wer nicht geistlichen Standes ist, zu euch zu lassen.

Eleon. Mildert diese Härte. Vergütet mir durch diese kleine Linderung den Verlust eurer Liebe.

Theob. Ihr müßt es wissen, daß ich nicht unbeweglich seyn kann. — Ich gehe.

Eleon. (allein). Wie froh bin ich, daß ich wieder freyer athme! Kaum konnte ichs länger aushalten. Sein Anblick war mir tödtend. Mit dem wäre ich am Ziele, wenn es gelingt. Wenn nur alles richtig ist, wenn nur Muhamed wirklich bey ihr ist. Gewiß, dieß schlägt ihm eine tiefe Wunde, dieß rächt mich.

Quartier des Grafen Theobald.

(Cäciliens Gemach.)

Cäcilie. (allein auf einem Ruhebette, halb entkleidet). Wo war ich? wo bin ich? In diesem Zustand bin ich nie gewesen. Ich bin nicht krank, mir ist so wohl und doch hüpft alles um mich her wie Fiebergestalten. Ach daß mein Gemahl nicht bey mir ist, seine Abwesenheit wird mir gefährlich. Muß er der ewige Hüther der Königinn seyn? Man hat mich allein gelassen. Wo sind meine Kammerfrauen? (Sie will klingeln). Gott ich bin so matt und doch empfind ich so viel in mir. (Sie erblickt den Muhamed, der an ihrem Lager kniet). Verwegner, was machst du hier?

Muhamed. Wie befindet ihr euch, holde Frau?

Cäcilie. Wer ließ dich herein?

Muham. Verzeiht, ich selbst wagte es.

Cäcilie. Du schleichst mir überall nach.

Muham. Weil ich immer gern um euch bin.

Cäcilie. Du bist nicht gescheid, geschwind entferne dich, rufe meine Kammerfrauen.

Muham. Immer soll ich gehen. (Er steht auf) Seyd ihr noch nicht wohl? Ich habe euch bewacht.

Cäcilie. (zieht ihn an sich). Du hast viel gewagt. (Küßt ihn) Mehr verlange nicht, entferne dich (Muhamed umschlingt sie) Um Gottes willen, ich höre einen klingenden Schritt, es kommt — hinaus. Muhamed will fort, und bleibt an einer Schleife hängen.)

Theob. (tritt ein, sieht, erblaßt, wird aber sogleich heftig.) Wie?

(Muhamed flüchtet sich in einen Winkel, Cäcilie sinkt in Ohnmacht.)

Theob. (knirrschend.) Nein es ist keine Gaukeley. Und bin ich denn so wehrlos? (Er reißt sein Schwert heraus, eilt auf Cäcilien zu, und zuckt einige Mahl gegen sie.) Nein, mein gutes Schwert befleck' ich nicht mit diesem schändlichen Blut. (Er bleibt eine Pause in ihrem Anschauen stehen.) Eine Buhlerinn! (Wirft sein Schwert hin, und eilt rasend ab.) Es gibt keine Tugend mehr.

Der Olivenberg bey Jerusalem.

Graf Theobald. (tiefsinnig unter den Olivenbäumen einher wandelnd.) Ich habe nichts mehr auf dieser weiten Erde, was ich verlieren kann, als mein Leben; ich habe nichts mehr lieb. (Er erblickt Wolf von Wülfingen, der ruhig auf einem Stein sitzt.) Was? trittst du denn alle Mahl auf, alter Geist, wenn mich mein gutes Geschick verläßt? (Er eilt auf ihn zu.)

Wülfingen. (steht auf.) Du bist Theobald? So wahr mir Gott helfe, ich hätte dich nicht gekannt. (Sie umarmen sich.) Ich bin mit Conrads Heer hier angekommen, Bruder.

Theob. Ich hielt dich für todt.

Wülfingen. Nein, nein, der alte ehrliche Wülfingen lebt noch, und wenn du kein Weiberknecht mehr bist, so leben wir forthin zusammen. Du weißt wohl, was mich wurmisch machte, da ich dich verließ; du ließest dich wieder von der Königinn fangen, du vergaßt meine Warnungen, und ich glaubte meiner Zusage quitt zu seyn, daß ich dir gelobte, nicht von deiner Seite zu wanken.

Theob. Woran mußt du mich auch sogleich erinnern! Ich habe ohnedem des Überdrusses jetzt genug.

Wülfingen. (lachend.) Ha ist dir wieder ein Körnchen Weibergunst durch die Finger gefallen?

Theob. Scherze nicht, du scherzest mit einem Menschen, der sein Leben haßt, wie alle Weiber.

Wülfingen (wie vorher). Als wenn gleich das Leben an diesen hinge, wie das Schwert an der Hüfte. Haben sie dich ein Mahl wieder in die Brüche gejagt. Darum sahst du so verstört, wie einer, der auf den Sand gesetzt ist.

Wirst du's noch nicht glauben, daß all das Liebeln und Bubeln Glatteis ist?

Theob. Höre, ich liebte ein Weib, die meine Gatte war, und — sie ist eine Buhlerinn. Aber das verstehst du nicht, du hast nie geliebt; du hast nur Spott für meine Thorheiten, aber kein Gefühl für mein Unglück.

Wülfingen. Nein, wenn es so ist, dann ist es anders. Dann ist mir's von Herzen lieb, daß ich wieder bey dir bin. Du brauchst einen Freund, denn du bist unglücklich.

Theob. Das bin ich, bey meinem Eide, das bin ich; so unglücklich, daß ich mein Leben nicht mehr achte.

Wülfingen. Halt, du sprichst zu viel, das ziemt keinem Mann, der fühlt, daß er ein Mann ist. Wer ein redlich Herz unter dem Harnisch hat, und Ehre, und sein Schwert tapfer schwingt, hat nichts verloren, so lang er das noch alles hat. Wer seinen Werth auf andere baut, auf Liebeley und Tand, der weiß nicht, was er ist. Ich mag dir damit nicht weh thun; vor allen Dingen erzähle mir deine Geschichte, mein Herz steht dir offen, indessen wollen wir gemach dahin wandeln.

Lager der Franzosen vor Damas.

(Gezelt des Königs.)

König Ludwig. König Balduin.

Balduin. Ist es uns auch auf Damas nicht

gelungen, so wird es doch besser auf Ascalon glücken. Diese Stadt ist schwach besetzt, die Aufmerksamkeit der Sultane mehr hieher gezogen, und so würden wir diese Feste leicht überfallen.

Ludwig. Ich habe keine Hoffnung mehr.

Balduin. Ihr gebt sie zu früh auf.

Ludw. O ich bin froh, daß ich endlich aus diesem Gewirr heraus bin, aus den Gespinnsten von Verräthereyen und Treulosigkeiten, und den Schlingen des Ehrgeizes und Herrschsucht; ich lasse mich nicht wieder hinein locken.

Balduin. Und so wolltet ihr ein Werk verlassen, das unvollendet, das kaum angefangen ist? Haben wir denn eine Schlacht verloren? Das wir Damas nicht erobern können, das muß unsern Muth mehr schärfen, als ihn stumpf machen. Dadurch haben wir noch nichts verloren.

Ludw. Freylich nichts, als einige tausend meiner Gefährten, die hier ihr Grab gefunden haben, nichts, als die Hoffnung, irgend etwas auszurichten, nichts als ein großes Unternehmen, das sich fruchtlos endigt.

Balduin. Kann euch denn nichts zurückfehalten? Wollt ihr durchaus uns verlassen? Erinnert ihr euch nicht der Ehre des Kreuzes und des Nahmens des Gekreuzigten, für den wir streiten? Wollt ihr uns denn einem unglücklichen Schiksal und den Händen unsrer

Unterdrücker überlassen? Wie ist euer frommer rühmlicher Eifer gefallen, mit dem ihr zu uns kamt!

Ludw. Ich bin der Ränke und der Schurkereyen satt, die mich in mein heimisches Reich zurück treiben. Ich mag nicht länger zum Opfer ihrer Tücke bluten, indeß mein Vaterland die Arme nach mir ausstreckt und mich vermißt.

Balduin. (spottend) Man hat eben nicht den größten Held zum Haupt dieses Kreuzzugs gewählt.

Ludw. Spottet nur. Mögen Asiens Fürsten selbst ihre Grenzen vertheidigen, wenn sie ihre Freunde aus Europa so schändlich behandeln.

Balduin. Ihr beharrt also, nach Europa zurück zu kehren?

Ludw. Mein Entschluß steht fest.

Balduin. (hitzig). So mag er stehen. Dazu möcht ihr wohl noch den meisten Muth haben. Man hätte nichts von euch erwarten sollen. Wir sehen uns nicht wieder. (Er geht)

Ptolemais.

König Ludwig. Joscelin. Graf Robert.

Joscelin. (krank auf einem Bette liegend) Ich werde mein Vaterland nicht wieder sehen.

Ludw. So muß ich euch denn auch noch

verlieren, wie ich so viel in Asien verloren
habe!

Joscelin. Mein Segen geleitet euch. Möchtet ihr doch glücklich heimkehren!

Ludw. Alles ist zur Abreise gerüstet. Fünf
Schiffe sind schon unter Segel, und die übrigen harren der Abfahrt. Alles ist so froh,
alle freuen sich der Rückkehr und sehnen
sich nach ihrer Heimath, nur ich habe keine
Freude.

Joscelin. Das macht mir noch meine letzten Stunden schwer. Eure Unzufriedenheit,
euer Unmuth verbittert mir die letzten Tropfen
meines Lebens.

Ludw. Ihr macht mich weich.

Joscelin. Mit mir bin ich eins, ich erwarte getrost die Hand des Todes, aber euch
wünschte ich glücklicher zu verlassen.

Ludw. Könntet ihr mir doch eure Ruhe
hinterlassen, möchte doch euer Geist über
mich kommen, wenn er euren Körper verläßt!

Joscelin. Ich weiß es wohl, daß ihr in
euren Hoffnungen betrogen seyd, daß euch
euer Erwarten verunglückt ist, was ihr euch
von diesem Zug verspracht. Freylich wer seine
Zufriedenheit immer außer sich sucht, den
wird sie immer fliehen, und wenn er ihr bis
an die Grenzen der Erde nachjagt. Ich will
euch nicht mit meinem Tadel züchtigen; eure
Meinung war gut, in welcher ihr den Kreuz-

zug unternahmt. Ihr wolltet euch am Grabe
des Erlösers eurer Gewissensbürde entlasten
und glaubtet dort den Frieden eurer Seele
wieder zu erlangen, und doch leben viele
Tausende glücklich, die diese Stätte nicht
betreten haben. Hättet ihr meine Warnun=
gen gehört. Andere Qualen sind nun an die
Stelle der ersteren getreten. Es muß eurem
guten Herzen weh' thun, daß ihr Zeit und
Geld und Menschen unnütz verloren habt,
daß ihr einige Jahre älter und unzufriede=
ner, euer Reich an Kräften ärmer und er=
schöpft und keins von beyden glücklich ist.

Ludw. Ihr zeichnet das Gemählde wahr
und scharf.

Joscelin. Ich will euch nicht gern schmer=
zen, es sind bloß meine Meinungen, was ich
euch sage; Meinungen eines Sterbenden, der
es redlich mit euch meint. Verachtet meine
Worte nicht, als übermüthige Vorwürfe.
Hört sie als Tröstungen und ich wünsche, daß
sie euch allen Trost geben. Sie sind ohne
Glanz und ohne Schärfe. — Ihr habt gute
Gesinnungen, aber schlimme Führungen haben
euch immer ins Unglück geleitet. Eure Schuld
ist es, daß ihr euch zu viel dem Gängelband
vertraut. Hüthet euch besonders vor den ge=
schornen Häuptern, alle ihre Gesinnungen
sind unter der Inful oder der Tiare ausge=
brütet, und verrathen ihre Herkunft. Ihr

Rath gleicht einem falschen Spiegel, worin
ihr euren Vortheil zu sehen glaubt, der weder drinnen noch dahinter ist. Ich war selbst
von diesem Orden, und kenne ihren Geist.
Weicht ihren Ränken aus und trotzt ihren
Drohungen. Vergeßt nie, daß eure Rechte
vom Himmel geweiht sind, und nicht von der
Hand des Bischofs. Klaget nie; aber hört
die Klagen Anderer. Wähnt euch nie für unglücklich; aber helft den Unglücklichen. Eure
Andacht sey die Sorge eures Reichs, und
eure Gelübde der Vorsatz den Gebrechen der
Regentschaft abzuhelfen. — Doch ich fühle mich
matt. Meine Augen werden dunkler. Ich nahe mich meinem Ziele.

Ludw. (wehmüthig). Das wolle Gott nicht.

Joscelin. Der Sand der Zeit verrinnt,
die Minuten werden kostbarer. Ich muß eilen mit dem, was ich euch noch zu sagen habe.
Ich weiß, daß ihr euer Ohr nicht vor meinen Bitten verschließt, oder ihr müßtet mich
nie für euren Freund erkannt haben.

Ludw. Ich wollt, ich hätte immer eurer
Weisheit gefolgt!

Joscelin. Nun so versprecht mir, daß
ihr nichts Schimpfliches gegen eure Gemahlinn begeht.

Ludw. (anstehend, dann plötzlich ausbre-
chend) Lieben kann ich sie nimmer wieder,
ich kann sie nicht mehr sprechen, ich mag sie

nicht mehr um mich sehen, mein Herz ist ewig von ihr entfernt.

Joscelin. Gut, bleibt auf dieser Grenze stehen; auch erlittene Kränkungen müssen ihre Rechte haben. Aber gelobt mir nicht weiter zu gehen. (Er reicht ihm die Hand.)

Ludw. Von Herzen. (Er schlägt ein.)

Joscelin. Vergeßt nicht, was ihr mir versprochen habt. Heilig sey euch dieser Handschlag, wie ein Eid. Ich seh' voraus, Daß euer Gram über ihre Treulosigkeit in Haß ausarten wird, daß schon vielleicht der Entschluß in euch glimmt, sie zu verstoßen. Nur macht eurem Haß gegen sie nicht durch Grausamkeiten Luft, entehrt sie nicht durch schmähliche Behandlung. Zwar sie hat euch schändlich hintergangen, aber ihre Schande trifft nur sie. Eure Würde wird nur glänzender, je mehr ihr eignes Verbrechen ihren Ruf verdunkelt; ihr könnt zufrieden seyn, indeß sie ihr Bewußtseyn verfolgt. — (Er wird immer matter) Möchtet ihr doch meine Reden nicht verschmähen, möchtet — ihr — gesegnet —

(Graf Robert tritt ein.)

Ludw. O mein Bruder, er stirbt.

Joscelin. (mit der letzten Lebenskraft.) Liebet euch als Brüder. — Kein Zwist herrsche mehr unter euch. — (Graf Robert an-

blickend.) Euch befehl — ich meinen —
König. (Er stirbt.)

Graf Robert. Er ist hin.

Ludw. (mit Thränen seinen Bruder um-
armend.) Es ist ein redlicher Mann weniger
auf der Erde.

E n d e
des zweyten und letzten Theils.